医药商品购销员职业资格
知识与技能综合训练习题集

中国职业技术教育学会医药专业委员会
中国医药教育协会职业技术教育委员会　组织编写

王冬丽　主　编　　周慧君　主　审

中国医药科技出版社

内 容 提 要

　　本书是由中国职业技术教育学会医药专业委员会、中国医药教育协会职业技术教育委员会组织多所中、高职院校一线教师编写而成的综合训练习题集。其内容对应国家职业技能标准医药商品购销员职业资格的中、高级基本要求和工作要求，目标是培养药品生产、经营及使用单位药品购销的技术技能型的中、高级人才。本综合训练题中的知识和技能要求分别符合中、高级工的理论和技能要求，符合医药中、高等职业教育的水准要求。本书适用于医药中、高等职业技术院校学生参加医药商品购销员职业资格鉴定和职业技能大赛时参考使用，也可作为药品生产、经营企业相关人员提升职业技能的培训用书。

图书在版编目（CIP）数据

　　医药商品购销员职业资格知识与技能综合训练习题集/王冬丽主编 . —北京：中国医药科技出版社，2014.8

　　ISBN 978 - 7 - 5067 - 6930 - 3

　　Ⅰ.①医…　　Ⅱ.①王…　　Ⅲ.①药品 - 购销 - 资格考试 - 习题集　　Ⅳ.①F763 - 44

　　中国版本图书馆 CIP 数据核字（2014）第 167214 号

美术编辑　　陈君杞
版式设计　　郭小平

出版　　中国医药科技出版社
地址　　北京市海淀区文慧园北路甲 22 号
邮编　　100082
电话　　发行：010 - 62227427　　邮购：010 - 62236938
网址　　www.cmstp.com
规格　　787 × 1092mm ⅟₁₆
印张　　16½
字数　　348 千字
版次　　2014 年 8 月第 1 版
印次　　2023 年 5 月第 2 次印刷
印刷　　三河市百盛印装有限公司
经销　　全国各地新华书店
书号　　ISBN 978 - 7 - 5067 - 6930 - 3
定价　　**42.00 元**

本社图书如存在印装质量问题请与本社联系调换

编 委 会

编 写 说 明

本书是由中国职业技术教育学会医药专业委员会、中国医药教育协会职业技术教育委员会组织多所中、高职院校一线教师编写而形成的综合训练习题集，以供各院校及企业员工提升职业技能，参加医药商品购销员职业资格鉴定和职业技能大赛时参考使用。

本书共分三部分。

第一部分为医药商品购销员职业资格训练要求。根据医药商品购销员国家职业技能标准的基本要求和相关等级工作要求进行细化并制定训练要求，按照训练要求组织命题工作。

第二部分是医药商品购销员理论知识和技能操作习题集。习题编写的基本过程是按基本要求和工作要求的内容划分为若干模块，每位副主编负责各模块组织编写和审核所编材料。各院校按分工组织习题编写，校内审核后交给副主编。副主编整理审核本模块后交给主编。主编再加以汇总和审核并约请主审对全稿业务内容加以审定以确保书稿质量。本书各模块习题编写分工是：医药商品购销员基本要求的内容：沈云帼、赵统臣、耿广平、赵琦、李欣、付艳、姚虹；医药商品购销员（四级）内容：顾客服务：耿广平。药品介绍：陆艺、杨日丽、张一鸣、耿广平、沈云帼、王斯成、赵琦、李欣、王祖良、高丽丽、高瑛、付艳、刘晓竹、徐阳、林瑾文；药品购销与经济核算：王冬丽、耿广平、高丽丽、陈歆妙、付艳、高瑛、陈江华、刘晓竹、陈浩；保管养护：李欣、姚虹、赵琦、沈云帼、陈歆妙、高丽丽、王祖良。医药商品购销员（三级）内容：药品推介：徐阳、赵琦、高瑛、耿广平、沈云帼、林瑾文、张一鸣、李欣、贺丹娜、陆艺、杨日丽、高丽丽、王斯成、王祖良、付艳；药品营销：王冬丽、高丽丽、陈歆妙、耿广平、高瑛、杨日丽、付艳、刘晓竹、陈浩、赵琦、王祖良、贺丹娜、王斯成；保管养护：王祖良、姚虹、付艳。

题型说明：

（1）理论知识习题集的题型是：一是判断题（二选一）；二是最佳选择题（四选一）；三是多项选择题（五选多）。

（2）技能操作习题集的题型是：以模块为操作项目，四级为三个模块（药品介绍、药品购销、药品验收与养护）；三级为二个模块（药品推介、药品营销）。集中训练操作技能及分析问题的能力。

第三部分为参考答案。

本书是各参编院校教师智慧的结晶，各院校教学水平的反映。但由于改革开放发展迅速，各地区、各院校间差异不可避免，反映到思想认识和业务重心上都必然存在差异，甚至矛盾，因此本书尽力做到求大同而存小异，难免存在不一致、不理想的状况。我们竭诚欢迎各位读者斧正本书的错漏之处，以利于我们进一步改进和提高。

　　全书由原上海普康药厂常务厂长、上海普康大药房执业药师、高级工程师周慧君主审，上海市医药学校张一鸣、赵统臣、陈浩、徐阳、陈江华、上海医药高等专科学校姚虹老师协助统稿和审稿。本书编写过程中得到中国职业技术教育学会医药专业委员会、中国医药教育协会职业技术教育委员会以及各院校领导的大力支持和指导，在此一并表示诚挚的谢意。

　　由于编者水平和认识有限，本书内容难免有疏漏和不当之处，恳请各位专家、师生及广大读者批评指正。

编者

2014 年 5 月

目　录

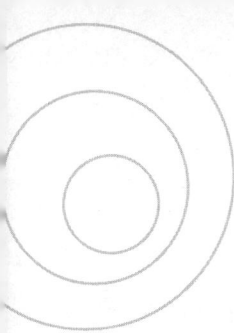

第一部分

医药商品购销员职业资格训练要求

一、医药商品购销员基本要求

模　块	单　元	节	知识点名称
0. 基本要求	0.1 医学基础知识	0.1.1 人体结构和功能	0.1.1.1 人体的组成
			0.1.1.2 细胞的基本功能
			0.1.1.3 血液系统的组成
			0.1.1.4 血液系统的功能
			0.1.1.5 循环系统的组成
			0.1.1.6 循环系统的功能
			0.1.1.7 呼吸系统的组成
			0.1.1.8 呼吸系统的功能
			0.1.1.9 消化系统的组成
			0.1.1.10 消化系统的功能
			0.1.1.11 泌尿系统的组成
			0.1.1.12 泌尿系统的功能
			0.1.1.13 神经系统
			0.1.1.14 内分泌系统
			0.1.1.15 生殖系统
			0.1.1.16 感觉器官
			0.1.1.17 能量代谢与体温
		0.1.2 医学微生物基础知识	0.1.2.1 细菌与病毒
			0.1.2.2 寄生虫与真菌
		0.1.3 免疫学基础知识	0.1.3.1 免疫学基础知识
		0.1.4 各系统常见疾病	0.1.4.1 运动系统疾病
			0.1.4.2 呼吸系统疾病
			0.1.4.3 消化系统疾病
			0.1.4.4 循环系统疾病
			0.1.4.5 泌尿系统疾病
		0.1.5 专科疾病	0.1.5.1 皮肤疾病
			0.1.5.2 眼科疾病
			0.1.5.3 内分泌疾病
			0.1.5.4 结核病的治疗
	0.2 药学基础知识	0.2.1 药品基础知识	0.2.1.1 药品的分类及剂型特点
			0.2.1.2 药品的质量及包装
		0.2.2 药物的体内过程	0.2.2.1 药物的吸收及影响因素
			0.2.2.2 药物的分布及影响因素
			0.2.2.3 药物的代谢及影响因素
			0.2.2.4 药物的排泄及影响因素
			0.2.2.5 药物的半衰期

模　块	单　元	节	知识点名称
0. 基本要求	0.2 药学基础知识	0.2.3 药物的作用	0.2.3.1 药物作用的性质、方式
			0.2.3.2 药物作用的两重性
			0.2.3.3 药物的相互作用
		0.2.4 药理基础	0.2.4.1 药物的转运
			0.2.4.2 药物效应动力学
			0.2.4.3 药物代谢动力学
		0.2.5 新药品种介绍	0.2.5.1 新药品种介绍资料收集
			0.2.5.2 新药品种介绍内容
	0.3 信息的获取和运用	0.3.1 计算机基础	0.3.1.1 硬件知识
			0.3.1.2 软件知识
		0.3.2 互联网知识	0.3.2.1 网络知识
			0.3.2.2 多媒体知识
	0.4 职业道德基础	0.4.1 医药职业道德	0.4.1.1 药学职业道德
			0.4.1.2 药学领域道德要求
			5.1.1.3 执业药师的职业道德
	0.5 相关法律法规知识	0.5.1 药品管理法	0.5.1.1 药品经营企业管理
			0.5.1.2 医疗机构药剂管理
			0.5.1.3 药品管理
			0.5.1.4 药品包装的管理
			0.5.1.5 药品价格和广告管理
			0.5.1.6 药品监督
			0.5.1.7 法律责任
			0.5.1.8 其他规定
		0.5.2 其他相关法律法规知识	0.5.2.1 药品经营质量管理规范（GSP）
			0.5.2.2 药品流通监督管理办法
			0.5.2.3 互联网药品信息服务管理
			0.5.2.4 基本医疗保险药品与定点药店管理
			0.5.2.5 禁止商业贿赂行为的管理
			0.5.2.6 药品召回管理

二、医药商品购销员四级（中级）理论知识要求

模 块	单 元	节	知识点名称
1. 顾客服务	1.1 接待顾客咨询、查询及投诉	1.1.1 咨询接待及投诉处理	1.1.1.1 顾客咨询、查询
			1.1.1.2 回复客户查询的方法
			1.1.1.3 咨询记录的步骤
			1.1.1.4 处理顾客投诉的程序
			1.1.1.5 处理顾客投诉的原则
			1.1.1.6 处理顾客投诉的注意事项
	1.2 药品退换货处理	1.2.1 药品退换货处理	1.2.1.1 药品退换货的操作步骤和注意事项
2. 药品介绍	2.1 常见病基础知识	2.1.1 急性上呼吸道感染（感冒）	2.1.1.1 流行性感冒
			2.1.1.2 普通感冒
			2.1.1.3 感冒的预防
		2.1.2 急/慢性支气管炎	2.1.2.1 症状表现
			2.1.2.2 疾病鉴别
			2.1.2.3 治疗原则
		2.1.3 肺炎	2.1.3.1 肺炎球菌肺炎
			2.1.3.2 其他肺炎
		2.1.4 胃肠炎	2.1.4.1 急性胃炎
			2.1.4.2 慢性胃炎
			2.1.4.3 急性胃肠炎
			2.1.4.4 细菌性痢疾
		2.1.5 消化性溃疡	2.1.5.1 症状表现
			2.1.5.2 疾病鉴别
			2.1.5.3 治疗原则
		2.1.6 消化系统其他疾病	2.1.6.1 胆道疾病症状表现
			2.1.6.2 胆道疾病治疗原则
			2.1.6.3 胆道疾病病人的健康生活
			2.1.6.4 痔/肛裂
			2.1.6.5 肠道寄生虫
		2.1.7 高血压	2.1.7.1 高血压的症状表现
			2.1.7.2 高血压的诊断
			2.1.7.3 高血压的治疗原则
			2.1.7.4 高血压病人的健康生活
		2.1.8 心绞痛	2.1.8.1 症状表现
			2.1.8.2 疾病鉴别
			2.1.8.3 治疗原则

续表

模 块	单 元	节	知识点名称
	2.1 常见病基础知识	2.1.9 泌尿道感染	2.1.9.1 急性膀胱炎
			2.1.9.2 急性肾盂肾炎
			2.1.9.3 尿路感染的预防
		2.1.10 糖尿病	2.1.10.1 症状表现
			2.1.10.2 治疗原则
			2.1.10.3 糖尿病人的健康生活
		2.1.11 皮肤疾病	2.1.11.1 过敏性皮肤病
			2.1.11.2 感染性皮肤病
		2.1.12 过敏性鼻炎	2.1.12.1 症状表现
			2.1.12.2 疾病鉴别
			2.1.12.3 治疗原则
2. 药品介绍	2.2 常用药品不良反应、注意事项和药物相互作用	2.2.1 抗生素的不良反应、注意事项和药物相互作用	2.2.1.1 青霉素类用药不良反应
			2.2.1.2 青霉素类用药注意事项
			2.2.1.3 头孢菌素类不良反应和注意事项
			2.2.1.4 大环内酯类不良反应和注意事项
			2.2.1.5 氨基糖苷类不良反应和注意事项
			2.2.1.6 四环素类及氯霉素不良反应和注意事项
			2.2.1.7 其他抗生素不良反应和注意事项
			2.2.1.8 抗生素类药物相互作用
		2.2.2 合成抗菌药不良反应、注意事项和药物相互作用	2.2.2.1 喹诺酮类药物不良反应和注意事项
			2.2.2.2 磺胺类药物不良反应和注意事项
			2.2.2.3 其他合成抗菌药不良反应和注意事项
			2.2.2.4 合成抗菌药与其他药物间的相互作用
		2.2.3 抗病毒药不良反应和注意事项	2.2.3.1 抗病毒药的不良反应
			2.2.3.2 抗病毒药的注意事项
		2.2.4 抗真菌药的不良反应和使用注意事项	2.2.4.1 抗真菌药的不良反应和使用注意事项
		2.2.5 抗结核病药不良反应、注意事项及药物相互作用	2.2.5.1 抗结核病药的不良反应和使用注意事项
			2.2.5.2 抗结核病药的相互作用

模　块	单　元	节	知识点名称
2. 药品介绍	2.2 常用药品不良反应、注意事项和药物相互作用	2.2.6 抗消化性溃疡药不良反应和注意事项	2.2.6.1 抗酸药的不良反应、注意事项
			2.2.6.2 H$_2$ 受体阻断药不良反应和注意事项
			2.2.6.3 质子泵抑制药的不良反应和注意事项
			2.2.6.4 胃黏膜保护药的不良反应和注意事项
			2.2.6.5 抗消化性溃疡联合用药
		2.2.7 胃肠道解痉药、胃动力药及止吐药的不良反应、注意事项及药物相互作用	2.2.7.1 胃肠道解痉药不良反应、注意事项
			2.2.7.2 胃动力药及止吐药不良反应、注意事项及药物相互作用
		2.2.8 泻药和止泻药的不良反应和注意事项	2.2.8.1 泻药的不良反应和注意事项
			2.2.8.2 止泻药的不良反应和注意事项
		2.2.9 助消化药的不良反应、注意事项及药物相互作用	2.2.9.1 助消化药的不良反应、注意事项及药物相互作用
		2.2.10 肝、胆辅助药的不良反应、注意事项	2.2.10.1 肝、胆辅助药的不良反应、注意事项
		2.2.11 解热镇痛抗炎药不良反应、注意事项和相互作用	2.2.11.1 解热镇痛抗炎药的使用原则
			2.2.11.2 解热镇痛抗炎药的不良反应
			2.2.11.3 解热镇痛抗炎药的使用注意事项
			2.2.11.4 解热镇痛抗炎药的相互作用
		2.2.12 镇咳药的不良反应、注意事项	2.2.12.1 中枢性镇咳药的不良反应、注意事项
			2.2.12.2 外周性镇咳药的不良反应、注意事项
		2.2.13 祛痰药的不良反应、注意事项	2.2.13.1 稀释性祛痰药的不良反应、注意事项
			2.2.13.2 黏痰溶解药不良反应、注意事项
		2.2.14 平喘药不良反应、注意事项及相互作用	2.2.14.1 平喘药概述
			2.2.14.2 平喘药的不良反应和注意事项
			2.2.14.3 平喘药与其他药的相互作用
		2.2.15 强心药的不良反应、注意事项和相互作用	2.2.15.1 强心药的不良反应和注意事项
			2.2.15.2 强心药与其他药的相互作用

模　块	单　元	节	知识点名称
2. 药品介绍	2.2 常用药品不良反应、注意事项和药物相互作用	2.2.16 抗心律失常药的不良反应、注意事项和相互作用	2.2.16.1 抗心律失常药的不良反应和注意事项
			2.2.16.2 抗心律失常药与其他药物的相互作用
		2.2.17 抗心绞痛药不良反应、注意事项和相互作用	2.2.17.1 抗心绞痛药不良反应
			2.2.17.2 抗心绞痛药注意事项和相互作用
		2.2.18 抗高血压药的不良反应、注意事项和相互作用	2.2.18.1 抗高血压药的分类
			2.2.18.2 常用抗高血压药的不良反应
			2.2.18.3 常用抗高血压药的注意事项
			2.2.18.4 其他抗高血压药的不良反应、注意事项
			2.2.18.5 抗高血压药与其他药物的相互作用
		2.2.19 降血脂药的不良反应、注意事项和相互作用	2.2.19.1 降血脂药的不良反应和注意事项
			2.2.19.2 降血脂药与其他药物的相互作用
		2.2.20 其他循环系统药的不良反应、注意事项	2.2.20.1 抗休克药的不良反应、注意事项
			2.2.20.2 影响血液凝固药的不良反应、注意事项
		2.2.21 泌尿系统药的不良反应、注意事项和相互作用	2.2.21.1 利尿药的分类
			2.2.21.2 利尿药的不良反应和注意事项
			2.2.21.3 前列腺疾病用药不良反应和注意事项
			2.2.21.4 利尿药与其他药物的相互作用
		2.2.22 中枢神经系统疾病用药的不良反应、注意事项和相互作用	2.2.22.1 镇静催眠、抗焦虑药不良反应
			2.2.22.2 镇静催眠、抗焦虑药用药注意事项
			2.2.22.3 镇静催眠、抗焦虑药与其他药物的相互作用
			2.2.22.4 抗震颤性麻痹药不良反应
			2.2.22.5 抗震颤性麻痹药用药注意事项
			2.2.22.6 抗震颤性麻痹药与其他药物相互作用
			2.2.22.7 中枢兴奋药不良反应和用药注意事项
		2.2.23 眼科用药的不良反应、注意事项	2.2.23.1 眼科抗炎药的不良反应、注意事项
			2.2.23.2 青光眼防治药的不良反应、注意事项

模　块	单　元	节	知识点名称
2. 药品介绍	2.2 常用药品不良反应、注意事项和药物相互作用	2.2.24 维生素及矿物质缺乏症用药的不良反应、注意事项和相互作用	2.2.24.1 维生素类药的不良反应
			2.2.24.2 维生素类药的用药注意事项
			2.2.24.3 维生素类药与其他药物的相互作用
		2.2.25 抗寄生虫药的不良反应和注意事项	2.2.25.1 抗寄生虫药的不良反应
			2.2.25.2 抗寄生虫药用药的注意事项
		2.2.26 抗过敏药的不良反应、用药注意事项和相互作用	2.2.26.1 抗过敏药的不良反应和用药注意事项
			2.2.26.2 抗过敏药与其他药物的相互作用
		2.2.27 糖尿病用药的不良反应和用药注意事项	2.2.27.1 胰岛素的不良反应和用药注意事项
			2.2.27.2 磺酰脲类药不良反应和用药注意事项
			2.2.27.3 双胍类药的不良反应和用药注意事项
	2.3 处方调配	2.3.1 处方调配	2.3.1.1 处方结构
			2.3.1.2 处方用语
			2.3.1.3 处方规则
			2.3.1.4 处方限量
			2.3.1.5 配方程序
3. 药品购销	3.1 购进药品	3.1.1 首营审核	3.1.1.1 《GSP》对于首次经营的相关规定
			3.1.1.2 首营企业审核程序及内容（一）
			3.1.1.3 首营企业审核程序及内容（二）
			3.1.1.4 首营品种审核程序及内容（一）
			3.1.1.5 首营品种审核程序及内容（二）
			3.1.1.6 首营审核注意事项
			3.1.1.7 购进药品的基本条件
		3.1.2 编制购进计划	3.1.2.1 编制购进计划的依据
			3.1.2.2 编制购进计划的前期工作
			3.1.2.3 确定购进品种
			3.1.2.4 确定购进数量
			3.1.2.5 确定购进量的方法
			3.1.2.6 确定购进时间
			3.1.2.7 确定购进方式
			3.1.2.8 确定采购渠道

续表

模 块	单 元	节	知识点名称
3. 药品购销	3.1 购进药品	3.1.3 签订购销合同	3.1.3.1 确定标的和数量
			3.1.3.2 明确质量条款
			3.1.3.3 确定价格及付款方式
			3.1.3.4 确定交货期限、地点和方式
			3.1.3.5 确定标的物的验收方法
			3.1.3.6 违约责任及纠纷解决方式
			3.1.3.7 其他约定事项
			3.1.3.8 购销合同执行程序
			3.1.3.9 货款结算
			3.1.3.10 购销记录
			3.1.3.11 购销合同协作中注意事项
		3.1.4 选择供应商	3.1.4.1 供应商选择的条件
			3.1.4.2 选择供应商的步骤
			3.1.4.3 建立供应商档案
			3.1.4. 选择供应商时的注意事项
	3.2 销售商品	3.2.1 客户培育	3.2.1.1 客户的类型
			3.2.1.2 寻找潜在客户
			3.2.1.3 确定准客户
			3.2.1.4 维护客户关系
			3.2.1.5 客户关系的管理
		3.2.2 销售访谈	3.2.2.1 访谈前准备工作
			3.2.2.2 访谈技巧（一）
			3.2.2.3 访谈技巧（二）
			3.2.2.4 面谈技巧
			3.2.2.5 访谈注意事项（一）
			3.2.2.6 访谈注意事项（二）
			3.2.2.7 建立客户档案
		3.2.3 制定销售计划	3.2.3.1 前期准备工作
			3.2.3.2 确定销售总值、类值指标
			3.2.3.3 确定主要品种指标
			3.2.3.4 确定数量指标
			3.2.3.5 销售计划的实施
		3.2.4 药品调价	3.2.4.1 药品调价原因
			3.2.4.2 调价步骤
			3.2.4.3 调价注意事项
			3.2.4.4 调价时标价签注意事项

模 块	单 元	节	知识点名称
3. 药品购销	3.2 销售商品	3.2.5 药品招投标	3.2.5.1 前期准备工作
			3.2.5.2 药品招投标流程
			3.2.5.3 注意事项
4. 药品保管养护	4.1 药品日常养护	4.1.1 药品的入库验收	4.1.1.1 抽样原则和比例
			4.1.1.2 国产药品验收依据
			4.1.1.3 进口药品验收依据
			4.1.1.4 药品验收内容
			4.1.1.5 《GSP》对批发企业药品验收的有关规定
			4.1.1.6 《GSP》对零售企业药品验收的有关规定
			4.1.1.7 片剂的质量验收
			4.1.1.8 胶囊剂的质量验收
			4.1.1.9 滴丸剂的质量验收
			4.1.1.10 注射剂的质量验收
			4.1.1.11 滴眼剂的质量验收
			4.1.1.12 眼膏剂的质量验收
			4.1.1.13 散剂的质量验收
			4.1.1.14 颗粒剂的质量验收
			4.1.1.15 口服溶液剂的质量验收
			4.1.1.16 口服混悬剂的质量验收
			4.1.1.17 口服乳剂的质量验收
			4.1.1.18 酊剂的质量验收
			4.1.1.19 糖浆剂的质量验收
			4.1.1.20 气雾剂的质量验收
			4.1.1.21 膜剂的质量验收
			4.1.1.22 软膏剂的质量验收
			4.1.1.23 栓剂的质量验收
		4.1.2 效期药品管理方法	4.1.2.1 药品有效期的概念及期限
			4.1.2.2 药品存放的规定
			4.1.2.3 效期的识别
			4.1.2.4 药品保管的效期规定
			4.1.2.5 药品出库的效期规定
			4.1.2. 近效期药品的保管
		4.1.3 药品在库检查和养护	4.1.3.1 在库药品的检查时间和方法
			4.1.3.2 在库药品的检查内容
			4.1.3.3 在库药品的养护
			4.1.3.4 《GSP》对在库药品养护的有关规定

模 块	单 元	节	知识点名称
4. 药品保管养护	4.2 不合格药品、退货药品的处理	4.2.1 假劣药品的识别方法	4.2.1.1 假药的判断
			4.2.1.2 劣药的判断
			4.2.1.3 假劣药的识别
		4.2.2 不合格药品和退货药品的处理	4.2.2.1 不合格药品的处理
			4.2.2.2 药品质量查询
			4.2.2.3 退货药品类型
			4.2.2.4 退出药品处理
			4.2.2.5 《GSP》对退货药品的有关规定
			4.2.2. 药品报废
5. 经济核算	5.1 商业计算	5.1.1 柜组核算操作	5.1.1.1 经济核算的目的和特征
			5.1.1.2 记账规则
			5.1.1.3 商品销售指标的核算
			5.1.1.4 商品资金指标的核算
			5.1.1.5 销售差错率指标的核算
			5.1.1.6 营业费用指标核算
			5.1.1.7 营业利润额指标的核算
	5.2 商品盘点	5.2.1 盘点作业流程	5.2.1.1 盘点目的
			5.2.1.2 建立盘点制度
			5.2.1.3 盘点操作流程
			5.2.1.4 盘点前的准备（一）
			5.2.1.5 盘点前的准备（二）
			5.2.1.6 盘点前的准备（三）
			5.2.1.7 商品盘点操作
			5.2.1.8 初点、复点、抽点作业
			5.2.1.9 盘点规范检查
			5.2.1.10 盘点后处理
			5.2.1.11 盘点损益说明
			5.2.1.12 盘点作业注意事项
	5.3 会计基础知识	5.3.1 会计核算常识	5.3.1.1 会计核算方法（一）
			5.3.1.2 会计核算方法（二）
			5.3.1.3 会计核算方法（三）
			5.3.1.4 资金运动的静态表现
			5.3.1.5 资金运动的动态表现
			5.3.1.6 对账与结账

三、医药商品购销员四级（中级）
技能操作要求

模　块	单　元	技能操作内容
1. 药品介绍	1.1 常用药品的作用、用途、不良反应及注意事项	1.1.1 根据疾病推介药品
		1.1.2 药品的作用、用途、不良反应及注意事项
2. 药品购销	2.1 客户服务	2.1.1 咨询接待
		2.1.2 药品退、换货处理
	2.2 药品购销实务	2.2.1 首营品种审核
		2.2.2 执行购销合同
		2.2.3 客户拜访
		2.2.4 建立客户档案
		2.2.6 编制销售计划
		2.2.6 药品调价操作
	2.3 经济核算	2.3.1 应收、应付账款的处理
		2.3.2 商品盘点操作
		2.3.3 经济指标核算
3. 药品验收与养护	3.1 药品的日常养护	3.1.1 药品的验收
		3.1.2 药品的日常养护及档案填写
	3.2 不合格药品、退货药品的处理	3.2.1 到效期药品的判定和处理
		3.2.2 包装不合格药品的判定和处理
		3.2.3 变质药品的判定和处理

四、医药商品购销员三级（高级）
理论知识要求

模　块	单　元	节	知识点名称
1. 药品推介	1.1 抗感染药	1.1.1 氨基糖苷类药物	1.1.1.1 氨基糖苷类药物的作用机理
			1.1.1.2 氨基糖苷类药物的英文名称
			1.1.1.3 氨基糖苷类药物的作用特点
			1.1.1.4 氨基糖苷类药物新药介绍
		1.1.2 头孢菌素类	1.1.2.1 头孢菌素的作用机理
			1.1.2.2 头孢菌素类药物的英文名称
			1.1.2.3 头孢菌素类药物的分代
			1.1.2.4 各代头孢菌素类药物的特点
			1.1.2.5 新型头孢菌素类药物介绍

模 块	单 元	节	知识点名称
1. 药品推介	1.1 抗感染药	1.1.3 四环素类抗生素	1.1.3.1 四环素类抗生素的作用机理
			1.1.3.2 四环素类抗生素的作用特点
			1.1.3.3 四环素类抗生素的英文名称
		1.1.4 青霉素类	1.1.4.1 青霉素的作用机理
			1.1.4.2 青霉素的英文名称
			1.1.4.3 半合成青霉素的结构和类别
			1.1.4.4 半合成青霉素的作用特点
		1.1.5 大环内酯类药物	1.1.5.1 大环内酯类药物的作用机理
			1.1.5.2 大环内酯类药物的英文名称
			1.1.5.3 新型大环内酯类药物介绍
		1.1.6 喹诺酮类抗菌药	1.1.6.1 喹诺酮类抗菌药的作用机理
			1.1.6.2 喹诺酮类抗菌药的作用特点
			1.1.6.3 喹诺酮类抗菌药的英文名称
			1.1.6.4 新型喹诺酮类抗菌药介绍
		1.1.7 磺胺类药物	1.1.7.1 磺胺类药物的作用机理
			1.1.7.2 磺胺类抗菌药的英文名称
		1.1.8 硝基咪唑、硝基呋喃类药物	1.1.8.1 硝基咪唑、硝基呋喃类药物的作用机理
		1.1.9 抗结核病药	1.1.9.1 抗结核病药的类别
			1.1.9.2 常见抗结核病药的作用机理
			1.1.9.3 抗结核病药的应用原则
		1.1.10 常见抗真菌药	1.1.10.1 抗真菌药的作用机理
			1.1.10.2 常见抗真菌药的英文名称
			1.1.10.3 新型抗真菌药的介绍
		1.1.11 抗病毒药	1.1.11.1 常见抗病毒药的作用机理
			1.1.11.2 常见抗病毒药的英文名称
			1.1.11.3 新型抗病毒药的介绍
		1.1.12 抗感染药的使用	1.1.12.1 抗感染药的使用方法
			1.1.12.2 不同对象的抗感染药选用
			1.1.12.3 抗感染药的联合使用
			1.1.12.4 不同病原体抗感染药的选用
	1.2 神经系统药物	1.2.1 抗精神失常药	1.2.1.1 吩噻嗪类药物的作用机理
			1.2.1.2 吩噻嗪类药物的英文名称
			1.2.1.3 其他抗精神失常药的作用机理
		1.2.2 镇静催眠药	1.2.2.1 巴比妥类镇静催眠药的作用机理
			1.2.2.2 巴比妥类镇静催眠药的英文名称
			1.2.2.3 苯二氮䓬类镇静催眠药的作用特点

模 块	单 元	节	知识点名称
1. 药品推介	1.2 神经系统药物	1.2.2 镇静催眠药	1.2.2.4 苯二氮草类镇静催眠药的英文名称
			1.2.2.5 其他静催眠药的作用特点
		1.2.3 传出神经药	1.2.3.1 休克产生的病因和治疗
			1.2.3.2 抗休克血管活性药作用机理
			1.2.3.3 副交感神经药物作用机理
		1.2.4 抗癫痫药	1.2.4.1 常用抗癫痫药的作用机理
			1.2.4.2 常用抗癫痫药的英文名称
		1.2.5 中枢兴奋药	1.2.5.1 中枢兴奋药的作用机理
			1.2.5.2 中枢兴奋药的英文名称
		1.2.6 抗震颤麻痹药	1.2.6.1 常用抗震颤麻痹药的作用机理
			1.2.6.2 常用抗震颤麻痹药的英文名称
		1.2.7 解热镇痛、抗痛风药	1.2.7.1 解热镇痛药的作用机理
			1.2.7.2 解热镇痛药的英文名称
			1.2.7.3 解热镇痛药的选用
			1.2.7.4 新型解热镇痛药介绍
			1.2.7.5 抗痛风药的作用机理
			1.2.7.6 抗痛风药的英文名称
	1.3 循环系统药	1.3.1 抗高血压药	1.3.1.1 钙拮抗剂的作用机理
			1.3.1.2 ACEI 的药物作用机理
			1.3.1.3 β 受体阻滞剂的作用机理
			1.3.1.4 交感神经末梢阻滞剂的作用机理
			1.3.1.5 常用抗高血压药的英文名称
			1.3.1.6 抗高血压复方制剂的配伍机理
			1.3.1.7 抗高血压药应用原则
			1.3.1.8 抗高血压新药介绍
		1.3.2 调血脂药	1.3.2.1 高脂血症概述
			1.3.2.2 胆酸螯合剂的作用机理
			1.3.2.3 HMG – Co 还原酶抑制剂作用机理
			1.3.2.4 贝特类的作用机理
			1.3.2.5 调血脂药的选用原则
		1.3.3 抗慢性心功能不全药	1.3.3.1 充血性心力衰竭的病理变化
			1.3.3.2 强心药的作用类别
			1.3.3.3 正性肌力药的作用机理
		1.3.4 抗心律失常药	1.3.4.1 心律失常发病原因
			1.3.4.2 抗快速型心律失常药的类别
			1.3.4.3 抗快速型心律失常药的作用机理
			1.3.4.4 抗快速型心律失常药的选用

模　块	单　元	节	知识点名称
1. 药品推介	1.3 循环系统药	1.3.5 抗心绞痛药	1.3.5.1 心绞痛的发病机制
			1.3.5.2 硝酸酯类药物的作用机理
			1.3.5.3 其他抗心绞痛药的作用机理
	1.4 呼吸系统药	1.4.1 镇咳药	1.4.1.1 镇咳药作用机理
			1.4.1.2 镇咳药的英文名称
			1.4.1.3 镇咳药的选用
		1.4.2 祛痰药	1.4.2.1 稀释性祛痰药的作用机理
			1.4.2.2. 黏痰裂解性祛痰药的作用机理
			1.4.2.3 祛痰药的英文名称
			1.4.2.4 祛痰药的选用
		1.4.3 平喘药	1.4.3.1 支气管扩张药的作用机理
			1.4.3.2 抗炎平喘药的作用机理
			1.4.3.3 抗过敏平喘药的作用机理
			1.4.3.4 平喘药的英文名称
			1.4.3.5 平喘药的选用
			1.4.3.6 新型抗哮喘药介绍
	1.5 消化系统药	1.5.1 抗消化性溃疡药	1.5.1.1 消化性溃疡的发病机理
			1.5.1.2 中和胃酸药的作用机理
			1.5.1.3 抑制胃酸药的作用机理
			1.5.1.4 胃黏膜保护药的作用机理
			1.5.1.5 胃炎及消化性溃疡病的用药
		1.5.2 胃肠道解痉药	1.5.2.1 胃肠道解痉药的作用机理
			1.5.2.2 胃肠道解痉药的英文名称
		1.5.3 助消化药	1.5.3.1 助消化药的作用机理
			1.5.3.2 助消化药的英文名称
		1.5.4 肝胆辅助药	1.5.4.1 肝胆辅助药的作用机理
		1.5.5 胃动力药及止吐	1.5.5.1 胃动力药及止吐药的作用机理
			1.5.5.2 胃动力药及止吐药的英文名称
		1.5.6 止泻药和导泻药	1.5.6.1 止泻药的作用机理
			1.5.6.2 导泻药的作用机理
			1.5.6.3 缓泻药的应用
	1.6 泌尿系统药	1.6.1 利尿药	1.6.1.1 高效能利尿药的作用机理
			1.6.1.2 中效能利尿药的作用机理
			1.6.1.3 低效能利尿药的作用机理
			1.6.1.4 利尿药的英文名称
		1.6.2 前列腺疾病用药	1.6.2.1 前列腺疾病用药的作用机理
			1.6.2.2 前列腺疾病新药介绍

模　块	单　元	节	知识点名称
1.　药品推介	1.7 皮肤疾病及用药	1.7.1 皮肤的基本构造与皮肤病	1.7.1.1 皮肤的基本构造与皮肤病用药
		1.7.2 皮肤病用药	1.7.2.1 抗皮肤真菌性疾病的药品介绍
			1.7.2.2 抗皮炎的药物介绍
			1.7.2.3 抗疱疹性皮肤病的药品介绍
			1.7.2.4 用于皮癣的药品介绍
	1.8 内分泌疾病及用药	1.8.1 糖尿病	1.8.1.1 糖尿病的发病机制
			1.8.1.2 胰岛素的作用机理
			1.8.1.3 磺酰脲类药物的作用机理
			1.8.1.4 双胍类药物的作用机理
			1.8.1.5 α‑葡萄糖苷酶抑制剂的作用机理
			1.8.1.6 抗糖尿病药物的选用
			1.8.1.7 抗糖尿病药物的给药方法、治疗目的
			1.8.1.8 抗糖尿病新药介绍
		1.8.2 皮质激素类药	1.8.2.1 皮质激素类药的类别
			1.8.2.2 皮质激素类药的作用机理
			1.8.2.3 皮质激素类药的英文名称
			1.8.2.4 皮质激素类药物的应用
			1.8.2. 皮质激素类新药介绍
		1.8.3 甲亢及甲亢治疗药物	1.8.3.1 甲亢疾病的介绍
			1.8.3.2 硫脲类药物的作用机理
			1.8.3.3 碘剂的作用机理
	1.9 眼科用药	1.9.1 眼部抗炎药	1.9.1.1 眼部抗炎药作用机理
		1.9.2 青光眼防治药	1.9.2.1 青光眼防治药作用机理
		1.9.3 常用眼部用药的英文名称	1.9.3.3 常用眼部用药的英文名称
	1.10 泌尿系统药	1.10.1 抗过敏药	1.10.1.1 过敏性疾病介绍
			1.10.1.2 抗过敏药的类别
			1.10.1.3 抗过敏药的作用机理
			1.10.1.4 抗过敏药新药介绍
			1.10.1.5 抗过敏药的英文名称
		1.10.2 抗寄生虫药	1.10.2.1 寄生虫感染性疾病介绍
			1.10.2.2 抗肠道寄生虫药的作用机理
			1.10.2.3 抗肠外寄生虫药的作用机理
			1.10.2.4 抗寄生虫药的英文名称

续表

模 块	单 元	节	知识点名称
1. 药品推介	1.10 其他	1.10.3 维生素及矿物质缺乏用药	1.10.3.1 维生素缺乏性疾病介绍
			1.10.3.2 脂溶性维生素的作用机制
			1.10.3.3 水溶性维生素的作用机制
			1.10.3.4 维生素类药的英文名称
			1.10.3.5 钙剂的生理功能
2. 药品营销	2.1 市场调研与新品种开发	2.1.1 市场调研	2.1.1.1 市场调研的概念
			2.1.1.2 调研工作的前期准备
			2.1.1.3 市场调研目的与对象
			2.1.1.4 市场调研内容确定
			2.1.1.5 制定调研计划
			2.1.1.6 调查资料分析（一）
			2.1.1.7 调查资料分析（二）
			2.1.1.8 调研计划的实施
			2.1.1.9 调研报告的撰写（一）
			2.1.1.10 调研报告的撰写（二）
			2.1.1.11 调研询问法
			2.1.1.12 调研观察法
			2.1.1.13 抽样调查法
			2.1.1.14 问卷设计的程序
			2.1.1.15 问卷设计的注意事项
			2.1.1.16 医药产品生命周期划分
			2.1.1.17 产品导入期特征
			2.1.1.18 产品成长期特征
			2.1.1.19 产品成熟期特征
			2.1.1.20 产品衰退期特征
		2.1.2 客户管理	2.1.2.1 客户购买需要分析
			2.1.2.2 客户购买量、购买力分析
			2.1.2.3 客户资金使用限度分析
			2.1.2.4 大客户的概念
			2.1.2.5 维护大客户关系策略（一）
			2.1.2.6 维护大客户关系策略（二）
			2.1.2.7 客户 ABC 分析法
			2.1.2.8 建立客户档案的目的及管理
	2.2 销售促进	2.2.1 顾客心理	2.2.1.1 马斯洛需求层次理论
			2.2.1.2 顾客购买动机特征
			2.2.1.3 顾客购买动机类型

模　块	单　元	节	知识点名称
2. 药品营销	2.2 销售促进	2.2.1 顾客心理	2.2.1.4 顾客购买动机内容
			2.2.1.5 顾客购买决策的内容
			2.2.1.6 顾客购买决策的过程
			2.2.1.7 影响顾客购买决策的因素
			2.2.1.8 顾客购买行为的特点
			2.2.1.9 顾客购买行为的类型（一）
			2.2.1.10 顾客购买行为的类型（二）
			2.2.1.11 观察试探营销技巧
			2.2.1.12 宣传说服营销技巧
		2.2.2 促销	2.2.2.1 促销的概念及作用
			2.2.2.2 促销分类
			2.2.2.3 促销组合
			2.2.2.4 促销品种选择
			2.2.2.5 产品寿命周期分析
			2.2.2.6 医药市场状况分析
			2.2.2.7 促销方式的选择
			2.2.2.8 促销费用的预算
			2.2.2.9 制定促销计划及实施
			2.2.2.10 人员推销特点
			2.2.2.11 人员推销必备技巧（一）
			2.2.2.12 人员推销必备技巧（二）
			2.2.2.13 寻找顾客的方法（一）
			2.2.2.14 寻找顾客的方法（二）
			2.2.2.15 人员推销售前服务
			2.2.2.16 人员推销售中服务
			2.2.2.17 人员推销售后服务
			2.2.2.18 顾客异议的类型及原因
			2.2.2.19 洽谈技巧
			2.2.2.20 排除推销障碍技巧
			2.2.2.21 把握成交时机技巧
			2.2.2.22 促进成交技巧
			2.2.2.23 人员推销注意事项（一）
			2.2.2.24 人员推销注意事项（二）
			2.2.2.25 促销人员评估法
			2.2.2.26 广告促销特点
			2.2.2.27 广告效果评价
			2.2.2.28 营业推广特点

续表

模 块	单 元	节	知识点名称
2. 药品营销	2.2 销售促进	2.2.2 促销	2.2.2.29 营业推广对策及技巧
			2.2.2.30 制订营业推广方案及实施
			2.2.2.31 公共关系特点
			2.2.2.32 公共关系活动技巧
		2.2.3 渠道策略	2.2.3.1 医药营销渠道特征
			2.2.3.2 医药营销渠道模式（一）
			2.2.3.3 医药营销渠道模式（二）
			2.2.3.4 影响医药营销渠道因素（一）
			2.2.3.5 影响医药营销渠道因素（二）
			2.2.3.6 直接渠道、间接渠道分析
			2.2.3.7 宽渠道、窄渠道分析
			2.2.3.8 长渠道、短渠道分析
			2.2.3.9 中间商具备的条件
			2.2.3.10 中间商的激励方法
			2.2.3.11 中间商的绩效评估
			2.2.3.12 医药物流概念
			2.2.3.13 产品运输方式的选择
			2.2.3.14 仓库存货水平的控制
			2.2.3.15 产品窜货形成的原因
			2.2.3.16 产品窜货的控制（一）
			2.2.3.17 产品窜货的控制（二）
	2.3 商务谈判	2.3.1 谈判僵局处理	2.3.1.1 谈判僵局的种类
			2.3.1.2 谈判僵局成因分析
			2.3.1.3 谈判成功的要素
			2.3.1.4 商务谈判的原则
			2.3.1.5 谈判人员的素质
			2.3.1.6 谈判僵局处理技巧（一）
			2.3.1.7 谈判僵局处理技巧（二）
			2.3.1.8 谈判开局技巧
			2.3.1.9 谈判报价还价技巧（一）
			2.3.1.10 谈判报价还价技巧（二）
			2.3.1.11 谈判磋商技巧
			2.3.1.12 谈判成交技巧
			2.3.1.13 商务谈判注意事项
		2.3.2 合同纠纷处理	2.3.2.1 合同纠纷的成因
			2.3.2.2 合同纠纷的协商（一）
			2.3.2.3 合同纠纷的协商（二）

模　块	单　元	节	知识点名称
2. 药品营销	2.3 商务谈判	2.3.2 合同纠纷处理	2.3.2.4 合同纠纷的调解概念
			2.3.2.5 合同纠纷调解的程序（一）
			2.3.2.6 合同纠纷调解的程序（二）
			2.3.2.7 合同纠纷仲裁的概念
			2.3.2.8 合同纠纷仲裁的程序（一）
			2.3.2.9 合同纠纷仲裁的程序（二）
			2.3.2.10 合同纠纷审理的程序
	2.4 经济核算	2.4.1 本量利分析	2.4.1.1 本量利分析的概念
			2.4.1.2 本量利分析的基础
			2.4.1.3 保本计算
			2.4.1.4 保利计算
		2.4.2 库存分析	2.4.2.1 合理库存的意义
			2.4.2.2 库存数量的合理化
			2.4.2.3 库存时间的合理化
			2.4.2.4 库存结构的合理化
			2.4.2.5 库存天数定额控制法
			2.4.2.6 库存数量定额控制法
			2.4.2.7 库存定量控制法
			2.4.2.8 ABC 库存分类控制法
			2.4.2.9 保本储存期控制法
			2.4.2.10 保利储存期控制法
			2.4.2.11 库存管理企业托管模式的优势
			2.4.2.12 传统药房库存管理的弊端
		2.4.3 经营预测与分析	2.4.3.1 经营预测意义
			2.4.3.2 移动平均预测法
			2.4.3.3 回归分析预测法
			2.4.3.4 销售收入的分析
			2.4.3.5 营业费用分析
			2.4.3.6 差错率分析
			2.4.3.7 经营利润分析
			2.4.3.8 经营风险分析（一）
			2.4.3.9 经营风险分析（二）
			2.4.3.10 医药零售配送外包的优势（一）
			2.4.3.11 医药零售配送外包的优势（二）
3. 药品保管养护	3.1 药品的稳定性	3.1.1. 影响药品稳定性的因素	3.1.1.1 影响药品稳定性的内在因素
			3.1.1.2 影响药品稳定性的外在因素
			3.1.1.3 药品易发生的变质现象和原因

模 块	单 元	节	知识点名称
3. 药品保管养护	3.2 药品的保管养护	3.2.1 药品保管养护的基础知识	3.2.1.1 药品分类储存管理
			3.2.1.2 药品的入库验收
			3.2.1.3 药品的在库养护
			3.2.1.4 药品的出库验发
			3.2.1.5 温湿度管理
		3.2.2 中药的储存与分类	3.2.2.1 中药材的储存养护
			3.2.2.2 中药饮片的储存养护
			3.2.2.3 中成药的保管养护
		3.2.3 特殊管理药品的保管养护	3.2.3.1 特殊管理药品的概念、分类
			3.2.3.2 麻醉药品的保管养护
			3.2.3.3 精神药品的保管养护
			3.2.3.4 医疗用毒性药品的保管养护
			3.2.3.5 放射性药品的保管养护
		3.2.4 药品的重点养护	3.2.4.1 重点养护品种的类别
			3.2.4.2 重点养护品种的保管及养护

五、医药商品购销员三级（高级）技能操作要求

模 块	单 元	技能操作内容
1. 药品推介	1.1 疾病一般鉴别及药物作用机制	1.1.1 流行性感冒
		1.1.2 急性气管－支气管炎
		1.1.3 哮喘症
		1.1.4 单纯性胃炎
		1.1.5 消化性溃疡
		1.1.6 球菌性肺炎
		1.1.7 肺结核
		1.1.8 原发性高血压病
		1.1.9 心绞痛
		1.1.10 尿路感染（肾盂肾炎）
		1.1.11 慢性胃炎
		1.1.12 糖尿病
		1.1.13 慢性支气管炎
		1.1.14 普通感冒
		1.1.15 急性细菌性痢疾
		1.1.16 急性膀胱炎

续表

模　块	单　元	技能操作内容
2. 药品营销	2.1 销售促进	2.1.1 市场调研
		2.1.2 客户购买心理分析
		2.1.3 客户开发
		2.1.4 大客户管理
		2.1.5 产品演示与宣讲
		2.1.6 促销技巧
		2.1.7 客户档案管理
		2.1.8 处理客户异议
	2.2 商务谈判	2.2.1 谈判僵局的成因及处理
		2.2.2 谈判技巧
		2.2.3 合同纠纷处理
	2.3 经济核算	2.3.1 经营业绩分析
		2.3.2 ABC 库存分析法
		2.3.3 医药商品窜货处理

第二部分

医药商品购销员理论知识和技能操作习题集

一、医药商品购销员基本要求习题

0. 基本要求

0.1 医学基础知识

0.1.1 人体结构和功能

1. 人体结构和功能的基本单位是细胞。（　　）
A. 正确　　　　　B. 错误

2. 细胞膜对维持细胞的形态、进行细胞内外物质交换和传递信息起着重要作用。（　　）
A. 正确　　　　　B. 错误

3. 血液由血浆和血细胞组成，血细胞分红细胞、白细胞、血小板三类。（　　）
A. 正确　　　　　B. 错误

4. 血浆晶体渗透压具有调节毛细血管内、外水分交换、维持血浆容量的作用。（　　）
A. 正确　　　　　B. 错误

5. 心脏是血液循环的动力器官，位于胸腔内，两肺之间的前下部。（　　）
A. 正确　　　　　B. 错误

6. 影响动脉血压的因素有搏出量、心率、外周阻力、循环血量与血管容积比及大动脉管壁的弹性。（　　）
A. 正确　　　　　B. 错误

7. 下呼吸道包括气管、支气管、肺。（　　）
A. 正确　　　　　B. 错误

8. 轻度缺氧时呼吸减弱，严重缺氧时呼吸增强。（　　）
A. 正确　　　　　B. 错误

9. 消化系统由消化管和消化腺组成，消化管包括口腔、咽、食管、胃、小肠和大肠。（　　）

10. 食物的消化产物、水、无机盐及消化液的一些成分主要在小肠中被吸收。（　　）
A. 正确　　　　　B. 错误

11. 尿液的生成部位是膀胱。（　　）
A. 正确　　　　　B. 错误

12. 肾是机体重要的排泄器官，通过生成尿液排出水溶性代谢产物、多余水分及进入人体内的药物和毒物等。（　　）
A. 正确　　　　　B. 错误

13. 神经系统的基本活动方式是反射。（　　）
A. 正确　　　　　B. 错误

14. 内分泌系统的细胞分泌的生物活性物质称为激素。（　　）
A. 正确　　　　　B. 错误

15. 睾丸只能产生精子不能分泌雄激素。（　　）
A. 正确　　　　　B. 错误

16. 能感受强光和辨色的是视杆细胞。（　　）
A. 正确　　　　　B. 错误

17. 能量的来源 70% 是食物中的脂肪。（　　）
A. 正确　　　　　B. 错误

18. 人体生命活动最基本的特征是（　　）。
A. 物质代谢　　　B. 新陈代谢
C. 适应性　　　　D. 应激性

19. 下列哪个器官不属于内脏（　　）。
A. 心脏　　　　　B. 胃
C. 肝脏　　　　　D. 膀胱

20. 人体的四大类组织不包括（　　）。
    A. 上皮组织　　　B. 结缔组织
    C. 肌组织　　　　D. 骨组织

21. 细胞在安静时，存在于细胞膜内外的电位差称为（　　）。
    A. 静息电位　　　B. 动作电位
    C. 阈电位　　　　D. 化学平衡电位

22. 能产生能量的细胞器是（　　）。
    A. 线粒体　　　B. 中心体
    C. 染色体　　　D. 内质网

23. 遗传的物质基础是（　　）。
    A. RNA　　　　B. 中心体
    C. DNA　　　　D. 内质网

24. 血液约占体重的（　　）。
    A. 6%～8%　　　B. 7%～9%
    C. 8%～10%　　　D. 6%～7%

25. 构成血浆胶体渗透压的主要成分是（　　）。
    A. 白蛋白　　　　B. 纤维蛋白
    C. 免疫球蛋白　　D. 血红蛋白

26. 具有防御作用的血浆蛋白是（　　）。
    A. 纤维蛋白　　　B. 白蛋白
    C. 球蛋白　　　　D. 血红蛋白

27. 人体内缺乏维生素 B_{12} 和叶酸可导致（　　）。
    A. 巨幼红细胞性贫血
    B. 缺铁性贫血
    C. 恶性性贫血
    D. 再生障碍性贫血

28. 在急性化脓性、细菌性炎症时数量明显增多的细胞是（　　）。
    A. 红细胞　　　　B. 中性粒细胞
    C. 血小板　　　　D. 嗜碱性粒细胞

29. 能够保持血管内皮完整性，并在止血和凝血过程中起重要作用的血液成分是（　　）。
    A. 血浆　　　　B. 红细胞

C. 血小板　　　　D. 白细胞

30. 正常成人安静时心率为每分钟（　　）。
    A. 60～100 次　　B. 80～100 次
    C. 60～80 次　　　D. 60～90 次

31. 心室收缩时血压升高，所达到的最高值称为（　　）。
    A. 动脉血压　　　B. 收缩压
    C. 舒张压　　　　D. 脉搏压

32. 收缩压是指（　　）。
    A. 动脉内的血液对单位面积血管壁的侧压力
    B. 动脉血压升高所达到的最高值
    C. 动脉血压降低所达到的最低值
    D. 动脉血压最高值与最低之间的差值

33. 在封闭的心血管系统中，形成动脉血压的前提是（　　）。
    A. 心室射血
    B. 外周阻力
    C. 心室射血和外周阻力相互作用
    D. 足够量的血液充盈血管

34. 血 K^+ 降低时，心肌的自律性、收缩性均（　　）。
    A. 升高　　　　B. 降低
    C. 不变　　　　D. 先高后低

35. 心肌细胞的生理特性包括（　　）。
    A. 自律性　　　B. 传导性
    C. 应激性　　　D. 收缩性

36. 上呼吸道包括（　　）。
    A. 鼻、咽、喉、气管、支气管
    B. 鼻、咽、喉、气管
    C. 鼻、咽、喉
    D. 鼻、咽

37. 肺泡与肺毛细血管血液之间的气体交换称为（　　）。
    A. 肺通气　　　　B. 肺换气
    C. 气体运输　　　D. 组织换气

38. 肺活量等于（　　）之和。
A. 潮气量与补吸气量
B. 潮气量与补呼气量
C. 补吸气量与补呼气量
D. 潮气量、补吸气量与补呼气量

39. 进行气体交换的器官是（　　）。
A. 肺　　　　　B. 心
C. 肝　　　　　D. 肾

40. 轻度缺氧时，使呼吸（　　）。
A. 增强　　　　B. 减弱
C. 不变　　　　D. 先强后弱

41. 严重缺氧时，使呼吸（　　）。
A. 增强　　　　B. 减弱
C. 不变　　　　D. 先强后弱

42. 上消化道组成包括（　　）。
A. 口腔、咽、食管、胃、小肠
B. 口腔、咽、食管、胃、空肠
C. 口腔、咽、食管、胃、回肠
D. 口腔、咽、食管、胃、十二指肠

43. 人体最大的消化腺是（　　）。
A. 肝脏　　　　B. 胆囊
C. 胰腺　　　　D. 唾液腺

44. 下列营养物质在胃中排空速度最快的是（　　）。
A. 蛋白质　　　B. 脂肪
C. 糖　　　　　D. 混合食物

45. 含消化酶数量多、种类全，消化力最强的消化液是（　　）。
A. 胃液　　　　B. 胆汁
C. 胰液　　　　D. 唾液

46. 胃液的 pH 值为（　　）。
A. 0.8 ~ 2.0　　B. 0.9 ~ 1.5
C. 0.9 ~ 2.5　　D. 0.8 ~ 1.5

47. 食物的消化产物、水、无机盐及消化液的一些成分主要吸收部位是（　　）。
A. 食管　　　　B. 胃
C. 小肠　　　　D. 大肠

48. 运输尿液的部位是（　　）。

A. 肾　　　　　B. 膀胱
C. 输尿管　　　D. 尿道

49. 下列哪个器官不属于泌尿系统（　　）。
A. 肾　　　　　B. 输尿管
C. 阴道　　　　D. 膀胱

50. 尿液的贮存部位是（　　）。
A. 肾　　　　　B. 输尿管
C. 胆囊　　　　D. 膀胱

51. 当血糖超过多少时，尿中可测出葡萄糖，称为糖尿（　　）。
A. 7.77 ~ 8.88mmol/L
B. 6.66 ~ 7.77mmol/L
C. 8.88 ~ 9.99mmol/L
D. 9.99 ~ 10.99mmol/L

52. 当机体发生酸中毒时常伴有（　　）。
A. 高钾血症　　B. 高钙血症
C. 低钾血症　　D. 低钙血症

53. 正常人 24 小时尿量约为（　　）。
A. 1000 ~ 1500ml
B. 1500 ~ 2000ml
C. 2000 ~ 3000ml
D. 1000 ~ 200ml

54. 中枢神经系统包括（　　）。
A. 脑神经和脊神经
B. 脑和脊神经
C. 脑神经和脊髓
D. 脑和脊髓

55. 神经系统的基本结构单位是（　　）。
A. 反射弧　　　B. 反射
C. 神经元　　　D. 突起

56. 神经元之间互相接触并传递信息的部位称为（　　）
A. 神经元　　　B. 突触
C. 传出神经　　D. 传入神经

57. 人在幼年期缺乏生长素会导致下列哪种疾病的发生（　　）

A. 侏儒症   B. 巨人症

C. 呆小症   D. 克汀病

58. 糖尿病时下列哪种激素的分泌不足（   ）

     A. 胰高血糖素   B. 胰岛素

     C. 甲状腺素   D. 肾上腺素

59. 长期使用下列哪种激素会导致向心性肥胖（   ）。

     A. 胰岛素   B. 甲状腺素

     C. 糖皮质激素   D. 盐皮质激素

60. 具有"安胎"作用的激素是（   ）。

     A. 雌激素   B. 孕激素

     C. 雄激素   D. 肾上腺素

61. 雄激素的生理功能不包括（   ）。

     A. 促进生殖器官发育

     B. 促进骨骼发育

     C. 促进精子形成

     D. 维持男性第二性征

62. 黄体细胞分泌的激素是（   ）。

     A. 雄激素   B. 雌激素

     C. 孕激素   D. 盐皮质激素

63. 正常眼看（   ）以外的物体时，眼的折光系统是不需要任何调节的。

     A. 3m   B. 4m

     C. 5m   D. 6m

64. 夜盲症是由于缺乏（   ）。

     A. 维生素 A   B. 维生素 B

     C. 维生素 C   D. 维生素 D

65. 表皮的结构不包括（   ）。

     A. 基底层   B. 颗粒层

     C. 真皮层   D. 角质层

66. 能量的贮存形式是（   ）

     A. AMP   B. ATP

     C. ADP   D. CTP

67. 一般成人安静状态下温度较高的部位是（   ）。

     A. 口腔   B. 直肠

     C. 腋窝   D. 皮肤表面

68. 安静时主要的产热器官是（   ）。

     A. 骨骼肌   B. 皮肤

     C. 内脏   D. 血液

0.1.2   医学微生物基础知识

69. 人体内存在的正常菌群是不会引起疾病的。（   ）

     A. 正确   B. 错误

70. 真菌属于原核细胞型微生物。（   ）

     A. 正确   B. 错误

71. 当细菌裂解时释放出来的毒素是（   ）

     A. 外毒素   B. 内毒素

     C. 肉毒素   D. 生物毒素

72. 麻疹是由于哪种微生物感染引起的疾病（   ）。

     A. 细菌   B. 真菌

     C. 病毒   D. 寄生虫

73. 服用糖丸预防的疾病是（   ）。

     A. 伤寒   B. 脊髓灰质炎

     C. 结核病   D. 乙肝

74. 霉菌属于（   ）。

     A. 细菌   B. 真菌

     C. 寄生虫   D. 病毒

75. 导致缺铁性贫血的寄生虫是（   ）。

     A. 蛔虫   B. 蛲虫

     C. 钩虫   D. 丝虫

76. 疟疾的传播方式是（   ）。

     A. 飞沫传播

     B. 消化道传播

     C. 蚊子叮咬传播

     D. 性传播

0.1.3   免疫学基础知识

77. 超敏反应又称变态反应或过敏反应。（   ）

     A. 正确   B. 错误

78. 引起机体免疫应答的先决条件是
（　　）。

A. 抗原　　　　B. 抗体

C. 免疫细胞　　D. 机体

79. 机体最大的免疫器官是（　　）。

A. 骨髓　　　　B. 淋巴

C. 胸腺　　　　D. 脾脏

80. 人类在长期的种系发育和进化过程中逐渐形成的对病原微生物的天然防御功能称为（　　）。

A. 特异性免疫

B. 非特异性免疫

C. 细胞免疫

D. 体液免疫

0.1.4　各系统常见疾病

81. 运动系统由骨、骨连结和骨骼肌三种器官组成。（　　）

A. 正确　　　　B. 错误

82. 普通感冒主要表现是鼻部卡他症状。（　　）

A. 正确　　　　B. 错误

83. 急性胃炎是指各种病因引起的胃黏膜急性炎症。（　　）

A. 正确　　　　B. 错误

84. 心绞痛是由于冠状动脉供血不足，导致心肌急剧的、暂时的缺血、缺氧所产生的临床综合征。（　　）

A. 正确　　　　B. 错误

85. 泌尿道感染最常见的感染途径是血行感染（　　）

A. 正确　　　　B. 错误

86. 发生于骨、关节、肌肉、韧带等部位的疾病属于（　　）。

A. 内分泌系统疾病

B. 循环系统疾病

C. 呼吸系统疾病

D. 运动系统疾病

87. 不属于引起骨质疏松的原因是
（　　）。

A. 钙缺乏

B. 降钙素不足

C. 维生素 D 不足

D. 铁不足

88. 肺炎球菌性肺炎的主要临床表现不包括（　　）。

A. 发热　　　　B. 咳嗽、咳痰

C. 咯血　　　　D. 呼吸困难

89. 慢性支气管炎是一种常见病和多发病，多见于（　　）。

A. 老年人　　　B. 青年人

C. 中年人　　　D. 儿童

90. 急性胃炎的理化致病因素不包括
（　　）。

A. 非甾体抗炎药

B. 乙醇

C. 浓茶、咖啡

D. 幽门螺杆菌

91. 细菌性痢疾的主要病变部位是
（　　）。

A. 小肠　　　　B. 胃

C. 大肠　　　　D. 结肠

92. 心绞痛的主要病因是（　　）。

A. 冠状动脉粥样硬化

B. 糖尿病

C. 高血压

D. 心律失常

93. 最为常见的心绞痛类型是
（　　）。

A. 变异型　　　B. 稳定型

C. 不稳定型　　D. 卧位型

94. 多尿是指每昼夜尿量长期超过
（　　）。

A. 2000ml　　　B. 2500ml

C. 3000ml　　　D. 3500ml

95. 无尿是指每昼夜尿量持续低于
（　　）。

A. 200ml　　　　B. 150ml

C. 100ml　　　　D. 50ml

96. 属于运动系统疾病的是（　　　）。
　　A. 外伤　　　　　B. 骨折
　　C. 脱位　　　　　D. 畸形
　　E. 风湿性心脏病

97. 上呼吸道感染是（　　　）急性炎症的总称。
　　A. 鼻　　　　　　B. 支气管
　　C. 咽　　　　　　D. 气管
　　E. 肺

98. 消化性溃疡的常见并发症有（　　　）。
　　A. 出血　　　　　B. 胆结石
　　C. 穿孔　　　　　D. 幽门梗阻
　　E. 胆囊炎

99. 心绞痛常见的诱发因素有（　　　）。
　　A. 休息　　　　　B. 情绪激动
　　C. 饱餐　　　　　D. 低盐饮食
　　E. 寒冷

100. 急性膀胱炎的主要症状有（　　　）。
　　A. 尿频　　　　　B. 尿急
　　C. 尿痛　　　　　D. 高热
　　E. 白细胞尿

0.1.5　专科疾病

101. 最常见的皮肤病由过敏原引起的。（　　　）
　　A. 正确　　　　　B. 错误

102. 睑板腺炎的病原菌以金黄色葡萄球菌多见。（　　　）
　　A. 正确　　　　　B. 错误

103. 糖尿病是多种病因引起的以急性高血糖为特征的代谢紊乱性疾病。（　　　）
　　A. 正确　　　　　B. 错误

104. 目前推行的全程督导下的短程化疗是治疗与控制结核病的最有效手段。（　　　）
　　A. 正确　　　　　B. 错误

105. 药疹又称为（　　　）。
　　A. 湿疹　　　　　B. 药物性皮炎
　　C. 接触性皮炎　　D. 荨麻疹

106. 过敏性皮肤病的主要表现不包括（　　　）。
　　A. 多种多样的皮炎
　　B. 疱疹
　　C. 湿疹
　　D. 荨麻疹

107. 流行性出血性结膜炎俗称（　　　）。
　　A. 麦粒肿　　　　B. 化脓性睑缘炎
　　C. 红眼病　　　　D. 角膜炎

108. 流行性出血性结膜炎的病原体是（　　　）。
　　A. 细菌　　　　　B. 真菌
　　C. 衣原体　　　　D. 病毒

109. 甲亢的主要临床表现不包括（　　　）。
　　A. 急躁、易激动
　　B. 怕热多汗
　　C. 心悸气短
　　D. 食欲下降

110. 糖尿病的主要临床表现是（　　　）。
　　A. 呼吸功能下降
　　B. 慢性物质代谢紊乱
　　C. 血脂升高
　　D. 血压升高

111. 肺结核感染的主要途径是（　　　）。
　　A. 呼吸道　　　　B. 泌尿道
　　C. 消化道　　　　D. 血液传播

112. 肺结核的传染源主要是排菌病人的（　　　）。
　　A. 粪便　　　　　B. 血液
　　C. 尿液　　　　　D. 痰液

113. 感染性皮肤病包括（　　　）。
　　A. 荨麻疹　　　　B. 单纯疱疹

C. 带状疱疹　　　D. 丹毒

E. 接触性皮炎

114. 下列由细菌引起的眼部疾病是（　　）。

A. 急性卡他性结膜炎

B. 睑板腺炎

C. 溃疡性睑缘炎

D. 流行性出血性结膜炎

E. 睑板腺囊肿

115. 临床上将糖尿病主要分为（　　）。

A. 1 型糖尿病

B. 2 型糖尿病

C. 妊娠期糖尿病

D. 其他特殊类型糖尿病

E. 儿童型糖尿病

116. 肺结核化疗的基本原则是（　　）。

A. 早期用药　　　B. 联合用药

C. 适量用药　　　D. 规律用药

E. 小剂量用药

0.2　药学基础知识

0.2.1　药品基础知识

117. 胶囊剂分为硬胶囊、软胶囊和肠溶胶囊，一般供口服使用。（　　）

A. 正确　　　　　B. 错误

118. 我国医药企业一般用 6 位数来表示批号，前 2 位表示表示年份，中间 2 位表示月份，后 2 位表示药品生产批次。（　　）

A. 正确　　　　　B. 错误

119. 下列属于液体药物剂型的是（　　）。

A. 胶囊　　　　　B. 片剂

C. 注射剂　　　　D. 颗粒剂

120. 应用胶囊剂时不宜（　　）。

A. 将胶囊内容物倒出

B. 用温开水服用

C. 凉开水服用

D. 老人服用

121. 片剂的主要特点不包括（　　）。

A. 使用方便

B. 生产成本低

C. 质量稳定

D. 婴幼儿易于服用

122. 现行《中国药典》为（　　）年版。

A. 2005　　　　　B. 2000

C. 1995　　　　　D. 2010

123. 药品质量的物质性可概括为（　　）。

A. 安全性、有效性、可控性、稳定性

B. 时间性、有效性、稳定性、个体性

C. 个体性、可控性、稳定性、区域性

D. 区域性、可控性、稳定性、时间性

124. 注册商标有效期为（　　）。

A. 6 年　　　　　B. 5 年

C. 10 年　　　　　D. 3 年

0.2.2　药物的体内过程

125. 药物静脉注射给药时无吸收过程。（　　）

A. 正确　　　　　B. 错误

126. 药物在体内的分布是不均匀的，血流丰富的组织药物分布的快而且量多。（　　）

A. 正确　　　　　B. 错误

127. 药物的代谢是指药物在体内发生化学变化的过程。（　　）

A. 正确　　　　　B. 错误

128. 增加尿量可降低尿液中药物浓度，减少药物的重吸收，从而增加药物排泄。（　　）

A. 正确　　　　　B. 错误

129. 半衰期是指药物在血液中的浓

度下降一半所要的时间。（　　）

A. 正确　　　　B. 错误

130. 最常用的给药方法是（　　）。

A. 舌下给药　　B. 口服给药

C. 直肠给药　　D. 注射给药

131. 首过效应较多的药物不宜（　　）。

A. 直肠给药　　B. 口服给药

C. 注射给药　　D. 舌下给药

132. 口服给药吸收的主要部位是（　　）。

A. 肝脏　　　　B. 胃

C. 大肠　　　　D. 小肠

133. 易透过血脑屏障的药物是（　　）。

A. 脂溶性　　　B. 水溶性

C. 解离型　　　D. 大分子物质

134. 影响药物在体内分布的因素主要是（　　）。

A. 与组织的亲合力

B. 血浆半衰期

C. 药物剂型

D. 药效大小

135. 药物与血浆蛋白的结合是可逆的，结合后（　　）。

A. 作用强

B. 有药理活性

C. 暂时失去药理活性

D. 作用弱

136. 药物代谢的主要器官是（　　）。

A. 汗腺　　　　B. 肝脏

C. 皮肤　　　　D. 肾脏

137. 常见的肝药酶诱导剂是（　　）。

A. 苯巴比妥　　B. 利血平

C. 乙酰水杨酸　D. 硫喷妥钠

138. 关于肝药酶活性和含量的描述错误的是（　　）

A. 是不稳定的

B. 个体差异性大

C. 受某些药物的影响

D. 是稳定的。

139. 药物的主要排泄途径是（　　）。

A. 肾排泄　　　B. 胆汁排泄

C. 乳汁排泄　　D. 汗腺分泌

140. 药物排泄的主要器官是（　　）。

A. 肾　　　　　B. 肝

C. 胆　　　　　D. 皮肤

141. 尿液呈酸性时，弱碱性药物在肾小管中大部分解离，因而（　　）。

A. 重吸收多排泄多

B. 重吸收少排泄少

C. 重吸收少排泄多

D. 重吸收多排泄少

142. 血药浓度基本消除完毕需经过（　　）。

A. 1 个 $t_{1/2}$　　　　B. 3 个 $t_{1/2}$

C. 5 个 $t_{1/2}$　　　　D. 7 个 $t_{1/2}$

143. 若药物的半衰期为4h，即表示该药物在血浆中浓度下降一半所需的时间为（　　）。

A. 4h　　　　　B. 3h

C. 2h　　　　　D. 1h

144. 下列关于生物半衰期的叙述正确的是（　　）。

A. 药物半衰期与药物消除速度成正比

B. 与病理状况无关

C. 正常人同一药物的生物半衰期基本相似

D. 药物半衰期随血药浓度的下降而延长

0.2.3　药物的作用

145. 药物作用是指机体的生理、生化功能，组织形态在药物的作用下所发生的相应改变。（　　）

A. 正确　　　　　B. 错误

146. 药物的副作用不属于药物固有的效应，也是不可预知的。（　　）

A. 正确　　　　B. 错误

147. 合理配伍的药物相互作用可以增强疗效或降低药物不良反应，反之可导致疗效降低或毒性增加，还可能发生一些异常反应，干扰治疗，加重病情。（　　）

A. 正确　　　　B. 错误

148. 药物的基本作用是（　　）。

A. 局部作用和吸收作用

B. 兴奋作用和抑制作用

C. 选择作用和普遍细胞作用

D. 治疗作用和不良反应

149. 药物自用药部位吸收进入血液循环到达各组织或器官后所发生的作用被称为（　　）。

A. 兴奋作用　　　B. 抑制作用

C. 吸收作用　　　D. 防治作用

150. 药物分类和临床选择用药的主要依据是药物的（　　）。

A. 兴奋作用

B. 局部作用

C. 普遍细胞作用

D. 选择作用

151. 药物作用的两重性是指（　　）。

A. 防治作用和不良反应

B. 预防作用和副作用

C. 治疗作用和不良反应

D. 防治作用和副作用

152. 与用药剂量无关或关系很小的不良反应是（　　）。

A. 变态反应　　　B. 副作用

C. 毒性反应　　　D. 特异质反应

153. 机体对某种药物的敏感性特别低，要加大剂量才出现预期的作用称为（　　）。

A. 副作用　　　　B. 耐药性

C. 耐受性　　　　D. 依赖性

154. 研究药物对机体的作用，包括药物的作用、作用机制、不良反应等规律的科学称为（　　）。

A. 药动学　　　　B. 药效学

C. 药学　　　　　D. 医学

155. 研究机体对药物的影响，包括药物在体内的吸收、分布、代谢、排泄等动态过程，以及血药浓度随时间而变化的规律的科学称为（　　）。

A. 药动学　　　　B. 药效学

C. 医学　　　　　D. 药学

156. 联合用药后使药物作用减弱，称为（　　）。

A. 药效不变　　　B. 药效相加

C. 药效拮抗　　　D. 药效抵消

0.2.4　药理基础

157. 药物的跨膜转运方式主要是被动转运和主动转运两种。（　　）

A. 正确　　　　B. 错误

158. 药物效应动力学是研究药物在机体内的动态变化规律。（　　）

A. 正确　　　　B. 错误

159. 药物代谢动力学是研究药物对机体的作用及作用机制。（　　）

A. 正确　　　　B. 错误

160. 大多数药物被动转运方式是。（　　）

A. 滤过　　　　　B. 易化扩散

C. 简单扩散　　　D. 水溶扩散

161. 易化扩散又称（　　）。

A. 载体转运　　　B. 脂溶扩散

C. 水溶扩散　　　D. 主动转运

162. 药物的基本作用包括（　　）。

A. 兴奋作用和抑制作用

B. 吸收作用的局部作用

C. 治疗作用和预防作用

D. 不良反应和治疗作用

163. 治疗剂量时出现的与治疗目的无关的反应称（　　）。

A. 毒性反应　　　B. 变态反应

C. 继发反应　　　D. 副作用

164. 药物从给药部位进入血液循环的过程称（　　）。
    A. 排泄　　　　　B. 吸收
    C. 代谢　　　　　D. 分布

165. 硝酸甘油通过首过效应可灭活90%，因此不可（　　）。
    A. 静脉注射用药
    B. 舌下用药
    C. 口服用药
    D. 肌内注射用药

166. 药物主动转运的特点包括（　　）。
    A. 从低浓度向高浓度侧
    B. 消耗能量
    C. 需要特殊载体
    D. 无饱和现象
    E. 有竞争性抑制

167. 药物不良反应包括（　　）。
    A. 个体差异　　　B. 变态反应
    C. 继发反应　　　D. 副作用
    E. 三致反应

168. 药物体内过程包括（　　）。
    A. 消除　　　　　B. 蓄积
    C. 排泄　　　　　D. 吸收
    E. 代谢

0.2.5　新药品种介绍

169. 新药信息收集的方法有市场调研、购买信息、检索文献、互联网搜索等。（　　）
    A. 正确　　　　　B. 错误

170. 新药系指未曾在中国境内上市销售的药品。（　　）
    A. 正确　　　　　B. 错误

171. 新药信息收集时，首先要确定的是（　　）。
    A. 收集信息的主题
    B. 收集信息的方法
    C. 收集信息的内容
    D. 收集信息的来源

172. 第一手信息资料和第二手信息资料的划分是（　　）。
    A. 按照信息获取过程
    B. 按照信息获取范围
    C. 按照信息内容
    D. 按照信息的时间属性

173. 新药开发的首要工作是（　　）。
    A. 成本核算　　　B. 预算
    C. 市场调研　　　D. 产品研发

174. 新药监测期自批准该新药生产之日起算，不超过（　　）。
    A. 1年　　　　　B. 2年
    C. 3年　　　　　D. 5年

175. 按照新药信息载体分类，新药信息可分为（　　）。
    A. 文本类商品信息
    B. 音像类商品信息
    C. 固定信息
    D. 流动信息
    E. 稳定信息

176. 新药申请包括（　　）。
    A. 未曾在中国境内上市销售的药品
    B. 已上市改变剂型的药品
    C. 已上市改变给药途径的药品
    D. 已上市增加新适应证的药品
    E. 已上市增加剂量的药品

0.3　信息的获取和运用

0.3.1　计算机基础

177. Windows系统属于计算机硬件系统。（　　）
    A. 正确　　　　　B. 错误

178. Windows属于系统软件。（　　）
    A. 正确　　　　　B. 错误

179. CPU又称为（　　）。
    A. 显示器　　　　B. 内存
    C. 中央处理器　　D. 硬盘

180. 属于内存储器的是（　　）。
    A. 硬盘　　　　　B. 光盘
    C. 软盘　　　　　D. U盘

181. 微软 Office 属于（   ）。

A. 系统软件　　B. 应用软件

C. 操作软件　　D. 识别软件

182. Windows 属于（   ）。

A. 系统软件　　B. 应用软件

C. 操作软件　　D. 识别软件

183. 以下属于计算机硬件的是（   ）。

A. CPU　　　　B. 内存

C. 硬盘　　　　D. 光驱

E. IE 浏览器　　F. Windows 系统

184. 以下哪些软件属于应用软件（   ）

A. Linux

B. 微软 Office

C. Internet Explorer

D. MSN

E. Photoshop

0.3.2　互联网知识

185. 电子邮件是 Internet 应用最广泛的服务项目，通常采用的传输协议是 TCP/IP。（   ）

A. 正确　　　　B. 错误

186. 目前多媒体计算机中对动态图像数据压缩常采用 JPEG。（   ）

A. 正确　　　　B. 错误

187. 下列域名中，表示教育机构的是（   ）

A. ftp. bau. net. cn

B. www. bjww. edu. cn

C. www. aore. com

D. www. bjdx. net

188. Internet 在中国被称为（   ）。

A. 网中网

B. 计算机网络系统

C. 国际联网

D. 国际互联网

189. 多媒体信息包括文本和（   ）。

A. 显卡　　　　B. 声卡

C. 光盘　　　　D. 图形

190. 多媒体计算机是指（   ）。

A. 能与家用电器连接使用的计算机

B. 连接有多种外部设备的计算机

C. 能玩游戏的计算机

D. 能处理多种媒体信息的计算机

191. 计算机网络的目标是实现（   ）。

A. 数据处理　　B. 信息传输

C. 文献检索　　D. 沟通交流

E. 资源共享

192. 视频文件的内容包括（   ）。

A. 视频数据　　B. 音频数据

C. 文本　　　　D. 表格

E. 动画

0.4　职业道德基础

0.4.1　医药职业道德

193. 药学工作人员的服务质量与患者的健康和生命息息相关。（   ）

A. 正确　　　　B. 错误

194. 药学职业道德的基本原则不包括全心全意为人民服务。（   ）

A. 正确　　　　B. 错误

195. 执业药师应当以救死扶伤，实行人道主义为己任，时刻为患者着想，竭尽全力为患者解除病痛。（   ）

A. 正确　　　　B. 错误

196. 药学人员在药学实践中，通过自我教育，不断改正缺点，体现了药学职业道德的（   ）。

A. 激励作用

B. 促进作用

C. 调节作用

D. 督促和启迪作用

197. 属于药学工作人员对服务对象的职业道德规范的是（   ）。

A. 谦虚谨慎，团结协作

B. 勇于探索创新，献身医药事业

C. 坚持公益原则，维护人类健康

D. 济世为怀，清廉正派

198. 不属于药学人员与患者之间的关系是（　　）。

A. 药学人员是主体，是强者

B. 患者是客体、是弱者

C. 是药品商业供需关系

D. 必须规范药学人员的道德准则

199. 药学人员与病人之间最基本的道德要求是（　　）。

A. 相互尊重、平等相待

B. 主动热情、态度和蔼

C. 尊重科学、精益求精

D. 敬业爱岗、尽职尽责

200. 执业药师的执业行为决定其（　　）。

A. 为公众提供药品质量

B. 为公众提供药学服务的质量

C. 为公众提供药品和药学服务的质量

D. 执业的一言一行符合公众利益

201. 包括执业药师在内的所有药学人员的行为准则和标准是（　　）。

A. 药学职业道德

B. 药学职业基本原则

C. 药学职业规范

D. 药学职业准则

202. 药学职业道德的基本原则是（　　）。

A. 提高药品质量，保证药品安全有效

B. 实行社会主义的人道主义

C. 个人利益与社会利益相结合

D. 全心全意地为人民健康服务

E. 具有职业理想

203. 药学职业道德的作用有（　　）。

A. 激励作用

B. 促进作用

C. 用药安全

D. 调节约束作用

E. 全心全意为人民的健康服务

204. 执业药师的执业行为规范包括（　　）。

A. 以维护病患者和公众的健康利益为最高准则

B. 依法从事合法的药学活动

C. 确保药学技术工作的质量

D. 提供药学服务

E. 负责处方的审核及监督调配

0.5　相关法律法规知识

0.5.1　药品管理法

205. 城乡集市贸易市场可以出售中药材及中药材以外的药品。（　　）

A. 正确　　　　　B. 错误

206. 医疗机构的药剂人员调配处方，必须经过核对，对处方所列药品缺货时可以更改或者代用。（　　）

A. 正确　　　　　B. 错误

207. 生产新药或者已有国家标准的药品的，须经国务院卫生行政部门批准，并发给药品批准文号。（　　）

A. 正确　　　　　B. 错误

208. 药品生产企业不得使用未经批准的直接接触药品的包装材料和容器。（　　）

A. 正确　　　　　B. 错误

209. 国家对药品价格实行政府定价、政府指导价或者市场调节价；药品价格的制定部门是SFDA。（　　）

A. 正确　　　　　B. 错误

210. 对已确认发生严重不良反应的药品，国务院或者省、自治区、直辖市药品监督管理部门可以采取停业生产、销售、使用的紧急控制措施。（　　）

A. 正确　　　　　B. 错误

211.《药品管理法》规定，生产、销售、使用假药、劣药，造成人员伤害后果的，应从重处罚。（　　）

A. 正确　　　　　B. 错误

212. 凡中华人民共和国领域内从事药品的研制、生产、经营、使用和监督管理的单位或者个人，必须遵守药品管理法。（　　）

　　A. 正确　　　　　B. 错误

213. 开办药品批发企业和药品零售企业，必须取得（　　）。

　　A. 《药品生产许可证》

　　B. 《药品经营许可证》

　　C. 《医疗机构制剂许可证》

　　D. 《药品进口许可证》

214. 首营企业属药品经营企业的，需要准备的首营资料包括（　　）。

　　A. GSP 复印件　　B. GMP 复印件

　　C. GSP 原件　　　D. GMP 原件

215. 下列叙述最正确的是（　　）。

　　A. 医疗机构配制的制剂品种须经省级药监部门审核

　　B. 医疗机构配制的制剂必须按照规定进行质量检验

　　C. 医疗机构配制的制剂可以在医疗机构内随意购买、使用

　　D. 医疗机构配制的制剂品种必须经过 SFDA 和省级药监部门批准

216. 下列内容叙述最正确的是（　　）。

　　A. 医疗机构制剂必须检验合格，凭医师处方在本医疗机构使用

　　B. 医疗机构制剂必须按照规定进行检验；合格的，凭医师处方在医疗机构内使用

　　C. 医疗机构制剂必须按照规定进行检验；合格的，凭医师处方在本医疗机构使用

　　D. 医疗机构制剂必须按照规定进行检验；合格的，凭医师处方在医疗机构和社会药房使用。

217. 下列属于假药的是（　　）。

　　A. 改变剂型或改变给药途径的药品

　　B. 擅自添加着色剂、防腐剂、香料、矫味剂及辅料的

　　C. 超过有效期的

　　D. 以非药品冒充药品或者以他种药品冒充此种药品的。

218. 负责标定国家药品标准品、对照品的是（　　）。

　　A. 中国计量科学院

　　B. 国家药典委员会

　　C. 中国食品药品检定研究院

　　D. 药品评价中心

219. 不是必须符合药用要求的是（　　）。

　　A. 药品辅料

　　B. 药品容器

　　C. 直接接触药品的包装材料

　　D. 直接接触药品的容器

220. 不符合药用要求的情形是（　　）。

　　A. 直接接触药品的包装材料

　　B. 直接接触药品的包装容器

　　C. 药品的外包装、容器材料

　　D. 生产药品所需的原料

221. 药品广告审批机关是（　　）。

　　A. 省级工商管理部门

　　B. 国家工商管理部门

　　C. 省级药品监督管理部门

　　D. 国家药品监督管理部门

222. 处方药可以在下列哪种媒介上发布（　　）。

　　A. 电视医药学栏目

　　B. 报纸的健康栏目

　　C. 广播中的医药保健栏目

　　D. 国务院卫生行政部门和药品监督管理部门共同指定的医学、药学专业刊物

223. 药品监督管理部门对医疗机构使用药品的事项进行监督检查时，必须出示（　　）。

A. 检查人员身份证

B. 单位介绍信

C. 检查人员工作证

D. 证明文件

224. 当事人对药品检验机构的检验结果有异议时，可以自收到药品检验结果之日起(   )内向有关单位申请复验。

A. 4 日　　　　　B. 5 日

C. 6 日　　　　　D. 7 日

225. 对未取得《药品生产许可证》、《药品经营许可证》或者《医疗机构制剂许可证》，而生产、经营药品者，应依法予以取缔，并处违法生产、销售的药品货值金额 (   )。

A. 二倍以下的罚款

B. 二倍以上五倍以下的罚款

C. 一倍以上三倍以下的罚款

D. 三倍以上五倍以下的罚款

226. 对制售假劣药品危害人民健康的单位和个人追究刑事责任的是 (   )。

A. SFDA

B. 国家药典委员会

C. 司法部门

D. 工商行政管理部门

227. 由九届人大二十次会议 2001 年 2 月 28 日修订通过的新《药品管理法》的实施日期为 (   )。

A. 2001 年 2 月 28 日

B. 2001 年 6 月 1 日

C. 2001 年 7 月 1 日

D. 2001 年 12 月 1 日

228. 对从无《药品生产许可证》、《药品经营许可证》的企业购进药品的生产企业、经营企业或者医疗机构，责令改正，没收违法购进的药品，并处违法购进药品货值金额的 (   )。

A. 2 倍以下罚款

B. 2 倍以上 5 倍以下罚款

C. 1 倍以上 3 倍以下罚款

D. 3 倍以上 5 倍以下罚款

229. 开办药品经营企业必须具备的条件是 (   )。

A. 具有依法经过资格认定的药学技术人员

B. 具有与所经营药品相适应的营业场所、设备、仓储设施、卫生环境

C. 具有与所经营药品相适应的质量管理机构或者人员

D. 具有保证所经营药品质量的规章制度

E. 合理布局

230. 属于劣药的是 (   )。

A. 擅自添加着色剂、防腐剂、香料、矫味剂及辅料的

B. 未标明或者更改有效期、生产批号的

C. 药品成分含量符合药品标准规定的

D. 变质的和被污染的

E. 超过有效期的

231. 关于医疗机构的药剂管理，正确的是 (   )。

A. 非药学技术人员不得直接从事药剂技术工作

B. 医疗机构配制制剂必须获得《医疗机构制剂许可证》

C. 医疗机构制剂是市场上无供应的品种，可不经省级药品监督管理部门批准而使用

D. 医疗机构配制的制剂可以在全国医疗机构间调剂使用

E. 医疗机构的制剂仅限于本单位临床和科研需要而市场上无供应的品种，并经省级药品监督管理部门批准

232. 药品包装必须按照规定印有或者贴有标签并附有说明书，标签和说明

书中必须注明（　　）。

A. 药品的通用名称、成分、规格

B. 批准文号、产品批号、生产日期、有效期

C. 药品的适应证或者功能主治、用法、用量

D. 药品的注意事项

E. 生产企业

233. 符合药品广告管理规定的是（　　）。

A. 药品广告不得含有不科学的表示功效的断言或者保证

B. 可依托国家机关、学者等的名义和形象作证明

C. 药品广告必须经省级药品监督管理部门审查批准

D. 处方药可在大众媒介发布广告

E. 非药品广告不得涉及药品的宣传

234. 国务院药品监督管理部门的职责是（　　）。

A. 主管全国药品监督管理工作

B. 配合国务院经济综合主管部门执行国家制定的药品行业发展规划和产业政策

C. 监督管理药品价格

D. 处罚不正当竞争行为

E. 监督管理药学人员职业道德

235. 对制售劣药行为的行政处罚有（　　）。

A. 没收药品和违法所得

B. 处违法制售药品货值金额一倍以上十倍以下的罚款

C. 情节严重的，责令停产、停业整顿

D. 情节严重的企业，其直接负责的主管人员和其他直接责任人员10年内不得从事药品生产、经营活动

E. 处违法制售药品货值金额一倍以

上三倍以下的罚款

236. 未取得许可证而擅自生产药品、经营药品或配制制剂的有关处罚有（　　）。

A. 依法予以取缔

B. 没收违法生产、销售药品和违法所得

C. 处违法生产、销售的药品货值金额2倍以上5倍以下的罚款

D. 其直接负责的主管人员和其他直接责任人员5年内不得从事药品生产、经营活动

E. 处违法生产、销售的药品货值金额1倍以上3倍以下的罚款

0.5.2　其他相关法律法规知识

237. 验收应在规定的场所进行并要在规定的时限内完成。（　　）

A. 正确　　　　　B. 错误

238. 特殊管理的药品、疫苗、军队用药品的流通监督管理遵从《药品流通监督管理办法》。（　　）

A. 正确　　　　　B. 错误

239. 互联网药品信息服务是指通过互联网向上网用户提供药品（含医疗器械）信息的服务活动。（　　）

A. 正确　　　　　B. 错误

240. 国务院决定在全国范围内进行城镇职工基本医疗保险制度改革的主要任务是加快医疗保险制度改革，保障职工公费医疗。（　　）

A. 正确　　　　　B. 错误

241. 商业贿赂，是指经营者为销售或者购买商品而采用财物或者其他手段贿赂对方单位或者个人的行为。（　　）

A. 正确　　　　　B. 错误

242.《药品召回管理办法》共六章40条，于2007年12月6日起施行。（　　）

A. 正确　　　　　B. 错误

243.《药品经营质量管理规范》是药品经营质量管理的（　　）

    A. 指导原则　　　　B. 基本准则

    C. 实施指南　　　　D. 验收细则

244. 售后退回药品应放在（　　）。

    A. 合格区　　　　　B. 待验区

    C. 退货区　　　　　D. 发货区

245. 根据《药品监督流通管理办法》，采购药品应索取、查验、留存证件、资料，索取、留存销售凭证保存的期限不得少于（　　）。

    A. 超过有效期 2 年，不得少于 3 年

    B. 超过有效期 1 年，不得少于 2 年

    C. 超过有效期 1 年，不得少于 3 年

    D. 超过有效期 1 年，不得少于 2 年

246. 药品生产、经营企业不得以（　　）。

    A. 买药品赠药品、买商品赠药品等方式向公众赠送处方药

    B. 搭售、买药品赠药品、买商品赠药品等方式向公众赠送甲类非处方药

    C. 搭售、买药品赠药品、买商品赠药品等方式向公众赠送处方药或者甲类非处方药

    D. 搭售、买药品赠药品、买商品赠药品等方式向公众赠送甲类或乙类非处方药

247. 互联网药品信息服务分为（　　）。

    A. 5 类　　　　　　B. 3 类

    C. 2 类　　　　　　D. 4 类

248.《互联网药品信息服务资格证书》的有效期为（　　）。

    A. 1 年　　　　　　B. 3 年

    C. 2 年　　　　　　D. 5 年

249. 参保人员持定点医疗机构处方，在定点零售药店购药的行为称为（　　）。

    A. 定点零售药店

    B. 外配方

    C. 处方外配

    D. 定点零售药店的处方外配服务和管理

250. 负责在取得定点资格的医疗机构中确定定点医疗机构的是（　　）。

    A. 参保人员

    B. 统筹地区卫生行政部门

    C. 统筹地区社保经办机构

    D. 统筹地区药品监督管理部门

251. 根据《禁止商业贿赂行为的暂行规定》，下列叙述正确的是（　　）。

    A. 个人在账外暗中收受回扣的，以受贿论处

    B. 经营者销售商品，可以以明示方式给予对方回扣

    C. 中间人可根据具体情况决定是否入账

    D. 经营者在商业交易中不得向对方单位或个人附赠现金

252. 根据《禁止商业贿赂行为的暂行规定》，回扣是指经营者销售商品时（　　）

    A. 在账外暗中以现金、实物退给对方单位或者个人的一定比例的商品价款

    B. 以现金或者以其他方式退给对方单位或者个人的一定比例的商品价款

    C. 在账外暗中以现金、实物或者其他方式退给对方单位或者个人的一定比例的商品价款

    D. 在账外暗中以其他方式退给对方单位或者个人的一定比例的商品价款

253.《药品召回管理办法》中，根据药品安全隐患的严重程度，药品的一级召回是指使用该药品（　　）

    A. 一般不会引起健康危害，但由于

其他原因需要收回的

B. 可能引起严重健康危害的

C. 可能引起暂时的可逆的健康危害的

D. 在超剂量使用时，发现有严重健康危害的

254.《药品召回管理办法》中，叙述错误的是（　　）。

A. 药品召回分为主动召回和责令召回

B. 国家药品监督管理局负责指导全国药品召回管理工作

C. 召回药品生产企业的所在地的省级药监局负责药品召回的监督管理工作

D. 药品召回适用于药品制剂，不适用于原料药

255. 药品出库复核时，应按发货凭证对实物进行质量检查和数量、项目的核对。为便于质量跟踪所做的复核记录，应包括（　　）。

A. 购货单位、品名、剂型、规格

B. 批号、有效期、生产厂商、数量

C. 出库日期、质量状况和复核人员

D. 通用名称、批准文号

E. 使用单位及人员

256.《药品流通监督管理办法》适用的范围是在中华人民共和国境内（　　）。

A. 从事药品生产的单位或者个人

B. 从事药品购销的单位或者个人

C. 从事药品使用的单位或者个人

D. 从事药品监督管理的单位或者

个人

E. 药品生产企业

257.《互联网药品信息服务管理办法》制定的依据是（　　）。

A.《中华人民共和国药品管理法》

B.《中华人民共和国药品管理法》实施条例

C.《互联网信息服务管理办法》

D.《药品流通监督管理办法》

E.《反不正当竞争法》

258. 基本医疗保险用药的遴选原则是（　　）。

A. 质量稳定　　B. 价格合理

C. 临床必需　　D. 安全有效

E. 使用方便

259. 所谓商业贿赂包括经营者（　　）。

A. 为销售商品而采用财物贿赂对方单位或者个人的行为

B. 为购买商品而采用财物贿赂对方单位或者个人的行为

C. 给对方折扣等必须如实入账

D. 购买商品而采用其他手段贿赂对方单位或者个人的行为

E. 销售鲜活商品的行为

260. 药品安全隐患评估主要包括（　　）。

A. 以评估药品引起危害的可能性为主要内容

B. 对主要使用人群的危害影响

C. 危害的严重与紧急程度

D. 危害导致的后果

E. 只评估原料药物的危害性

二、医药商品购销员（四级）理论知识习题

1. 顾客服务

1.1 接待顾客咨询、查询及投诉

1.1.1 咨询接待及投诉处理

1. 在接待服务中，使用礼貌语言能引起对方的好感（　　）。

A. 正确　　　　B. 错误

2. 在接待顾客咨询过程中，顾客不断地提出问题和异议，表明他们不想购买药品。（　　）

A. 正确　　　　B. 错误

3. 在接待咨询或者查询过程中，将顾客来电、来函及上门查询或咨询的内容和要求需记录在有关台账上（　　）。

A. 正确　　　　B. 错误

4. 在处理顾客投诉时，如果顾客提出的问题属于质量问题，则交由生产部门处理。（　　）

A. 正确　　　　B. 错误

5. 销售部门在接到客户投诉的通知时，要以最快的时间赶到现场（　　）。

A. 正确　　　　B. 错误

6. 对于顾客提出的赔偿要求，要本着"息事宁人"的态度，尽量满足顾客。（　　）

A. 正确　　　　B. 错误

7. 如何进行顾客咨询或者查询的首次处理（　　）。

A. 请主管出面处理

B. 耐心聆听给予具体回答

C. 请其他同事过来回答

D. 因工作忙不理顾客

8. 人在活动中不属于仪态范畴的是（　　）。

A. 姿态　　　　B. 表情

C. 风度　　　　D. 思维活动

9. 当商品缺货时，下列回答最恰当的是（　　）。

A. 对不起，刚卖完

B. 对不起，这个商品缺货，您能否留下联系方式，来货后我们通知您

C. 对不起，已卖完，请您到别的药店看看

D. 卖完啦

10. 对待顾客的异议，不适合进行解释的方法是（　　）。

A. 是，但是法　　B. 拖延法

C. 自食其果法　　D. 问题引导法

11. 咨询服务礼貌用语最关键的因素是（　　）。

A. 干脆　　　　B. 果断

C. 诚恳　　　　D. 简短

12. 努力成交的关键在于（　　）。

A. 重视顾客提出的问题

B. 掌握回答顾客异议技巧

C. 让顾客把话说完

D. 让顾客听取你的意见

13. 咨询记录应该记录在（　　）。

A. 有关台账上

B. 自己的笔记本

C. 随便一张纸上

D. 卡片

14. 对记录结果处理不恰当的是（　　）。

A. 重大问题10天内向总经理报告处

— 41 —

理过程

B. 将记录归档

C. 将记录向客户群公布

D. 列入公司改善管理计划

15. 不需要记录在台账上的内容是（　　　）。

A. 顾客来电

B. 顾客来函

C. 顾客上门咨询

D. 顾客私下的抱怨

16. 面对客户异议，解决最有效的途径是（　　　）。

A. 反驳　　　　　　B. 漠视

C. 聆听　　　　　　D. 拖延

17. 不属于客户异议的处理方法是（　　　）。

A. 减少异议发生的机会

B. 防止异议的提出

C. 有效处理客户的异议

D. 忽视客户所有的异议

18. 与顾客谈话时保持合适的距离是（　　　）。

A. 1.5m 内　　　　B. 1m 内

C. 0.5m 内　　　　D. 2m 内

19. 处理客户投诉时工作人员必须有的心理准备是（　　　）。

A. 客户投诉对企业是一种负担

B. 企业的利益必须维护

C. 诚心诚意听取客户的意见

D. 表面恭敬即可

20. 下列需要立即解决的异议是（　　　）。

A. 异议显得模棱两可、含糊其辞、让人费解

B. 异议不解决销售无法继续

C. 异议难以用三言两语解释清楚的

D. 超出权限或确实不确定的事情

21. 属于销售代表方面的原因是（　　　）。

A. 客户心情不好

B. 客户没有购买的意愿

C. 销售代表对自己的产品不够信任

D. 客户的预算不够

22. 处理客户异议时的态度表现为（　　　）。

A. 情绪紧张　　　　B. 认真倾听

C. 很不耐烦　　　　D. 态度轻松

23. 处理客户投诉中表示倾听的行为方式是（　　　）。

A. 回头　　　　　　B. 打电话

C. 注视　　　　　　D. 微笑

24. 处理客户投诉中表示同情的方法是（　　　）。

A. 表明不能帮助客户

B. 对客户的要求坚决否定

C. 对客户的行为表示理解

D. 躲避客户

1.2　药品退换货处理

1.1.2　药品退换货处理

25. 退换货处理的检查阶段主要是进行质量验收。（　　　）

A. 正确　　　　　　B. 错误

26. 药品退货必须填写退货申请单。（　　　）

A. 正确　　　　　　B. 错误

27. 药品能退换的原则是（　　　）。

A. 包装已经拆封，确认无质量问题

B. 包装没有拆封，确认是本店出售，且无质量问题

C. 包装已经拆封，确认有质量问题，而且是本店出售

D. 包装没有拆封，本店没有卖过此批号

28. 后处理不包括（　　　）。

A. 向对方询问退货原因

B. 将退回商品进行质量验收

C. 质量合格的做必要账务处理后入库或陈列

D. 质量不合格者进入不合格区

2. 药品介绍

2.1 常见病基础知识

2.1.1 急性上呼吸道感染（感冒）

29. 流行性感冒大多由甲型流感病毒所致，主要通过飞沫传播，爆发性强，但不具有季节性。（　　）

A. 正确　　　　　B. 错误

30. 普通感冒主要经空气飞沫传播和污染食物经口传染。（　　）

A. 正确　　　　　B. 错误

31. 金刚烷胺是流感的对症治疗药。（　　）

A. 正确　　　　　B. 错误

32. 流行性感冒的确诊办法是（　　）。

A. 根据发病季节

B. 呼吸道症状轻而全身中毒症状明显

C. 血凝抑制试验

D. 病毒分离

33. 与普通感冒相比，流行性感冒主要症状是（　　）。

A. 呼吸道症状重，全身症状轻

B. 呼吸道症状重，全身症状重

C. 呼吸道症状轻，全身症状轻

D. 呼吸道症状轻，全身中毒症状较重

34. 一般引起流感大流行的病毒是（　　）。

A. 副流感病毒　　B. 甲型流感病毒

C. 乙型流感病毒　D. 丙型流感病毒

35. 药物"酚麻美敏片"中的"美"能缓解的症状是（　　）。

A. 发热　　　　　B. 头痛

C. 鼻塞　　　　　D. 咳嗽

36. 中医中药对风热型感冒的治疗原则是（　　）。

A. 宣肺散寒　　　B. 辛温解表

C. 辛凉解表　　　D. 清气分热

37. 普通感冒的早期症状是（　　）。

A. 高热

B. 咽部粗糙感、干燥、咽痛

C. 声音嘶哑

D. 咳嗽

38. 不属于对流行性感冒的一般治疗为（　　）。

A. 卧床休息，多饮水

B. 保持室内空气新鲜

C. 用抗生素防止继发性细菌感染

D. 进食易消化食物

39. 预防上呼吸道感染，不正确的是（　　）

A. 室内通风

B. 少去人口聚集场所

C. 在流行季节预防时使用抗生素

D. 注意保暖

40. 暑假外出旅游，为避免出现暑热型感冒，可自备（　　）。

A. 荆防败毒散

B. 银翘解毒片

C. 双黄连口服液

D. 藿香正气口服液

2.1.2 急/慢性支气管炎

41. 急性气管－支气管炎是由于感染、物理化学刺激或过敏等因素所致的气管－支气管黏膜的急性炎症。（　　）

A. 正确　　　　　B. 错误

42. 慢性支气管炎容易与支气管扩张混淆，临床可通过痰液化验确诊区别。（　　）

A. 正确　　　　　B. 错误

43. 急性支气管炎咳嗽、咳痰明显者可使用镇咳祛痰药。（　　）

A. 正确　　　　　B. 错误

44. 慢性支气管炎是指（　　）

A. 气管黏膜炎

B. 气管及其周围组织的慢性炎症

C. 气管、支气管及其周围组织慢性非特异性炎症

D. 细支气管及肺泡的炎症

45. 慢性支气管炎继发感染和加剧病变发展的重要因素是指（　　）。

A. 吸烟

B. 病毒和细菌感染

C. 大气污染

D. 气温下降

46. 急性支气管炎的临床表现为（　　）。

A. 咳嗽、咳痰、全身症状一般较轻

B. 咳嗽、咳痰、全身症状较重

C. 咳嗽、咳痰、高热不退

D. 咳嗽、咳痰、酸性粒细胞百分比增高

47. 慢性支气管炎的临床表现为（　　）。

A. 咳嗽、咳白色黏痰或泡沫痰

B. 大量黏痰，反复咯血

C. 发作性哮喘

D. 无慢性咳嗽、咳痰史，以发作性哮喘为特征

48. 与流感比较，急性支气管炎的症状为（　　）。

A. 上呼吸道感染，咳嗽，咳痰

B. 全身中毒症状明显

C. 高热、头痛

D. 全身酸痛不适，并有流行趋势

49. 不属于急性支气管炎鉴别的方法是(　　)。

A. 根据病史、症状和体征

B. 胸部 X 线检查

C. 实验室检查（血液、痰液）

D. 尿液检测

50. 慢性支气管炎急性发作期治疗措施不包括（　　）。

A. 控制感染

B. 气雾疗法

C. 祛痰、镇咳

D. 应用气管炎菌苗

51. 对慢性支气管炎产生平喘作用的药是（　　）。

A. 溴己新　　　　B. 沙丁胺醇

C. 咳必清　　　　D. 罗红霉素

52. 下列药物中，治疗急性支气管炎出现痰多的症状是（　　）。

A. 可待因　　　　B. 右美沙芬

C. 喷托维林　　　D. 沐舒坦

2.1.3　肺炎

53. 由 SARS 冠状病毒引起的非典型性肺炎，属于急性呼吸道传染性疾病。（　　）

A. 正确　　　　　B. 错误

54. 金黄色葡萄球菌引起的肺炎首选红霉素。（　　）

A. 正确　　　　　B. 错误

55. 肺炎球菌肺炎好发于（　　）。

A. 青少年和秋冬季节

B. 儿童和春夏季节

C. 青壮年和冬春季节

D. 老年和冬春季节

56. 治疗肺炎球菌肺炎首选抗生素是（　　）。

A. 红霉素　　　　B. 氯霉素

C. 青霉素　　　　D. 链霉素

57. 能缓解肺炎球菌引起的刺激性剧咳及胸痛的药物是（　　）。

A. 磷酸可待因

B. 枸橼酸喷托维林

C. 环丙沙星

D. 磷酸苯丙哌林

58. 支原体引起的肺炎可以选用的药物是（　　）。

A. 青霉素　　　　B. 红霉素

C. 链霉素　　　　D. 头孢氨苄

59. 肺结核临床表现为（　　）。

A. 高热、咳嗽、铁锈色痰

B. 午后低热、乏力、食欲减退、消瘦、盗汗

C. 咳大量脓血痰

D. 咳粉红色泡沫痰

60. 葡萄球菌肺炎患者（　　）。

　　A. 咳铁锈色痰　　B. 咳翠绿色痰

　　C. 咳脓血痰　　　D. 咳棕色胶胨痰

2.1.4　胃肠炎

61. 急性胃炎是单发性的急性胃黏膜炎症，主要由幽门螺杆菌引起。（　　）

　　A. 正确　　　　　B. 错误

62. 慢性胃炎部分患者无明显症状，有症状者主要表现为消化不良。（　　）

　　A. 正确　　　　　B. 错误

63. 急性胃肠炎常引起呕血与便血。（　　）

　　A. 正确　　　　　B. 错误

64. 细菌性痢疾病变主要部位在小肠。（　　）

　　A. 正确　　　　　B. 错误

65. 可以引起急性单纯性胃炎的药物是（　　）。

　　A. 西咪替丁　　　B. 奥美拉唑

　　C. 碳酸氢钠　　　D. 阿司匹林

66. 能缓解急性单纯性胃炎的腹痛症状的药物是（　　）。

　　A. 甲氧氯普胺　　B. 多潘立酮

　　C. 阿托品　　　　D. 对乙酰氨基酚

67. 急性胃炎需要注意与以下哪种疾病进行鉴别（　　）。

　　A. 消化性溃疡　　B. 心肌炎

　　C. 痢疾　　　　　D. 肠炎

68. 慢性胃炎的病因可能是（　　）。

　　A. 幽门螺杆菌感染

　　B. 大肠杆菌感染

　　C. 布氏杆菌感染

　　D. 痢疾杆菌感染

69. 浅表性胃炎症状不包括（　　）。

A. 胃腺体萎缩　　　B. 充血

C. 糜烂　　　　　　D. 出血

70. 对幽门螺杆菌无抑制作用的药物是（　　）。

　　A. 胶体铋剂

　　B. 质子泵抑制药

　　C. H_2受体阻断药

　　D. 抗菌药物

71. 对急性胃肠炎无对症治疗作用的是（　　）

　　A. 甲氧氯普胺　　B. 阿昔洛韦

　　C. 山莨菪碱　　　D. 多潘立酮

72. 急性胃肠炎呕吐剧烈者可选用（　　）。

　　A. 阿托品　　　　B. 甲氧氯普胺

　　C. 山莨菪碱　　　D. 诺氟沙星

73. 急性胃肠炎腹痛严重者可选用（　　）。

　　A. 西咪替丁　　　B. 多潘立酮

　　C. 山莨菪碱　　　D. 诺氟沙星

74. 细菌性痢疾的病原菌是（　　）。

　　A. 大肠杆菌　　　B. 痢疾杆菌

　　C. 葡萄球菌　　　D. 布氏杆菌

75. 中毒型菌痢多发人群是（　　）。

　　A. 婴儿　　　　　B. 2～7 岁儿童

　　C. 成人　　　　　D. 60 岁以上老人

76. 治疗细菌性痢疾较理想的药物是（　　）。

　　A. 青霉素类　　　B. 大环内酯类

　　C. 氨基糖苷类　　D. 喹诺酮类

2.1.5　消化性溃疡

77. 长期反酸是消化性溃疡临床表现的三大特点之一。（　　）

　　A. 正确　　　　　B. 错误

78. 胃溃疡患者疼痛规律消失，但经积极治疗症状无缓解，应警惕胃癌。（　　）

　　A. 正确　　　　　B. 错误

79. 硫糖铝、米索前列醇为胃黏膜保

护药。（　　）

A. 正确　　　　　B. 错误

80. 多数胃溃疡疼痛出现的时间是（　　）。

A. 就餐时　　　B. 餐后 0.5 ~ 2h

C. 餐后 3 ~ 4h　　D. 夜间

81. 多数十二指肠溃疡疼痛出现时间（　　）。

A. 就餐时　　　B. 餐后 0.5 ~ 1h

C. 餐后 2 ~ 4h　　D. 清晨

82. 不是消化性溃疡临床表现三大特点之一的是（　　）。

A. 病程绵长　　　B. 周期性发作

C. 空腹疼痛　　　D. 节律性疼痛

83. 消化性溃疡确诊的依据是（　　）。

A. 观察临床表现三大特点

B. X 线钡餐检查

C. 幽门螺杆菌检测

D. 胃镜检查

84. 上腹有节律性疼痛，但内镜检查未发现溃疡糜烂，可能是（　　）。

A. 慢性胃炎

B. 慢性十二指肠炎

C. 功能性消化不良

D. 胃黏膜脱垂

85. 胃黏膜脱垂与消化性溃疡鉴别主要靠（　　）。

A. 胃镜检查　　　B. 临床症状判别

C. HP 检测　　　D. B 超检查

86. 胃溃疡患者服用铝碳酸镁的时间宜选在（　　）。

A. 餐后 0.5 ~ 1h　B. 餐后 2 ~ 3h

C. 餐后 3h　　　D. 餐时服用

87. 胃溃疡不宜使用的药物是（　　）。

A. 西咪替丁　　　B. 阿托品

C. 硫糖铝　　　D. 奥美拉唑

88. 对幽门螺杆菌有抑制作用的药是（　　）。

A. 甲硝唑　　　B. 雷尼替丁

C. 氧化镁　　　D. 阿托品

2.1.6　消化系统其他疾病

89. 腹痛、寒战高热及黄疸是胆总管结石梗阻、感染而致急性胆管炎的典型三联症状。（　　）

A. 正确　　　　　B. 错误

90. 胆囊炎治疗原则是首先考虑手术治疗其次是保守治疗。（　　）

A. 正确　　　　　B. 错误

91. 胆道疾病病人应养成良好的工作、休息和饮食规律，避免劳累及精神高度紧张。（　　）

A. 正确　　　　　B. 错误

92. 肛裂患者在排便时肛门剧痛，可持续数分钟或数小时。（　　）

A. 正确　　　　　B. 错误

93. 蛔虫病患者的大便镜检可发现蛔虫卵，血嗜碱性白细胞增多。（　　）

A. 正确　　　　　B. 错误

94. 我国胆道疾病最突出的急症是（　　）。

A. 胆石症

B. 急性胆囊炎

C. 慢性胆囊炎

D. 急性重症胆管炎

95. 引起胆道感染最直接的病因是（　　）。

A. 胆结石刺激

B. 严重创伤性刺激

C. 细菌感染

D. 肿瘤压迫

96. 下面哪种疾病一般无发热症状（　　）。

A. 急性胆囊炎

B. 慢性胆囊炎

C. 急性重症胆管炎

D. 化脓性胃炎

97. 胆囊炎急性发作时不采用的做法是( )。
    A. 禁食
    B. 用阿托品解痉
    C. 肌内注射庆大霉素抗感染
    D. 补充蛋白质

98. 胆囊炎患者为预防并发症常选用的药物是( )。
    A. 阿莫西林   B. 甲氧氯普胺
    C. 阿昔洛韦   D. 吗丁啉

99. 胆囊炎急性发作时止痛所选用的药物是( )。
    A. 阿司匹林   B. 甲氧氯普胺
    C. 哌替啶   D. 硝酸甘油

100. 饮食摄取哪种食物多对胆道疾病病人有害( )。
    A. 高脂   B. 高糖
    C. 高蛋白   D. 高维生素

101. 胆道疾病病人恢复期应( )。
    A. 禁食   B. 少食多餐
    C. 饱餐   D. 少食少餐

102. 下列哪项不属于胆道疾病病人立即到医院就诊的指征( )。
    A. 腹痛   B. 黄疸
    C. 呕吐   D. 发热

103. 不属于痔的治疗原则是( )。
    A. 对便秘对症治疗
    B. 对肿痛进行对症治疗
    C. 首先采用手术治疗
    D. 对便血给予对症治疗

104. 对于有痔的患者,其手术治疗用于( )。
    A. 内痔病人
    B. 外痔病人
    C. 混合痔病人
    D. 重度贫血痔病人

105. 肛裂最突出的表现是( )。
    A. 便秘   B. 出血
    C. 肛门不适   D. 肛周剧痛

106. 蛔虫病的治疗以杀虫为主,常用的药物是( )。
    A. 氯硝柳胺   B. 硫双二氯酚
    C. 阿苯达唑   D. 甲硝唑

107. 属于蛲虫病症状的是( )。
    A. 肛门和会阴部皮肤剧烈瘙痒
    B. 可见精神萎靡、注意力不集中、烦躁
    C. 嗜睡
    D. 手足皮肤奇痒,灼热

108. 对绦虫病治疗有特效的药物是( )。
    A. 枸橼酸哌嗪
    B. 甲苯咪唑
    C. 阿苯达唑
    D. 去壳南瓜子粉配合槟榔煎剂

2.1.7 高血压

109. 高血压一般的症状为头痛、头晕、头胀,头部沉重或有颈项扳紧感。( )
    A. 正确   B. 错误

110. 在未服用抗高血压药物的情况下,收缩压≥140mmHg 和(或)舒张压≥90mmHg 可诊断为高血压。( )
    A. 正确   B. 错误

111. 坚持治疗方法个体化的原则,目的为控制血压在正常范围,预防重要脏器并发症的发生。( )
    A. 正确   B. 错误

112. 治疗高血压病不会有一个固定的模式。( )
    A. 正确   B. 错误

113. 血压高不会造成损伤的器官是( )。
    A. 脑   B. 心脏
    C. 肝脏   D. 肾脏

114. 高血压缓进型早期症状是( )。
    A. 头痛、头晕、头胀

B. 心脏的病变

C. 脑病变

D. 肾病变

115. 高血压缓进型中后期对肾脏产生的影响，不包括（　　）。

A. 蛋白尿　　　B. 尿比重低

C. 肾盂肾炎　　D. 尿毒症

116. 属于1级高血压的是（　　）。

A. 收缩压在 140～159mmHg 和（或）舒张压在 90～99mmHg

B. 收缩压在 120～140mmHg 或舒张压在 100～109mmHg

C. 收缩压在 160～179mmHg 或舒张压在 100～109mmHg

D. 收缩压≥180mmHg，舒张压≥110mmHg

117. 人体的正常血压是（　　）。

A. 收缩压＜140mmHg 和（或）舒张压＜90mmHg

B. 收缩压＜120mmHg 和舒张压＜80mmHg

C. 收缩压＜130mmHg 和舒张压＜85mmHg

D. 收缩压＜140mmHg 和舒张压＜85mmHg

118. 3级高血压的血压水平（　　）。

A. 收缩压≥149mmHg 和（或）舒张压≥99mmHg

B. 收缩压≥180mmHg 和（或）舒张压≥110mmHg

C. 收缩压≥160mmHg 和（或）舒张压≥109mmHg

D. 收缩压≥179mmHg 和（或）舒张压≥102mmHg

119. 下列哪种是血管紧张素转换酶抑制剂治疗高血压病常见的不良反应（　　）。

A. 干咳

B. 头晕

C. 头胀

D. 咳粉红色泡沫样痰

120. 用于治疗高血压的利尿药是（　　）。

A. 氢氯噻嗪　　　B. 美托洛尔

C. 卡托普利　　　D. 硝苯地平

121. 通过抑制血管紧张素转换酶而降压的药是（　　）。

A. 螺内酯　　　B. 阿替洛尔

C. 缬沙坦　　　D. 卡托普利

122. 对高血压患者用药指导不正确的是（　　）。

A. 轻型可先单用一种药，疗效不理想时采用联合用药

B. 可根据自身情况，增减药量，停药或撤换其他药物

C. 注意观察药物的不良反应

D. 定期测量血压，终身服药

123. 不属于高血压非药物治疗的方法（　　）。

A. 保持良好的生活方式，注意劳逸结合，保证充分睡眠，适量运动

B. 坚持摄入高盐、高蛋白、低胆固醇饮食

C. 保持大肠通畅，必要时服用缓泻药

D. 多食蔬菜水果，戒烟酒

124. 对高血压用药指导错误的是（　　）。

A. 为防止高血压对靶器官的损伤，高血压病人在血压升高时须快速降压

B. 为避免峰谷现象，减少不良反应，病人尽可能选用每日1片的缓控释制剂

C. 高血压无法根治，一经确诊，需终生治疗

D. 目前认为对靶器官的保护作用比较好的药物是 ACE 抑制药、血管

紧张Ⅱ受体阻断药和长效钙通道阻滞剂

2.1.8　心绞痛

125．心绞痛是冠状动脉供血不足，致使心肌急剧而短暂的缺血缺氧所引起的临床综合征。（　　）

　A．正确　　　　B．错误

126．急性心肌梗死和心绞痛的疼痛部位不相同。（　　）

　A．正确　　　　B．错误

127．心绞痛发作时一般要立即休息，停止活动。（　　）

　A．正确　　　　B．错误

128．典型心绞痛最主要诱因是（　　）。

　A．过度劳累和情绪激动

　B．吸烟饮酒

　C．摄入过度的胆固醇饮食

　D．不经常运动

129．典型心绞痛的缓解方式是（　　）。

　A．停止原有活动或舌下含服硝酸甘油

　B．按压胸口

　C．口服硝酸甘油片

　D．吸氧缓解

130．不是心绞痛发作引起的症状（　　）。

　A．面色苍白、出汗

　B．血压升高、心率增快

　C．表情焦虑

　D．血压降低、心率减慢

131．同心绞痛症状十分相似的疾病（　　）。

　A．心脏神经官能症

　B．心肌梗死

　C．肋间神经痛

　D．主动脉瓣膜病

132．在心绞痛的疾病鉴别中，心脏神经官能症还具有的症状为（　　）。

　A．常有神经衰弱的症状

　B．疼痛为短暂的钝痛

　C．疼痛为短暂的隐痛

　D．短暂的刺痛

133．典型心绞痛发作时疼痛的性质为（　　）。

　A．锐痛　　　　B．压榨性疼痛

　C．隐痛　　　　D．刺痛

134．不能用于心绞痛缓解期的治疗药物（　　）。

　A．硝酸酯类制剂

　B．β受体阻滞剂

　C．钙通道阻滞剂

　D．苯二氮䓬类制剂

135．心绞痛发作时的治疗药物是（　　）。

　A．硝酸酯类制剂

　B．β受体阻滞剂

　C．钙通道阻滞剂

　D．他汀类药物

136．心绞痛用药指导错误的是（　　）。

　A．随身携带硝酸甘油片

　B．硝酸甘油应放在棕色瓶中

　C．含服硝酸甘油时最好平卧

　D．胸痛发作每间隔5分钟可含服硝酸甘油0.5g

2.1.9　泌尿道感染

137．引起急性膀胱炎的多为大肠杆菌，因此常选用青霉素进行药物治疗。（　　）

　A．正确　　　　B．错误

138．急性肾盂肾炎治疗首选对革兰阳性杆菌有效的抗菌药物治疗。（　　）

　A．正确　　　　B．错误

139．预防尿道感染应日常多饮水、勤排尿。（　　）

　A．正确　　　　B．错误

140. 急性膀胱炎的症状描述错误的是( )。

A. 尿频、尿急

B. 管型尿

C. 血尿

D. 尿检有红白细胞

141. 适用急性膀胱炎的治疗药物有( )。

A. 氧氟沙星　　B. 青霉素

C. 红霉素　　　D. 两性霉素 B

142. 急性膀胱炎的单剂疗法是( )。

A. 氧氟沙星 0.8g 顿服,于治疗后的第 3 天及第 5、7 天复查尿液

B. 氧氟沙星 0.6g 顿服,于治疗后的第 5 天及第 2、6 周复查尿液

C. 氧氟沙星 0.2g 顿服,于治疗后的第 3 天及第 5、7 天复查尿液

D. 氧氟沙星 0.1g 顿服,于治疗后的第 2 天及第 4、6 天复查尿液

143. 不用于急性肾盂肾炎的治疗药物( )。

A. 喹诺酮类　　B. 氨基糖苷类

C. 头孢菌素类　D. 大环内酯类

144. 对急性细菌性肾盂肾炎治疗无效的药物( )。

A. 氨苄西林　　B. 头孢曲松钠

C. 制霉菌素　　D. 左氧氟沙星

145. 不属于急性肾盂肾炎症状描述的( )。

A. 高热,疲乏无力

B. 尿频、尿急、尿痛伴腰痛

C. 肾区压痛

D. 恶心、呕吐、腹泻

146. 预防尿道感染不包括 ( )。

A. 要多饮水　　B. 加强体育锻炼

C. 预防用药　　D. 注意卫生

147. 有效预防尿道感染的方式为( )。

A. 适量活动

B. 使用喹诺酮类药物

C. 使用抗生素

D. 多饮水

148. 对症治疗尿道感染的药物( )。

A. 氧氟沙星　　B. 复方新诺明

C. 羟氨苄霉素　D. 复方颠茄片

2.1.10　糖尿病

149. 糖尿病典型临床症状为多饮、多尿、体重增加和饮食减少。( )

A. 正确　　　　B. 错误

150. 1 型糖尿病患者可选用优降糖来降低血糖。( )

A. 正确　　　　B. 错误

151. 糖尿病是以高血糖并引起多种并发症为特征的代谢紊乱终身性疾病。( )

A. 正确　　　　B. 错误

152. 2 型糖尿病发病原因是 ( )。

A. 胰岛素绝对减少

B. 胰岛素相对减少

C. 胰岛完全坏死

D. 摄取糖太多

153. 1 型糖尿病典型症状"三多一少"( )。

A. 时有时无　　B. 不明显

C. 明显　　　　D. 没有

154. 糖尿病患者症状之一是多尿,多尿为每 24h 尿量超过 ( )。

A. 1500ml　　　B. 2000ml

C. 2500ml　　　D. 3000ml

155. 2 型糖尿病经饮食控制和一般治疗无效时采用药降糖为 ( )。

A. 静脉注射胰岛素

B. 肌注胰岛素

C. 口服磺酰脲类药物

D. 口服胰岛素

156. 对 2 型肥胖糖尿病人有效的药

物（ ）。

 A. 二甲双胍 B. 胰岛素

 C. 甲苯磺丁脲 D. 氯磺丙脲

157. 口服甲苯磺丁脲降糖效果差且餐后血糖升高者加用（ ）。

 A. 胰岛素 B. 阿卡波糖

 C. 二甲双胍 D. 格列齐特

158. 不属于糖尿病的高危人群指（ ）。

 A. 心律失常 B. 高血压

 C. 高血脂 D. 肥胖

159. 对糖尿病的健康指导不包括（ ）。

 A. 饮食指导 B. 鼓励药物预防

 C. 自测血糖 D. 注意清洁卫生

160. 糖尿病的饮食治疗不包括（ ）。

 A. 少量多餐

 B. 限制各种甜食

 C. 高纤维饮食

 D. 不吃淀粉类主食，改吃高蛋白、高脂肪的肉类作为主食。

2.1.11 皮肤疾病

161. 过敏反应也称变态反应，过敏介质的释放是过敏症状产生的重要基础。（ ）

 A. 正确 B. 错误

162. 疱疹是由细菌引起的皮肤病。（ ）

 A. 正确 B. 错误

163. 不属于抗过敏的药物（ ）。

 A. 组胺 B. 苯海拉明

 C. 开瑞坦 D. 阿司咪唑

164. 苯海拉明不具有的作用为（ ）。

 A. 阻断 H_1 受体

 B. 镇静催眠

 C. 抑制腺体分泌

 D. 催吐

165. 抗过敏药中镇静作用最强的（ ）。

 A. 苯海拉明 B. 息斯敏

 C. 氯雷他定 D. 酮替芬

166. 利巴韦林不能用于（ ）。

 A. 甲型流感 B. 丹毒

 C. 疱疹 D. 麻疹

167. 丹毒的全身治疗首选（ ）。

 A. 阿昔洛韦 B. 利巴韦林

 C. 青霉素 D. 病毒唑

168. 治疗手足口病不宜使用（ ）。

 A. 青霉素 B. 利巴韦林

 C. 阿昔洛韦 D. 丙种球蛋白

2.1.2 过敏性鼻炎

169. 过敏性鼻炎的常见症状是喷嚏、流涕、鼻塞和鼻痒。（ ）

 A. 正确 B. 错误

170. 过敏性鼻炎与感冒引起的鼻炎症状完全相似。（ ）

 A. 正确 B. 错误

171. 花粉是诱发过敏性鼻炎的一个原因。（ ）

 A. 正确 B. 错误

172. 过敏性鼻炎发生的对象（ ）。

 A. 任何人

 B. 20 岁以上的人

 C. 20 岁以下的人

 D. 60 岁以上的人

173. 过敏性鼻炎打喷嚏在什么时候最严重（ ）。

 A. 上午 B. 中午

 C. 下午 D. 早晨

174. 不是引发过敏性鼻炎的原因（ ）。

 A. 过敏体质 B. 药物毒性反应

 C. 食物变应原 D. 吸入变应原

175. 过敏性鼻炎的诊断主要依靠（ ）。

 A. 典型过敏史和主要症状

B. 遗传

C. 体质

D. 是否有打喷嚏流涕症状

176. 过敏性鼻炎检查不包括( )。

A. 血清表面抗体检查

B. 鼻分泌物涂片检查

C. 鼻镜检查

D. 鼻黏膜激发试验

177. 感冒鼻炎与过敏性鼻炎的共同点 ( )。

A. 流脓鼻涕　　B. 发热

C. 流清鼻涕　　D. 发热

178. 预防过敏性鼻炎的关键措施( )。

A. 带口罩

B. 避免冷空气

C. 避免接触过敏原

D. 清洁鼻孔

179. 对过敏性鼻炎有效的抗组胺药物 ( )。

A. 四环素　　B. 苯海拉明

C. 氯霉素　　D. 麻黄碱

180. 对过敏性鼻炎有预防作用的药物 ( )。

A. 色甘酸钠　　B. 扑尔敏

C. 布地奈德　　D. 麻黄碱

2.2　常用药品不良反应、注意事项和药物相互作用

2.2.1　抗生素的不良反应、注意事项和药物相互作用

181. 青霉素的主要不良反应是过敏反应。( )

A. 正确　　　　B. 错误

182. 青霉素类不宜空腹注射,易致昏厥。( )

A. 正确　　　　B. 错误

183. 对青霉素过敏者禁用头孢菌素类药物。( )

A. 正确　　　　B. 错误

184. 对红霉素过敏的患者应慎用罗红霉素。( )

A. 正确　　　　B. 错误

185. 将两种以上的氨基糖苷类药物联合使用可以增强疗效。( )

A. 正确　　　　B. 错误

186. 妊娠及哺乳期妇女、精神病患者、早产儿、新生儿及肝功能损害者应禁用氯霉素。( )

A. 正确　　　　B. 错误

187. 早产儿、新生儿及肾功能损害者应禁用盐酸去甲万古霉素。( )

A. 正确　　　　B. 错误

188. 青霉素类与氯丙嗪、苯妥英钠、肝素等有配伍禁忌。( )

A. 正确　　　　B. 错误

189. 预防青霉素类不良反应的措施不包括 ( )

A. 询问过敏史

B. 用药前做皮试

C. 注射后观察 0.5 小时

D. 事先用抗过敏药

190. 青霉素引起过敏性休克的抢救药物 ( )

A. 肾上腺素　　B. 葡萄糖酸钙

C. 苯海拉明　　D. 倍氯米松

191. 与青霉素同属一类的药物是 ( )

A. 红霉素　　　B. 阿奇霉素

C. 阿莫西林　　D. 林可霉素

192. 对青霉素过敏的患者禁用的药是( )。

A. 头孢氨苄　　B. 头孢呋辛

C. 阿莫西林　　D. 红霉素

193. 患者注射完青霉素后至少须静坐多长时间才能离开 ( )。

A. 0 分钟　　　B. 20 分钟

C. 40 分钟　　　D. 60 分钟

194. 不能用于静脉注射的青霉素类

药是（　　）。

　　A. 青霉素钾　　　B. 青霉素钠

　　C. 氨苄西林钠　　D. 苄星青霉素

　　195. 肾功能损害者的呼吸系统细菌感染选用下列哪个药合适（　　）。

　　A. 头孢氨苄　　　B. 头孢拉定

　　C. 头孢呋辛　　　D. 头孢噻吩

　　196. 一代头孢菌素类药物的主要不良反应是（　　）。

　　A. 过敏性休克　　B. 严重二重感染

　　C. 耳毒性　　　　D. 肾毒性

　　197. 头孢菌素类药物可以和下列哪个药联合使用（　　）。

　　A. 奥美拉唑　　　B. 链霉素

　　C. 呋塞米　　　　D. 庆大霉素

　　198. 下述对肝脏影响较大的药物是（　　）。

　　A. 红霉素　　　　B. 无味红霉素

　　C. 罗红霉素　　　D. 地红霉素

　　199. 大环内酯类药物主要不良反应是（　　）。

　　A. 胃肠道反应

　　B. 中枢神经的损害

　　C. 耳毒性

　　D. 抑制骨骼、牙齿的生长

　　200. 胃肠道反应较严重的药物是（　　）。

　　A. 红霉素　　　　B. 阿奇霉素

　　C. 罗红霉素　　　D. 克拉霉素

　　201. 氨基糖苷类药物的不良反应是（　　）。

　　A. 对第八对脑神经的损害

　　B. 胃肠道反应

　　C. 肝脏毒性

　　D. 抑制骨髓的造血功能

　　202. 可口服庆大霉素治疗的感染（　　）。

　　A. 大肠杆菌引起的尿道炎

　　B. 大肠杆菌引起的腹泻

　　C. 肺炎杆菌引起的肺炎

　　D. 溶血性链球菌引起的扁桃体炎

　　203. 应用氨基糖苷类药物静脉滴注时，静滴速度要慢，每分钟不能超过（　　）。

　　A. 40 滴　　　　B. 60 滴

　　C. 80 滴　　　　D. 90 滴

　　204. 需慎用四环素类药物的患者是（　　）。

　　A. 肝功能不全者

　　B. 心功能不全者

　　C. 哺乳期妇女

　　D. 8 岁以下儿童

　　205. 四环素要避免同服药物是（　　）。

　　A. 碳酸钙　　　　B. 氯化铵

　　C. 阿司匹林　　　D. 对乙酰氨基酚

　　206. 属于氯霉素不良反应的情况是（　　）。

　　A. 肾毒性

　　B. 灰婴综合征

　　C. 耳毒性

　　D. 神经肌肉接头阻滞

　　207. 不良反应严重者可致听力减退、血尿、呼吸困难、血栓性静脉炎等的药是（　　）。

　　A. 氯霉素

　　B. 四环素

　　C. 盐酸去甲万古霉素

　　D. 红霉素

　　208. 患者长期使用哪种药应进行肝功能和血液常规检查（　　）。

　　A. 盐酸林可霉素

　　B. 硫酸庆大霉素

　　C. 克拉霉素

　　D. 红霉素

　　209. 长期使用哪个药可引起伪膜性肠炎（　　）。

　　A. 青霉素　　　　B. 盐酸克林霉素

C. 头孢氨苄　　　D. 阿奇霉素

210. 能引起青霉素类药的作用增强，毒性也增大的药物是（　　）。

　A. 四环素　　　　B. 磺胺类

　C. 丙磺舒　　　　D. 氯丙嗪

211. 氨基糖苷类药物与下列哪个药物合用耳毒性增加（　　）。

　A. 维生素 C　　　B. 呋塞米

　C. 苯妥英钠　　　D. 头孢菌素类

212. 氯霉素与下列哪类药物合用骨髓抑制加重（　　）。

　A. 氨基比林　　　B. 青霉素类

　C. 巴比妥类　　　D. 磺脲类降糖药

2.2.2　合成抗菌药不良反应、注意事项和药物相互作用

213. 孕妇、小儿应慎用喹诺酮类药物。（　　）

　A. 正确　　　　　B. 错误

214. 为了提高磺胺类药的疗效，增加血药浓度，患者尽量少喝水。（　　）

　A. 正确　　　　　B. 错误

215. 服用甲硝唑期间不能喝酒。（　　）

　A. 正确　　　　　B. 错误

216. 服用碳酸氢钠碱化尿液，可以加强磺胺药的抗菌作用。（　　）

　A. 正确　　　　　B. 错误

217. 可诱发癫痫的药物（　　）。

　A. 诺氟沙星　　　B. 磺胺嘧啶

　C. 甲氧苄啶　　　D. 呋喃妥因

218. 可产生结晶尿的药物（　　）。

　A. 四环素　　　　B. 诺氟沙星

　C. 甲氧苄啶　　　D. 氯霉素

219. 能影响软骨发育的药物（　　）。

　A. 氧氟沙星　　　B. 磺胺甲噁唑

　C. 呋喃唑酮　　　D. 甲硝唑

220. 磺胺类药最主要的不良反应（　　）。

　A. 恶心　　　　　B. 腹泻

C. 呕吐　　　　　D. 结晶尿

221. 慎用磺胺类药的患者（　　）。

　A. 高血压患者　　B. 心脏病患者

　C. 皮肤病患者　　D. 老人

222. 为减少肾损害，在服用磺胺类药物时可加服药物（　　）

　A. 氯化钠　　　　B. 碳酸氢钠

　C. 氯化铵　　　　D. 维生素 C

223. 甲硝唑较严重的不良反应是（　　）

　A. 恶心　　　　　B. 食欲不振

　C. 呕吐　　　　　D. 手麻

224. 引起口中金属味及白细胞减少的药物（　　）。

　A. 甲硝唑　　　　B. 磺胺嘧啶

　C. 呋喃唑酮　　　D. 诺氟沙星

225. 硝基呋喃类药物严重不良反应是（　　）

　A. 恶心　　　　　B. 呕吐

　C. 头痛　　　　　D. 溶血性贫血

226. 竞争性对抗磺胺作用的物质是（　　）。

　A. γ-氨基丁酸　　B. 对氨基苯甲酸

　C. 谷氨酸　　　　D. 二氢蝶啶

227. 甲氧苄胺嘧啶和磺胺甲基异噁唑合用增效最好的原因是（　　）。

　A. 促进吸收

　B. 促进分布

　C. 两者结合形成新的抗菌作用更强的化合物

　D. 两者使菌体内叶酸代谢遭到双重阻断

228. 服用磺胺甲噁唑的同时口服碳酸氢钠减少肾毒性是因为前者使后者（　　）。

　A. 促进排泄

　B. 增加在尿中溶解度

　C. 促进代谢及排泄

　D. 保护肾小管上皮细胞

2.2.3　抗病毒药不良反应和注意事项

229. 金刚烷胺不良反应大，偶见精神病变。（　　）
　　A. 正确　　　　　　B. 错误

230. 金刚烷胺可由乳汁排泄，哺乳期妇女禁用。（　　）
　　A. 正确　　　　　　B. 错误

231. 全身应用毒性大，仅供局部应用的抗病毒药是（　　）。
　　A. 金刚烷胺　　B. 碘苷
　　C. 阿昔洛韦　　D. 阿糖腺苷

232. 抗病毒药物是（　　）。
　　A. 金刚烷胺　　B. 阿司匹林
　　C. 苯妥英钠　　D. 利多卡因

233. 属于鸟嘌呤核苷类似物的抗病毒药（　　）。
　　A. 利巴韦林　　B. 阿昔洛韦
　　C. 齐多夫定　　D. 特比萘芬

234. 金刚烷胺的慎用对象不包括（　　）。
　　A. 有脑血管病或病史者
　　B. 有反复发作的湿疹样皮疹病史者
　　C. 末梢性水肿患者
　　D. 帕金森综合征患者

235. 以下描述不正确的是（　　）。
　　A. 孕妇慎用利巴韦林
　　B. 孕妇慎用阿昔洛韦
　　C. 神经系统疾病患者慎用阿糖腺苷
　　D. 干扰素会引起流感样综合征

236. 以下述描述正确的是（　　）。
　　A. 丙磺舒可使阿昔洛韦的吸收加快
　　B. 丙磺舒可使阿昔洛韦的吸收减少
　　C. 丙磺舒可使阿昔洛韦的排泄加快
　　D. 丙磺舒可使阿昔洛韦的排泄减慢

2.2.4　抗真菌药的不良反应和注意事项

237. 两性霉素 B 口服给药仅用于消化道内真菌感染。（　　）

A. 正确　　　　　　B. 错误

238. 主要用于口腔、皮肤、阴道念珠菌病的药物（　　）。
　　A. 制霉菌素　　B. 灰黄霉素
　　C. 红霉素　　　D. 氯霉素

239. 仅对浅表真菌感染有效的抗真菌药是（　　）。
　　A. 制霉菌素　　B. 灰黄霉素
　　C. 两性霉素 B　D. 克霉唑

240. 对浅表和深部真菌都有较好疗效的药物是（　　）。
　　A. 酮康唑　　　B. 灰黄霉素
　　C. 两性霉素 B　D. 制霉菌素

2.2.5　抗结核病药不良反应、注意事项及药物相互作用

241. 利福平对动物有致畸作用，故妊娠前 3 个月禁用。（　　）
　　A. 正确　　　　　　B. 错误

242. 异烟肼是治疗各种结核病的首选药，对于早期轻症结核病可单独使用。（　　）
　　A. 正确　　　　　　B. 错误

243. 有癫痫或精神病史者应慎用（　　）
　　A. 利福平　　　　B. 异烟肼
　　C. 乙胺丁醇　　　D. 吡嗪酰胺

244. 利福平是（　　）。
　　A. 广谱抗生素
　　B. 药酶抑制药
　　C. 能抑制细胞壁合成的药物
　　D. 单用结核杆菌不易产生耐药性

245. 乙胺丁醇的不良反应是（　　）。
　　A. 球后视神经炎
　　B. 外周神经炎
　　C. 耳神经损害
　　D. 中毒性脑病

246. 不是抗结核病药联合用药的目的（　　）。
　　A. 提高疗效

B. 扩大抗菌范围

C. 减少各药用量

D. 延缓耐药性

247. 抗结核的一线药物是（　　）。

A. 异烟肼、利福平、链霉素

B. 异烟肼、利福平、对氨基水杨酸

C. 异烟肼、链霉素、对氨基水杨酸

D. 异烟肼、乙胺丁醇、对氨基水杨酸

248. 应用异烟肼时合用维生素 B_6 的目的是（　　）。

A. 增强疗效

B. 延缓抗药性

C. 减轻肝损害

D. 降低对外周神经的毒性

2.2.6　抗消化性溃疡药不良反应和注意事项

249. 抗酸药均应在饭后服用。（　　）

A. 正确　　　　　B. 错误

250. 西咪替丁是一种作用比雷尼替丁强的抗酸剂。（　　）

A. 正确　　　　　B. 错误

251. 质子泵抑制剂也可用于治疗胃部的恶性肿瘤。（　　）

A. 正确　　　　　B. 错误

252. 硫糖铝具有升高血压的作用。（　　）

A. 正确　　　　　B. 错误

253. 雷尼替丁与普鲁卡因胺合用，可致后者血浆清除率提高。（　　）

A. 正确　　　　　B. 错误

254. 能引起便秘的抗酸药是（　　）。

A. 三硅酸镁　　　B. 氢氧化铝

C. 碳酸氢钠　　　D. 氧化镁

255. 碳酸氢钠可产生（　　）。

A. 胃胀和嗳气　　B. 心动过速

C. 腹泻　　　　　D. 转氨酶升高

256. 氢氧化铝抗酸时（　　）。

A. 可产生黏膜保护作用

B. 可致腹泻

C. 可引起碱血症

D. 可引起反跳性胃酸增多

257. 抑制胃酸分泌作用最强药物是（　　）。

A. 哌仑西平　　　B. 法莫替丁

C. 奥美拉唑　　　D. 雷尼替丁

258. 用于治疗胃、十二指肠溃疡病，停药后复发率最高的药物是（　　）。

A. 西咪替丁　　　B. 雷尼替丁

C. 奥美拉唑　　　D. 法莫替丁

259. 治疗胃、十二指肠溃疡病，体内作用时间最长的药物是（　　）。

A. 雷尼替丁　　　B. 西咪替丁

C. 法莫替丁　　　D. 硫糖铝

260. 兰索拉唑的作用不包括（　　）。

A. 抑制基础胃酸分泌

B. 抗幽门螺杆菌

C. 抑制 H_2 受体

D. 减弱胃液对食管黏膜的损伤

261. 对奥美拉唑的描述正确的是（　　）。

A. 对胃壁细胞质子泵有兴奋作用

B. 只能口服给药

C. 抑制胃酸作用强，但持续时间短

D. 治疗消化性溃疡病复发率低

262. 对奥美拉唑的描述错误的是（　　）。

A. 有很强的耐受性

B. 偶有轻微和短时的不良反应

C. 少数病人出现皮疹

D. 加重胃溃疡

263. 对硫糖铝作用描述错误的是（　　）。

A. 抑制胃蛋白酶分解蛋白质

B. 阻止胃酸、胃蛋白酶和胆汁酸渗透

C. 抑制胃酸分泌

D. 利于黏膜再生和溃疡愈合

264. 硫糖铝的作用是（　　）。

A. 预防并发症

B. 升高血压

C. 抑制胃蛋白酶

D. 血浆清除率降低

265. 服药后会使大便变灰黑的是（   ）。

　　A. 碳酸钙　　　　B. 氢氧化铝

　　C. 枸橼酸铋钾　　D. 三硅酸镁

266. 治疗十二指肠溃疡的首选药物是（   ）。

　　A. 雷尼替丁　　　B. 阿托品

　　C. 泼尼松　　　　D. 氨茶碱

267. 严重胃溃疡者不适宜使用的药物是（   ）。

　　A. 碳酸钙　　　　B. 氢氧化铝

　　C. 氢氧化镁　　　D. 三硅酸镁

268. 胃蛋白酶不宜合用的药物是（   ）。

　　A. H_2受体阻断药

　　B. 局麻药

　　C. 抗酸药

　　D. 抗组胺药

2.2.7 胃肠道解痉药、胃动力药及止吐药的不良反应、注意事项及药物相互作用

269. 胃肠道解痉药是通过阻断胃肠平滑肌的 M 受体而发挥作用。（   ）

　　A. 正确　　　　　B. 错误

270. 多潘立酮不宜与抗酸药同服。（   ）

　　A. 正确　　　　　B. 错误

271. 丁溴酸东莨菪碱的不良反应不包括（   ）

　　A. 口渴　　　　　B. 嗜睡

　　C. 腹泻　　　　　D. 视物模糊

272. 青光眼患者禁用或慎用药物是（   ）。

　　A. 毛果芸香碱

　　B. 氢溴酸山莨菪碱

C. 毒扁豆碱

D. 新斯的明

273. 与甲氧氯普胺有拮抗作用的药是（   ）。

　　A. 多潘立酮　　　B. 乳酶生

　　C. 西沙必利　　　D. 阿托品

274. 能使血清泌乳素升高的药是（   ）。

　　A. 多潘立酮　　　B. 西咪替丁

　　C. 奥美拉唑　　　D. 哌仑西平

275. 与酮康唑、红霉素合用会加重不良反应的药是（   ）。

　　A. 多潘立酮　　　B. 甲氧氯普胺

　　C. 西沙必利　　　D. 山莨菪碱

276. 嗜铬细胞瘤患者应用下列哪个药会出现高血压危象（   ）。

　　A. 多潘立酮　　　B. 甲氧氯普胺

　　C. 西沙必利　　　D. 颠茄

2.2.8 泻药和止泻药的不良反应和注意事项

277. 中枢抑制药中毒的病人可以使用硫酸镁导泻。（   ）

　　A. 正确　　　　　B. 错误

278. 盐酸洛哌丁胺禁用于 2 岁以下儿童。（   ）

　　A. 正确　　　　　B. 错误

279. 硫酸镁导泻时使用剂量过大可引起（   ）。

　　A. 脱水　　　　　B. 便秘

　　C. 反酸　　　　　D. 头晕

280. 使用开塞露时应注意（   ）。

　　A. 防止过量

　　B. 儿童慎用

　　C. 应使剪口处光滑避免擦伤直肠

　　D. 老年人慎用

281. 可以使用酚酞导泻的人群是（   ）。

　　A. 孕妇　　　　　B. 老年人

　　C. 婴幼儿　　　　D. 哺乳期妇女

282. 盐酸洛哌丁胺可引起（　　）。
A. 中枢兴奋　　　B. 瞳孔扩大
C. 呼吸急促　　　D. 瞳孔缩小

283. 止泻药物中不良反应最轻的是（　　）。
A. 培菲康
B. 盐酸洛哌丁胺
C. 复方地芬诺酯
D. 复方樟脑酊

284. 长期应用可产生依赖性的药物是（　　）。
A. 妈咪爱
B. 整肠生
C. 复方地芬诺酯
D. 蒙脱石散

2.2.9　助消化药的不良反应、注意事项及药物相互作用

285. 助消化药主要是一些由多种消化酶组成的制剂，能促进食物的分解消化。（　　）
A. 正确　　　　　B. 错误

286. 关于乳酶生说法不正确的是（　　）。
A. 乳酶生冷暗处储存
B. 乳酶生是助消化药
C. 乳酶生与抗菌药合用增加疗效
D. 乳酶生要密封防潮

287. 胰酶不宜和哪种药物配伍（　　）。
A. 金刚烷胺　　　B. 稀盐酸
C. 奥美拉唑　　　D. 碱性药物

288. 不能与碱性药物合用的药物是（　　）。
A. 乳酶生　　　　B. 胰酶
C. 多酶片　　　　D. 干酵母

2.2.10　肝、胆辅助药的不良反应和注意事项

289. 联苯双酯是治疗肝胆疾病的特效药。（　　）

A. 正确　　　　　B. 错误

290. 苯丙醇的主要不良反应为（　　）。
A. 血压升高　　　B. 视力模糊
C. 胃部不适　　　D. 肾毒性

291. 熊去氧胆酸的禁忌证是（　　）。
A. 急性胆囊炎
B. 胆固醇性结石
C. 慢性丙型肝炎
D. 胆汁反流性胃炎

292. 熊去氧胆酸说法正确的是（　　）。
A. 熊去氧胆酸可用于胆管炎的发作期
B. 熊去氧胆酸可用于胆道完全梗阻
C. 熊去氧胆酸可用于胆结石钙化症者
D. 熊去氧胆酸必须在医生监督下使用

2.2.11　解热镇痛抗炎药的不良反应、注意事项及药物相互作用

293. 解热镇痛药可以降低正常人的体温。（　　）
A. 正确　　　　　B. 错误

294. 解热镇痛药通常在饭后服用，不宜空腹服用，避免胃肠道刺激。（　　）
A. 正确　　　　　B. 错误

295. 解热镇痛药用于止痛时不宜连续使用超过5天。（　　）
A. 正确　　　　　B. 错误

296. 解热镇痛抗炎药与抗凝血药物合用会增加出血的危险。（　　）
A. 正确　　　　　B. 错误

297. 降低发热者体温时不应（　　）。
A. 根据发热诊断疾病
B. 急于用药、掩盖病情
C. 考虑年龄
D. 考虑用量

298. 解热镇痛药对疼痛无作用是（　　）。

A. 月经痛

B. 牙痛

C. 晚期癌症疼痛

D. 关节痛

299. 无抗炎作用药物是（　　）。

A. 对乙酰氨基酚

B. 阿司匹林

C. 布洛芬

D. 吲哚美辛

300. 阿司匹林的不良反应是（　　）。

A. 凝血障碍

B. 水钠潴留

C. 高铁血红蛋白血症

D. 耐受性

301. 支气管哮喘患者禁用药物是（　　）。

A. 阿司匹林

B. 布洛芬

C. 对乙酰氨基酚

D. 萘普生

302. 消化性溃疡患者发热时可选用（　　）。

A. 萘普生　　　B. 对乙酰氨基酚

C. 吲哚美辛　　D. 吡罗昔康

303. 阿司匹林的禁忌证不包括（　　）。

A. 凝血障碍者　B. 伴有哮喘

C. 伴有溃疡病　D. 脑梗死

304. 下述描述正确的是（　　）。

A. 肝肾功能不全者禁用对乙酰氨基酚

B. 对乙酰氨基酚治疗风湿性疾病效果好

C. 对乙酰氨基酚为抗结核药

D. 对乙酰氨基酚缓解绞痛效果好

305. 吲哚美辛的描述正确的是（　　）。

A. 对活动性溃疡的疼痛有效

B. 宜饭后服用

C. 再生障碍性贫血患者头痛可以选用

D. 宜饭前服用

306. 同阿司匹林合用会增加发生溃疡危险的药物（　　）。

A. 咖啡因　　　B. 金刚烷胺

C. 硝苯地平　　D. 糖皮质激素

307. 服用对乙酰氨基酚时饮酒可能会发生（　　）。

A. 肝毒性　　　B. 神经系统毒性

C. 疗效降低　　D. 毒性降低

308. 为增强免疫力，与布洛芬联合使用的药物是（　　）。

A. 维拉帕米　　B. 呋塞米

C. 葡萄糖酸锌　D. 肝素

2.2.12 镇咳药的不良反应和注意事项

309. 青光眼病人应禁用喷托维林止咳。（　　）

A. 正确　　　　B. 错误

310. 苯丙哌林的镇咳效应弱于磷酸可待因。（　　）

A. 正确　　　　B. 错误

311. 磷酸可待因常见的不良反应（　　）。

A. 口干、多汗　B. 失眠、头痛

C. 恶心、呕吐　D. 腹泻

312. 禁用磷酸可待因的情况（　　）。

A. 多痰患者

B. 前列腺肥大患者

C. 儿童

D. 老年人

313. 慎用磷酸可待因的情况（　　）。

A. 甲状腺功能亢进

B. 甲状腺功能低下

C. 老年人

D. 妊娠期妇女

314. 苯丙哌林属于（　　）。

A. 非麻醉性镇咳药

B. 成瘾性镇咳药

C. 镇痛药

D. 解热镇痛药

315. 复方甘草合剂的不良反应（　　）。

A. 恶心、呕吐　　B. 厌食、腹泻

C. 尿频　　　　　D. 口干、喉干

316. 苯丙哌林的不良反应（　　）。

A. 口干、口渴　　B. 恶心、呕吐

C. 失眠　　　　　D. 便秘

2.2.13　祛痰药的不良反应和注意事项

317. 消化性溃疡患者禁用氯化铵。（　　）

A. 正确　　　　　B. 错误

318. 羧甲司坦为稀释性祛痰药。（　　）

A. 正确　　　　　B. 错误

319. 口服氯化铵可引起（　　）。

A. 恶心、呕吐　　B. 失眠

C. 转氨酶升高　　D. 碱中毒

320. 禁用氯化铵的情况是（　　）。

A. 多痰患者

B. 哮喘患者

C. 消化道溃疡史者

D. 心源性水肿患者

321. 可纠正碱中毒的药物是（　　）。

A. 氯化铵　　　　B. 氯化钠

C. 碳酸氢钠　　　D. 碳酸钙

322. 属于羧甲司坦不良反应的是（　　）。

A. 心悸　　　　　B. 失眠

C. 胃部不适　　　D. 肝损害

323. 溴己新的不良反应是（　　）。

A. 血清转氨酶暂时升高

B. 心悸

C. 失眠

D. 咳呛

324. 需慎用溴己新的情况是（　　）。

A. 高血压

B. 糖尿病

C. 胃溃疡

D. 甲状腺功能亢进

2.2.14　平喘药的不良反应、注意事项及药物相互作用

325. 色甘酸钠主要用于急性哮喘的发作。（　　）

A. 正确　　　　　B. 错误

326. 服用氨茶碱期间应避免从事驾驶或其他危险活动。（　　）

A. 正确　　　　　B. 错误

327. 硫酸沙丁胺醇不宜和普萘洛尔同时合用。（　　）

A. 正确　　　　　B. 错误

328. 沙丁胺醇重度的不良反应的是（　　）。

A. 头昏头痛　　　B. 心悸

C. 咳呛　　　　　D. 心动过缓

329. 具有拮抗 M 受体作用的平喘药是（　　）

A. 异丙托溴铵　　B. 氨茶碱

C. 色甘酸钠　　　D. 特布他林

330. 属于氨茶碱严重不良反应的是（　　）。

A. 恶心呕吐　　　B. 肌肉颤动

C. 面部潮红　　　D. 口干

331. 服用异丙托溴铵可出现的不良反应是（　　）。

A. 支气管平滑肌松弛

B. 口干

C. 呼吸道分泌增加

D. 瞳孔缩小

332. 偶有强直性痉挛的平喘药是（　　）。

A. 布地奈德　　　B. 特布他林

C. 氨茶碱　　　　D. 色甘酸钠

333. 色甘酸钠禁用于（　　）。

A. 急性哮喘　　　B. 高血压

C. 妊娠期妇女　　D. 老年人

334. 服用茶碱可引起（　　）。

A. 口干

B. 瞳孔扩大

C. 瞳孔缩小

D. 恶心、呕吐和心律失常

335. 能使心脏 β_1 受体激动的平喘药是（　　）。

  A. 肾上腺素　　　B. 沙丁胺醇

  C. 特布他林　　　D. 克仑特罗

336. 沙丁胺醇描述错误的是(　　)。

A. β_2 受体激动剂

B. 和其他肾上腺素受体激动剂合用不良反应增加

C. 不与阿米替林合用

D. 可与丙米嗪合用

2.2.15　强心药的不良反应、注意事项及药物相互作用

337. 强心药用药剂量应个体化。（　　）

  A. 正确　　　　B. 错误

338. 地高辛与钙剂合用可导致心律失常。（　　）

  A. 正确　　　　　B. 错误

339. 地高辛属于（　　）。

A. 抗心绞痛药

B. 抗充血性心力衰竭药

C. 调血脂药

D. 降压药

340. 地高辛严重的不良反应是（　　）。

A. 室性心动过缓

B. 血压高

C. 便秘

D. 室性早搏

341. 与地高辛同属一类药的药物是（　　）。

  A. 奎尼丁　　　　B. 洋地黄毒苷

  C. 胺碘酮　　　　D. 维拉帕米

342. 地高辛和苯巴比妥合用可致（　　）。

A. 地高辛作用增强

B. 地高辛作用降低

C. 地高辛作用不变

D. 地高辛毒性增强

343. 地高辛和呋塞米合用会出现（　　）。

  A. 心律失常　　　B. 心绞痛

  C. 血压升高　　　D. 血脂异常

344. 地高辛和氯化钾合用可致（　　）。

A. 地高辛毒性增大

B. 地高辛作用增强

C. 地高辛毒性减小

D. 地高辛作用降低

2.2.16　抗心律失常药的不良反应、注意事项及药物相互作用

345. 美托洛尔严重的不良反应是恶心、倦怠。（　　）

  A. 正确　　　　　B. 错误

346. 美托洛尔合并使用地高辛，可加强心动过缓。（　　）

  A. 正确　　　　　B. 错误

347. 维拉帕米较重的不良反应是（　　）

  A. 恶心　　　　　B. 腹痛

  C. 头晕头痛　　　D. 神志不清

348. 应慎用美托洛尔的情况是（　　）。

  A. 支气管哮喘　　B. 心力衰竭

  C. 高血压　　　　D. 心律失常

349. 维拉帕米属于（　　）。

A. 钠通道阻滞剂

B. β 受体激动剂

C. 钙通道阻滞剂

D. 延长动作电位时程药

350. 使用维拉帕米的患者饮食上应注意（　　）。

  A. 不喝果汁　　　B. 不喝茶、咖啡

  C. 多喝果汁　　　D. 多喝茶、咖啡

351. 合并心衰的心律失常患者同时应用维拉帕米时可能会引起（　　）。

　　A. 严重心动过缓

　　B. 血压急剧升高

　　C. 血压急剧下降

　　D. 严重心动过速

352. 维拉帕米和普萘洛尔联合应用，对心脏的影响是（　　）。

　　A. 加强对心脏的兴奋作用

　　B. 加强对心脏的抑制作用

　　C. 减弱对心脏的兴奋作用

　　D. 减弱对心脏的抑制作用

2.2.17　抗心绞痛药的不良反应、注意事项及药物相互作用

353. 服用硝酸甘油时出现的不适可能会随着用药时间延长而逐渐消失。（　　）

　　A. 正确　　　　　　B. 错误

354. 使用硝酸甘油时应注意先纠正患者的低血容量现象。（　　）

　　A. 正确　　　　　　B. 错误

355. 硝酸甘油常见的不良反应有（　　）。

　　A. 面色潮红　　　B. 腹痛腹泻

　　C. 心慌气促　　　D. 踝部水肿

356. 长期使用硝酸甘油可能会引起（　　）。

　　A. 耐受性　　　　B. 成瘾性

　　C. 耐药性　　　　D. 后遗效应

357. 过量使用硝酸酯类药可能会引起（　　）。

　　A. 肝肾损伤　　　B. 心动过缓

　　C. 胃痛、呕吐　　D. 昏厥、昏迷

358. 硝酸甘油与下列哪个药物联合应用可以提高抗心绞痛的效果（　　）。

　　A. 吗啡　　　　　B. 地高辛

　　C. 普萘洛尔　　　D. 乙酰胆碱

359. 使用硝苯地平抗心绞痛时要注意(　　)。

　　A. 高血压患者禁用

　　B. 充血性心力衰竭患者禁用

　　C. 心律失常患者禁用

　　D. 青光眼患者禁用

360. 硝苯地平与普萘洛尔联用抗心绞痛可能出现（　　）。

　　A. 血压过低　　　B. 心动过速

　　C. 心功能增强　　D. 休克

2.2.18　抗高血压药的不良反应、注意事项及药物相互作用

361. β受体阻断剂作为第一线抗高血压药，主要应用于1、2级高血压，尤其是老年性高血压和心率衰竭患者。（　　）

　　A. 正确　　　　　　B. 错误

362. 过量使用氨氯地平可能导致抑郁、视觉改变。（　　）

　　A. 正确　　　　　　B. 错误

363. 对磺胺类药物不耐受的高血压患者不宜使用利尿剂。（　　）

　　A. 正确　　　　　　B. 错误

364. 应用甲基多巴时应注意监测患者的造血功能。（　　）

　　A. 正确　　　　　　B. 错误

365. 临床建议降压药物联合应用以增强降压效果，降低各自的不良反应。（　　）

　　A. 正确　　　　　　B. 错误

366. 同时具备利尿、钙拮抗作用的降压药是（　　）。

　　A. 螺内酯　　　　B. 吲哒帕胺

　　C. 卡托普利　　　D. 氢氯噻嗪

367. 属于血管紧张素受体阻断剂的是（　　）。

　　A. 氨苯蝶啶　　　B. 哌唑嗪

　　C. 缬沙坦　　　　D. 依那普利

368. 同时具备α、β受体阻断作用的降压药是（　　）。

　　A. 普萘洛尔　　　B. 美托洛尔

　　C. 硝苯地平　　　D. 拉贝洛尔

369. 常见不良反应为干咳的降压药物是（　　）。
    A. 吲哒帕胺　　　B. 氢氯噻嗪
    C. 卡托普利　　　D. 可乐定

370. 能引起焦虑、不安的降压药物是（　　）。
    A. 可乐定　　　　B. 哌唑嗪
    C. 氯沙坦　　　　D. 螺内酯

371. 使用氢氯噻嗪引起血钾低可同服哪种药克服（　　）。
    A. 呋塞米　　　　B. 利尿酸
    C. 氨苯蝶啶　　　D. 布美他尼

372. 使用降压药物正确的是（　　）。
    A. 起始剂量宜偏大，以更快控制血压
    B. 血压平稳后及时停药
    C. 提倡同类药物联用以增强降压效果
    D. 避免驾驶车辆

373. 需要首剂减半的降压药物是（　　）。
    A. 哌唑嗪　　　　B. 可乐定
    C. 肼屈嗪　　　　D. 尼莫地平

374. 氯沙坦应用注意事项正确的是（　　）。
    A. 低血容量患者应先纠正血量
    B. 肝功能低下患者不必调整剂量
    C. 年龄不影响剂量的选择
    D. 哺乳期和孕期妇女用药较为安全

375. 能引起精神抑郁的降压药物是（　　）。
    A. 氢氯噻嗪　　　B. 卡托普利
    C. 硝苯地平　　　D. 利血平

376. 胃、十二指肠溃疡患者不宜使用的降压药物是（　　）。
    A. 复方降压片　　B. 可乐定
    C. 卡托普利　　　D. 尼莫地平

377. 不宜使用甲基多巴的患者（　　）。
    A. 甲亢患者　　　B. 糖尿病患者

C. 抑郁症患者　　D. 心绞痛患者

378. 同卡托普利联合用药可能导致血钾水平过高的药物是（　　）。
    A. 硝苯地平　　　B. 呋塞米
    C. 氢氯噻嗪　　　D. 阿米洛利

379. 同可乐定联合用药会加重中枢抑制的药物是（　　）。
    A. 地西泮　　　　B. 哌唑嗪
    C. 缬沙坦　　　　D. 尼莫地平

380. 同氢氯噻嗪联合用药可以缓解低血钾的不良反应的药物是（　　）。
    A. 吲哚美辛　　　B. 氯沙坦
    C. 氨苯蝶啶　　　D. 甲基多巴

2.2.19　降血脂药的不良反应、注意事项及药物相互作用

381. 长期使用考来烯胺应适当补充脂溶性维生素。（　　）
    A. 正确　　　　　B. 错误

382. 洛伐他汀与华法林联用有增加出血的危险。（　　）
    A. 正确　　　　　B. 错误

383. 能够引起肌痛、横纹肌溶解的降脂药物是（　　）。
    A. 烟酸肌醇酯　　B. 非诺贝特
    C. 洛伐他汀　　　D. 考来烯胺

384. 糖尿病患者禁用的降血脂药是（　　）。
    A. 辛伐他汀　　　B. 烟酸肌醇酯
    C. 考来替泊　　　D. 吉非罗齐

385. 选择降脂药物时不需要考虑（　　）。
    A. 药物的不良反应
    B. 血脂异常的病因及类别
    C. 患者的年龄、生活方式、经济情况
    D. 是否是家族遗传性疾病

386. 与洛伐他汀合用增加横纹肌溶解危险的降脂药物是（　　）。
    A. 拉贝洛尔　　　B. 吉非罗齐
    C. 甲基多巴　　　D. 考来烯胺

387. 能降低降糖药物效果的降脂药物是（　　）。

A. 辛伐他汀　　　B. 非诺贝特

C. 考来替泊　　　D. 氨力农

388. 缺铁性贫血患者不宜使用的药物（　　）。

A. 苯扎贝特　　　B. 烟酸肌醇酯

C. 辛伐他汀　　　D. 考来烯胺

2.2.20　其他循环系统药的不良反应和注意事项

389. 糖尿病及动脉栓塞、近期血管闭塞性疾病患者禁用多巴胺。（　　）

A. 正确　　　B. 错误

390. 维生素 K 有胃肠不适、头痛、新生儿可能出现高胆红素血症等不良反应。（　　）

A. 正确　　　　B. 错误

391. 去甲肾上腺素不良反应是（　　）。

A. 血管扩张

B. 药液外漏可引起局部组织坏死

C. 支气管平滑肌痉挛

D. 血压下降

392. 多巴胺使用注意事项包括（　　）。

A. 心动过速及哺乳期妇女禁用

B. 应避免从事驾车或从事其他危险活动

C. 不宜与碱性药物配伍

D. 过敏者禁用

393. 异丙肾上腺素的作用是（　　）。

A. 收缩血管

B. 瞳孔扩大

C. 兴奋支气管平滑肌

D. 骨骼肌冠状血管收缩

394. 维生素 K 的服用注意事项包括（　　）。

A. 月经过多，先兆流产禁用

B. 严重肝病患者禁用

C. 有癫痫病史者慎用

D. 饮酒前后禁服

395. 卡巴克络的服用注意事项包括（　　）。

A. 月经过多，先兆流产禁用

B. 严重肝病患者禁用

C. 有癫痫病史者慎用

D. 饮酒前后禁服

396. 阿司匹林的服用注意事项包括（　　）。

A. 月经过多，先兆流产禁用

B. 严重肝病患者禁用

C. 有癫痫病史者慎用

D. 饮酒前后禁服

2.2.21　泌尿系统药的不良反应、注意事项及药物相互作用

397. 高效利尿药可引起电解质紊乱。（　　）

A. 正确　　　　B. 错误

398. 利尿药中依他尼酸耳毒性最小，布美他尼最易引起耳毒性反应。（　　）

A. 正确　　　　B. 错误

399. 前列腺疾病用药以消除尿频、尿急、尿痛、尿失禁等症状。（　　）

A. 正确　　　　B. 错误

400. 中效利尿药与磺胺类药物、氨基糖苷类药物有交叉过敏现象。（　　）

A. 正确　　B. 错误

401. 高效利尿药是（　　）。

A. 氢氯噻嗪　　　B. 呋塞米

C. 螺内酯　　　　D. 氨苯蝶啶

402. 中效利尿药是（　　）。

A. 呋塞米　　　　B. 螺内酯

C. 氢氯噻嗪　　　D. 利尿酸

403. 低效利尿药是（　　）。

A. 呋塞米　　　　B. 氢氯噻嗪

C. 螺内酯　　　　D. 利尿酸

404. 呋塞米的不良反应是（　　）。

A. 过敏反应可出现荨麻疹

B. 耳毒性反应

C. 使血钾升高

D. 使血压降低

405. 氢氯噻嗪的副作用是（　　）。

A. 可引起血钾降低

B. 耳毒性反应

C. 使血钾升高

D. 使血压降低

406. 螺内酯副作用是（　　）。

A. 可出现荨麻疹

B. 耳毒性反应

C. 血钾升高

D. 使血压降低

407. 特拉唑嗪用药的注意事项是（　　）。

A. 胃肠道梗阻患者禁用

B. 抗雄性激素样作用

C. 引起体位性低血压

D. 胃部不适，恶心呕吐

408. 黄酮哌酯用药的注意事项包括（　　）。

A. 胃肠道梗阻患者禁用

B. 抗雄性激素样作用

C. 引起体位性低血压

D. 胃部不适，恶心呕吐

409. 前列腺疾病用药的基本作用是（　　）。

A. 增加膀胱平滑肌张力

B. 减轻尿路平滑肌痉挛

C. 利尿

D. 脱水作用

410. 呋塞米用药时应注意（　　）。

A. 对磺胺类药过敏者可能有交叉过敏

B. 可与降压药联合应用

C. 高血钾者慎用

D. 长期使用会导致多毛

411. 长期使用会使血糖升高的药物是(　　)。

A. 硝苯地平　　　B. 氢氯噻嗪

C. 卡托普利　　　D. 氯沙坦

412. 使用螺内酯时应注意（　　）。

A. 对磺胺类药过敏者可能交叉过敏

B. 可与降压药联合应用

C. 高血钾者慎用

D. 长期使用会导致多毛

2.2.22 中枢神经系统疾病用药的不良反应、注意事项及药物相互作用

413. 酒石酸唑吡坦片用药后易产生口干、眩晕、嗜睡等不良反应。（　　）

A. 正确　　　　　B. 错误

414. 艾司唑仑服药期间应禁酒。（　　）

A. 正确　　　　　B. 错误

415. 地西泮慎用于重症肌无力、急性或隐性发生闭角型青光眼。（　　）

A. 正确　　　　　B. 错误

416. 盐酸苯海索的不良反应是会引起眩晕、共济失调、抑郁等症状。（　　）

A. 正确　　　　　B. 错误

417. 常用的抗帕金森病药可分为拟多巴胺药和中枢性抗胆碱药两类。（　　）

A. 正确　　　　　B. 错误

418. 左旋多巴能和非选择性单胺氧化酶抑制剂同用。（　　）

A. 正确　　　　　B. 错误

419. 中枢兴奋药作用持久，选择性强。（　　）

A. 正确　　　　　B. 错误

420. 地西泮的不良反应是（　　）。

A. 共济失调

B. 偶有乏力、口干

C. 偶有尿潴留、黄疸

D. 记忆力减退

421. 艾司唑仑的不良反应是(　　)。

A. 共济失调

B. 偶有乏力、口干

C. 偶有尿潴留、黄疸

D. 记忆力减退

422. 阿普唑仑的不良反应是（   ）。

A. 共济失调

B. 偶有乏力、口干

C. 偶有尿潴留、黄疸

D. 记忆力减退

423. 服用地西泮时应注意（   ）。

A. 肾功能不全者慎用

B. 重症肌无力者慎用

C. 癫痫患者不能立即停药

D. 肝功能不全者禁用

424. 服用艾司唑仑时应注意（   ）。

A. 肾功能不全者慎用

B. 重症肌无力者慎用

C. 癫痫患者不能立即停药

D. 肝功能不全者禁用

425. 酒石酸唑吡坦片服用时应注意（   ）。

A. 肾功能不全者慎用

B. 重症肌无力者慎用

C. 癫痫患者不能立即停药

D. 肺功能不全者慎用

426. 与艾司唑仑同属一类的药物是（   ）。

A. 苯巴比妥

B. 苯妥英钠

C. 地西泮

D. 酒石酸唑吡坦片

427. 镇静催眠药的后遗效应较为严重的药物是（   ）。

A. 苯巴比妥   B. 异戊巴比妥

C. 司可巴比妥   D. 硫喷妥钠

428. 药酶诱导剂的药物是（   ）。

A. 氯霉素   B. 苯巴比妥

C. 甲硝唑   D. 异烟肼

429. 震颤麻痹患者并患有青光眼不能使用的药物是（   ）。

A. 苯海索   B. 左旋多巴

C. 金刚烷胺   D. 毒扁豆碱

430. 盐酸金刚烷胺的不良反应是（   ）。

A. 直立性低血压

B. 眩晕失眠

C. 视物不清

D. 排尿困难

431. 左旋多巴的不良反应是（   ）。

A. 眩晕失眠

B. 口干、视物不清

C. 直立性低血压

D. 幻觉

432. 具有抗帕金森病作用的中枢性抗胆碱药是（   ）。

A. 苯海索   B. 左旋多巴

C. 卡比多巴   D. 溴隐亭

433. 青光眼患者禁用的药物是（   ）。

A. 甲氯芬酯   B. 盐酸金刚烷胺

C. 盐酸苯海索   D. 胞磷胆碱

434. 同左旋多巴联合用药可增加左旋多巴的疗效的药物是（   ）。

A. 乙酰螺旋霉素

B. 地西泮

C. 氯丙嗪

D. 溴隐亭

435. 同左旋多巴同时使用能提高疗效的药物是（   ）。

A. 非选择性单胺氧化酶抑制剂

B. 苯海索

C. 利血平

D. 乙酰螺旋霉素

436. 同苯海索同用使用可导致高血压的药物是（   ）。

A. 单胺氧化酶抑制剂

B. 强心苷

C. 氯丙嗪

D. 利血平

437. 左旋多巴和非选择性单胺氧化

酶抑制剂同用可导致（　　　）。

　　A. 青光眼

　　B. 高血压

　　C. 糖尿病

　　D. 急性肾上腺危象

　　438. 应慎用盐酸甲氯氮酯的患者（　　　）。

　　A. 脑出血病人　　B. 高血压患者

　　C. 青光眼患者　　D. 糖尿病患者

　　439. 不属于吡拉西坦的不良反应（　　　）。

　　A. 血压下降　　B. 口干

　　C. 食欲减退　　D. 荨麻疹

　　440. 脑出血急性期不宜大剂量应用的药物是（　　　）。

　　A. 吡拉西坦　　B. 盐酸甲氯氮酯

　　C. 胞二磷胆碱　　D. 多潘立酮

2.2.23　眼科用药的不良反应和注意事项

　　441. 感染性眼部炎症用药应以抗感染药物为主，严重时可合用皮质激素类药。（　　　）

　　A. 正确　　　　B. 错误

　　442. 硝酸毛果芸香碱滴眼液能减少房水分泌。（　　　）

　　A. 正确　　　　B. 错误

　　443. 不属于醋酸可的松滴眼液的不良反应是（　　　）。

　　A. 延缓伤口愈合

　　B. 眼压升高

　　C. 青光眼

　　D. 视野缺损

　　444. 氟甲松龙滴眼液与醋酸可的松滴眼液的不良反应不同之处在于(　　　)。

　　A. 可致眼压升高

　　B. 可致青光眼

　　C. 可致视神经损害

　　D. 可致眼球穿孔

　　445. 糖皮质激素类眼部用药不能使

用的患者是（　　　）。

　　A. 高血压患者

　　B. 糖尿病患者

　　C. 肾功能衰竭者

　　D. 单纯疱疹性患者

　　446. 不属于硝酸毛果芸香碱滴眼液的不良反应是（　　　）。

　　A. 诱发近视　　B. 散瞳

　　C. 晶状体混浊　　D. 眼刺痛

　　447. 不属于青光眼防治的药物是（　　　）。

　　A. 单胺氧化酶抑制剂

　　B. β受体阻断药

　　C. 拟胆碱药

　　D. 拟肾上腺素类药

　　448. 地匹福林滴眼液可使用的患者（　　　）。

　　A. 甲亢患者　　B. 高血压患者

　　C. 糖尿病患者　　D. 感冒患者

2.2.24　维生素及矿物质缺乏症用药的不良反应、注意事项及药物相互作用

　　449. 维生素 A 是脂溶性维生素类。（　　　）

　　A. 正确　　　　B. 错误

　　450. 缺铁性贫血慎用维生素 D。（　　　）

　　A. 正确　　　　B. 错误

　　451. 维生素 A 与维生素 E 合用可降低维生素 A 的吸收和利用。（　　　）

　　A. 正确　　　　B. 错误

　　452. 脂溶性维生素类药是（　　　）。

　　A. 维生素 A　　B. 烟酸

　　C. 维生素 C　　D. 葡萄糖酸钙

　　453. 水溶性维生素类药是（　　　）。

　　A. 维生素 A　　B. 维生素 D

　　C. 维生素 C　　D. 维生素 E

　　454. 不属于烟酸的不良反应是（　　　）。

　　A. 感觉温热、皮肤发红

B. 腹泻、恶心

C. 皮肤干燥瘙痒

D. 诱发新生儿坏血症

455. 痛风患者使用维生素 B_{12} 可能会产生的疾病是（　　）。

　　A. 皮肤病　　　　B. 高尿酸血症

　　C. 哮喘　　　　　D. 胃胀

456. 维生素 C 注意事项描述不正确的是（　　）。

　　A. 应皮试

　　B. 不宜长期过量服用

　　C. 痛风患者慎用

　　D. 孕妇服用过量会诱发新生儿坏血病

457. 静脉注射葡萄糖酸钙时如漏出血管外，可导致的疾病是（　　）。

　　A. 青光眼

　　B. 高血压

　　C. 糖尿病

　　D. 注射部位组织坏死

458. 维生素 C 和抗凝药合用的相互作用是（　　）。

　　A. 促进抗凝作用

　　B. 干扰抗凝作用

　　C. 无影响

　　D. 干扰维生素 C 的吸收

459. 维生素 D 和氢氧化铝合用的相互作用是（　　）。

　　A. 减少维生素 D 的吸收

　　B. 增加维生素 D 的吸收

　　C. 食欲减退

　　D. 不影响

460. 维生素 E 和雌激素同用的相互作用是（　　）。

　　A. 干扰维生素 E 的吸收

　　B. 加速维生素 E 的代谢

　　C. 诱发血栓性静脉炎

　　D. 无影响

2.2.25　抗寄生虫药的不良反应和注意事项

461. 青蒿素可能会引起泌尿系统疾病。（　　）

　　A. 正确　　　　　B. 错误

462. 服用驱肠虫药最好禁食油类食物。（　　）

　　A. 正确　　　　　B. 错误

463. 不属于吡喹酮的不良反应是（　　）。

　　A. 肝功能异常　　B. 腹泻

　　C. 头晕　　　　　D. 头痛

464. 乙胺嘧啶长期服用会引起的疾病是（　　）。

　　A. 血糖升高　　　B. 可致青光眼

　　C. 高血压　　　　D. 叶酸缺乏症

465. 不属于氯喹的不良反应是（　　）。

　　A. 头晕

　　B. 视网膜轻度水肿

　　C. 损害听力

　　D. 叶酸缺乏

466. 服用一次驱虫药后，检查大便的时间是（　　）。

　　A. 两周　　　　　B. 三周

　　C. 一个月　　　　D. 不用检查

467. 乙胺嘧啶大剂量治疗时应注意每周检查两次是（　　）。

　　A. 白细胞和血小板

　　B. 血小板和红细胞

　　C. 红细胞

　　D. 以上都不是

468. 眼囊虫病患者禁用的药物是（　　）。

　　A. 氯喹　　　　　B. 乙胺嘧啶

　　C. 利福平　　　　D. 吡喹酮

2.2.26　抗过敏药的不良反应、注意事项及药物相互作用

469. 服用有中枢抑制作用的抗组胺药

期间，不宜驾驶、不宜高空作业。（　　）

　　A. 正确　　　　　B. 错误

　　470. 苯海拉明可短暂影响巴比妥类药物的吸收。（　　）

　　A. 正确　　　　　B. 错误

　　471. 苯海拉明常见的不良反应是（　　）。

　　A. 中枢抑制　　　B. 胸闷

　　C. 皮疹　　　　　D. 粒细胞减少

　　472. 可致心律失常的抗组胺药是（　　）。

　　A. 特非那定　　　B. 苯海拉明

　　C. 扑尔敏　　　　D. 开瑞坦

　　473. 不属于苯海拉明不良反应的是（　　）。

　　A. 嗜睡　　　　　B. 恶心

　　C. 共济失调　　　D. 中枢兴奋

　　474. 同苯海拉明联合用药可降低其血药浓度的药物是（　　）。

　　A. 巴比妥类

　　B. 对氨基水杨酸类

　　C. 中枢抑制药

　　D. 磺胺醋酰钠

　　475. 同苯海拉明合用可使该药作用增强的药物是（　　）。

　　A. 巴比妥类

　　B. 对氨基水杨酸类

　　C. 中枢抑制药

　　D. 磺胺醋酰钠

　　476. 特非那定与酮康唑相互作用描述错误的是（　　）。

　　A. 诱发尖端扭曲型室性心律失常

　　B. 酮康唑抑制特非那定代谢所致

　　C. 特非那定抑制酮康唑的代谢引起药物蓄积

　　D. 两者不宜联合应用

2.2.27　糖尿病用药的不良反应和注意事项

　　477. 应用胰岛素需经常更换注射部

位以减少局部反应。（　　）

　　A. 正确　　　　　B. 错误

　　478. 磺酰脲类药物不易引起低血糖。（　　）

　　A. 正确　　　　　B. 错误

　　479. 2 型糖尿病患者单独应用二甲双胍时，一般不引起低血糖。（　　）

　　A. 正确　　　　　B. 错误

　　480. 胰岛素主要不良反应是（　　）。

　　A. 视力改变　　　B. 低血糖反应

　　C. 过敏反应　　　D. 酮症酸中毒

　　481. 胰岛素的不良反应有（　　）。

　　A. 低血糖反应

　　B. 过敏反应

　　C. 胰岛素耐受性

　　D. 以上都是

　　482. 接受治疗的 1 型糖尿病患者突然出汗、心跳加快、焦虑等，可能是由于（　　）。

　　A. 过敏反应

　　B. 低血糖反应

　　C. 胰岛素急性耐受

　　D. 胰岛素慢性耐受

　　483. 胰岛素与磺酰脲类共同的不良反应是（　　）。

　　A. 胃肠道反应　　B. 过敏反应

　　C. 粒细胞缺乏　　D. 低血糖

　　484. 在磺酰脲类药物中，引起严重持久的低血糖危险最小的是（　　）。

　　A. 甲苯磺丁脲　　B. 格列本脲

　　C. 格列喹酮　　　D. 格列吡嗪

　　485. 在下列磺酰脲类药物中，服用剂量大，不良反应多的是（　　）。

　　A. 甲苯磺丁脲　　B. 格列本脲

　　C. 格列喹酮　　　D. 格列美脲

　　486. 双胍类药物常见的不良反应是（　　）。

　　A. 视力模糊　　　B. 水肿

　　C. 胃肠道反应　　D. 低血糖

487. 易引起乳酸性酸中毒的口服降血糖药是（   ）。

A. 磺酰脲类

B. 双胍类

C. α葡萄糖苷酶抑制剂

D. 噻唑烷二酮衍生物

488. 双胍类降糖药严重的不良反应是（   ）。

A. 胃肠道反应   B. 乳酸性酸血症

C. 低血糖反应   D. 过敏反应

2.3 处方调配

2.3.1 处方调配

489. 处方是由四部分组成的：前记、正文、后记、附录。（   ）

A. 正确   B. 错误

490. q. h. 是每天的缩写。（   ）

A. 正确   B. 错误

491. 处方的药品名称的书写可以采用通用名或商品名。（   ）

A. 正确   B. 错误

492. 麻醉药品只能在指定的医疗机构内调配。（   ）

A. 正确   B. 错误

493. 发药是处方调配工作中的最后环节。（   ）

A. 正确   B. 错误

494. 不属于处方正文内容的是（   ）。

A. 药物名称   B. 制剂规格

C. 用药方法   D. 医师签字

495. 处方中的 Rx 表示（   ）。

A. 按处方执行   B. 立即

C. 请取   D. 按时用药

496. 下述错误的情况是（   ）。

A. 一张处方只写一名患者的姓名

B. 对成年人可以写"成"

C. 急诊患者的处方是淡黄色的

D. 儿科处方是淡绿色的

497. b. i. d 的含义是（   ）。

A. 1 日 1 次   B. 1 日 2 次

C. 1 日 3 次   D. 1 日 4 次

498. i. v. 的含义是（   ）。

A. 皮下注射   B. 肌内注射

C. 静脉注射   D. 静脉滴注

499. 饭前的缩写是（   ）。

A. p. c   B. p. o

C. h. s   D. a. c

500. 书写处方中的药品剂量必须采用的文字是（   ）。

A. 中文   B. 英文

C. 拉丁文   D. 阿拉伯数字

501. 急诊处方有效期为（   ）。

A. 当日内有效

B. 自开具之日起 2 日内有效

C. 自开具之日起 3 日内有效

D. 自开具之日起 4 日内有效

502. 零售药店必须保存处方（   ）。

A. 半年   B. 一年

C. 二年   D. 三年

503. 门诊处方能开具的普通药一般限量最长（   ）。

A. 一天   B. 三天

C. 七天   D. 半个月

504. 医疗用毒性药品每张处方不得超过（   ）。

A. 2 日常用量   B. 3 日常用量

C. 2 日极量   D. 3 日极量

505. 第二类精神药品每张处方不得超过（   ）。

A. 7 日常用量   B. 5 日常用量

C. 2 日极量   D. 3 日常用量

506. 属于处方规范审核的是（   ）。

A. 药品名称是否正确

B. 用药剂量是否正确

C. 有无配伍禁忌

D. 书写是否规范

507. 用药安全的审核是（   ）。

A. 处方内容是否完整

B. 字迹是否清晰

C. 用药方法是否正确

D. 书写是否规范

508. 调配药品经复核无误后签字人为（　　）。

　　A. 执业医师　　　B. 配方人

　　C. 执业药师　　　D. 助理医师

3. 药品购销

3.1 购进药品

3.1.1 首营审核

509. 企业应对与本企业进行业务联系的供货单位销售人员进行合法资格的验证。（　　）

　　A. 正确　　　　　B. 错误

510. 企业对首营企业应审核其合法资格，并做好记录。（　　）

　　A. 正确　　　　　B. 错误

511. 首营材料应由质量管理部门统一管理。（　　）

　　A. 正确　　　　　B. 错误

512. 首营品种是指向某一药品生产企业首次购进的药品。（　　）

　　A. 正确　　　　　B. 错误

513. 首次代销商品不需要按首营品种审核。（　　）

　　A. 正确　　　　　B. 错误

514. 首营企业与首营品种的质量审核以资料的审核为主。（　　）

　　A. 正确　　　　　B. 错误

515. 购进药品为中药材时应标明产地。（　　）

　　A. 正确　　　　　B. 错误

516. 企业购进记录内容应包括（　　）。

　　A. 品名、剂型、规格、效期、批准文号

　　B. 品名、剂型、规格、效期、生产厂商、供货单位、购进数量、购

货日期

　　C. 品名、剂型、规格、效期、批准文号、生产厂商、供货单位、购进数量、购货日期

　　D. 品名、剂型、规格、效期、批准文号、生产厂商、供货单位、购进数量、购货日期、验收结论

517. 购进程序应有的内容为（　　）。

　　A. 购进依据

　　B. 审批、评审内容

　　C. 以上都有

　　D. 以上都不需要

518. 对销售人员进行合法资格的验证是指（　　）。

　　A. 法人委托书

　　B. 个人身份证复印件

　　C. 个人履历

　　D. 法人委托书和个人身份证复印件

519. 对首营企业的审核是（　　）。

　　A. 业务部门

　　B. 质量管理机构

　　C. 业务部门会同质量管理机构共同

　　D. 店经理和质量管理机构

520. 不属于首营企业审核内容的是（　　）。

　　A. 供应商的规模

　　B. 供货单位销售人员合法资格的验证

　　C. 签订具有明确质量条款的购货合同

　　D. 供货单位合法资格的证明

521. 供货单位合法资格的证明是指（　　）。

　　A. 药品生产许可证

　　B. 药品经营许可证

　　C. 药品生产许可证或药品经营许可证以及营业执照

　　D. 营业执照

522. 采购部向质管部提出申请，对确定引进的品种填写《首营企业审批表》、《首次经营品种审批表》，完成的工

作日为（　　）。

A. 1 日　　　　　B. 3 日

C. 15 日　　　　D. 30 日

523. 首营企业属药品经营企业的，需要准备的首营资料包括（　　）。

A. GSP 复印件　　B. GMP 复印件

C. GSP 原件　　　D. GMP 原件

524. 主管经理根据质量管理部门的具体意见进行最后审核把关，并在"首营企业审批表"上签署明确的意见后，将其流转到（　　）。

A. 药品批发部门

B. 药品采购部门

C. 药品购进部门

D. 药品品管部门

525. 首营品种不包括（　　）。

A. 药品的新品种

B. 药品的新规格

C. 药品的新剂型

D. 药品的新价格

526. 首次从药品生产企业购进药品（　　）。

A. 只要做首营企业审批

B. 只要做首营品种审批

C. 既要做首营企业审批，又要做首营品种审批

D. 首营企业、首营品种都不需要做审批

527. 首次从药品经营企业购进药品（　　）。

A. 只做首营企业审批，不做首营药品审批

B. 只做首营药品审批，不做首营企业审批

C. 既要做首营企业审批，又要做首营品种审批

D. 两者均不需要

528. 首营审核制度的依据是(　　)。

A. GSP

B. 医药企业质量方针

C. 医药企业质量目标

D. 以上都是

529. 首营审核制度的工作对象不包括（　　）。

A. 供应商、医药企业的采购部门

B. 供应商、医药企业的生产部门

C. 供应商、医药企业的质量部门

D. 供应商、医药企业的配送中心

530. 从已发生过业务的企业购进新产品（　　）。

A. 必须做首营品种审批

B. 不做首营品种审批

C. 既要做首营企业审批，又要做首营品种审批。

D. 不做要求

531. 首营品种审核过程中，物价部门核定价格后的首营品种，由（　　）签字批准后，购进部门方可安排进货试销。

A. 医药代表

B. 采购经理

C. 总经理或企业主管领导

D. 销售经理

532. 首营企业属于药品生产企业的，除了向首营企业了解企业的规模、历史、生产状况、产品种类、质量信誉、是否通过企业（或车间）GMP 等质量管理体系认证等信息外，还应索取的资料（　　）。

A. 加盖有首营企业原印章的《营业执照》的复印件

B. 加盖有首营企业原印章的该企业（或车间）GSP、ISO 等质量管理体系认证证书的复印件

C. 加盖有首营企业原印章的《药品生产许可证》的复印件

D. 以上都是

533. 首营审核中说法错误的是（　　）。

A. 质量管理部门审核资料时，所提

供的首营审核材料可以为复印件

B. 在首营企业审核过程中，若首营企业曾经更名，需另外提供首营企业所在地工商行政局及省级的药监局批准该企业更名的证明文件

C. 当生产企业原有经营品种发生规格、剂型或包装改变时，应进行重新审核

D. 首营审核工作应有相应的记录。

534. 不属于购进药品的基本条件（　　）。

A. 必须是合法企业所生产或经营的药品

B. 必须具有法定的国家质量标准

C. 所有购进的药品都必须标明产地

D. 药品的包装和标识必须符合有关规定和储运要求

535. 购进进口药品时应具备的资料（　　）。

A. 应有符合规定的、加盖了供货单位质量检验机构原印章的《进口药品注册证》复印件

B. 应有符合规定的、加盖了供货单位质量检验机构原印章的《进口药品检验报告书》复印件

C. 应有符合规定的、加盖了供货单位质量检验机构原印章的《进口药品注册证》原件

D. 应有符合规定的、加盖了供货单位质量检验机构原印章的《进口药品注册证》和《进口药品检验报告书》复印件

536. 药品销售者进货时，应按照产品生产批次索要（　　）。

A. 药品出厂检验报告

B. 由供货生产企业签字、盖章的出厂检验报告

C. 产品合格证的复印件

D. 以上都是。

3.1.2 编制购进计划

537. 医药企业编制采购计划时应以药品质量作为重要依据。（　　）

A. 正确　　　　　　B. 错误

538. 购进计划是医药生产企业活动的前提和关键。（　　）

A. 正确　　　　　　B. 错误

539. 对于滞销品种，应较少购进或停止采购，并将信息反馈给制药企业。（　　）

A. 正确　　　　　　B. 错误

540. 购进药品时，应从医药生产企业购进的数量较大，从医药中间商购进的数量相对较小。（　　）

A. 正确　　　　　　B. 错误

541. 自动订货法每次购进的数量和采购的时间都是相同的。（　　）

A. 正确　　　　　　B. 错误

542. 购进时间既要服从销售需要，又要考虑各种疾病的发病季节。（　　）

A. 正确　　　　　　B. 错误

543. 分散采购是指依据采购计划和库存情况，在不同的供货商中购买所需药品。（　　）

A. 正确　　　　　　B. 错误

544. 生产企业直接采购和批发企业采购是药品采购的主要渠道。（　　）

A. 正确　　　　　　B. 错误

545. 编制购进计划时描述错误的是（　　）。

A. 在实施采购计划的过程中应以计划为依据，不得调整任何品种的购进计划

B. 医药企业编制采购计划时必须有质量管理机构人员参加监督

C. 党和国家的方针、政策及法规对医药市场需求的影响很大

D. 编制购进计划时需要对影响医药

市场供求变化的因素进行调查、研究及预测

546. 调查、研究影响医药市场供求变化的因素为（　　）。

A. 人口、发病率、用药习惯、医疗水平

B. 用药水平、医疗水平、城乡居民收入

C. 人口、发病率、用药水平、医疗水平、城乡居民收入

D. 发病率、住院率、用药水平、医疗水平

547. 人口是影响医药商品消费者最基本的因素之一，体现在（　　）。

A. 人口的密集度、地理分布区域

B. 年龄结构层次

C. 性别结构

D. 以上都是。

548. 购进计划编制的前期工作中，市场调查过程不包括（　　）。

A. 商品货源和销售趋势的调查

B. 对医药企业产值分析的调查

C. 本企业库存情况的调查

D. 适销对路是购进工作最本质的要求。

549. 购进计划编制一般不按（　　）。

A. 年度　　　　B. 季度

C. 月份　　　　D. 周

550. 通过调查商品货源和销售趋势，可得到的信息是（　　）。

A. 药品生产能力的变化

B. 药品周期的变化

C. 医师、患者的需要

D. 以上都是。

551. 选择购进品种不正确的是（　　）。

A. 必须与医药市场的需要相适应

B. 必须以临床需要为中心

C. 应以稀有疾病为基础

D. 应与患者、医师的需求相符

552. 在选择购进品种时，要了解医院、医师、药师对药品的选购标准，要注意引进（　　）。

A. 新的医院商品

B. 特效药

C. 治疗常见病、多发病的医药商品

D. 以上都是

553. 选择购进品种描述正确的是（　　）。

A. 对于畅销品种，医药商品企业应维持一定采购水平，多销多购

B. 对于平销品种，医药商品企业应减少或停止采购

C. 对于畅销品种，医药商品企业应积极组织货源，增加购进数量

D. 对于特殊品种，医药商品企业应适当减少购进数量

554. 适当购进药品的作用，描述错误的是（　　）。

A. 能均衡的保证销量

B. 节省资金占用

C. 增大库存开支

D. 增加经济效益

555. 影响药品采购数量的因素有（　　）。

A. 药品品种　　　B. 药品价格

C. 药品销量　　　D. 以上都是

556. 药品采购数量描述正确的是（　　）。

A. 一般品种应以价格确定其采购数量

B. 采购数量的以本单位前一年季、月平均销量为依据

C. 采购数量的以本单位前两年季、月平均销量为依据

D. 采购数量的以本单位前三年季、月平均销量为依据

557. 不属于确定购进量的方法是

（ ）。

 A. 自动订货法 B. 临界点订货法

 C. 批量控制法 D. 临时订货法

558. 在某一时期药品需求量可以准确预测的条件下，以多种因素为依据来选择最佳药品采购量的方法是（ ）。

 A. 批量控制法 B. 临界点订货法

 C. 自动订货法 D. 常规订货法

559. 选择购进品种临界点订货法，描述错误的是（ ）。

 A. 购进时间和采购结合起来确定进货量

 B. 药品售完后再选择最佳药品采购量

 C. 以保持一定量药品库存为保险系数

 D. 这种购进方法可防止脱销

560. 不属于影响采购时间的因素（ ）。

 A. 每次订货和交货时间的长短

 B. 药品销售价格的高低

 C. 药品周转进度的快慢

 D. 销售形式的变化

561. 药品购进时间描述正确的是（ ）。

 A. 进货时间与进货次数成反比，与每次进货数量成正比

 B. 进货时间与进货次数成反比，与每次进货数量成反比

 C. 进货时间与进货次数成正比，与每次进货数量成正比

 D. 进货时间与进货次数成正比，与每次进货数量成反比

562. 在不发生脱销、维持最低库存时进行药品购进，购进时间按药品的（ ）来估计。

 A. 日平均销售量

 B. 月平均销售量

 C. 季平均销售量

 D. 年平均销售量

563. 药品购进的方式有（ ）。

 A. 分散采购和集中采购

 B. 单货源和多货源

 C. 投机采购和预算采购

 D. 以上都是

564. 药品购进方式描述正确的是（ ）。

 A. 预算采购是指根据药店长期流通资金状况，考查可用资金数额的多少来计划采购药品的种类和数量

 B. 集中采购是指依据采购计划和库存情况，在多家供应商中购买所需的药品

 C. 现卖现买是指依据药品的销售情况的多少，定期补充药品的库存

 D. 投机采购是指根据预测市场需求的波动，在需求高峰到来之时，大量囤积药品

565. 关于多货源，描述错误的是（ ）。

 A. 采购不到特定药品的风险较小

 B. 货源的可靠性高

 C. 不同药品规格的选择余地较小

 D. 工作量大

566. 生产企业直接采购的特点，描述不正确的是（ ）。

 A. 可购药品的种类较少

 B. 运输成本较高

 C. 减少了中间环节

 D. 价格较高

567. 批发企业采购的特点，描述正确的是（ ）。

 A. 可购药品的种类较多

 B. 价格较低

 C. 运输药品种类和数量较少

 D. 运输费较高

568. 药品采购的渠道有（ ）。

 A. 生产企业直接采购

 B. 批发企业采购

C. 零售企业采购

D. A、B 都是

3.1.3 签订购销合同

569. 标的是指合同双方当事人权利义务指向的对象。（　　）

A. 正确　　　　B. 错误

570. 质量是检验合同标的的内在质量和外观形态的标准。（　　）

A. 正确　　　　B. 错误

571. 医疗机构采购合同中可以根据需要给予一定扣率。（　　）

A. 正确　　　　B. 错误

572. 合同履行期限包括一次履行与分期履行两种。（　　）

A. 正确　　　　B. 错误

573. 验收时商品出卖方没有向买受方提供已验收的技术资料和实样的义务。（　　）

A. 正确　　　　B. 错误

574. 对于当事人违约所应承担的违约责任，法律、法规有规定的，按照相关规定执行，法律、法规没有规定的，免除违约方相应责任。（　　）

A. 正确　　　　B. 错误

575. 药品购销合同的内容由当事人双方协商，一般包括标的和数量、质量、价格和付款方式、合同履行期限、方式和地点、标的物验收方法、违约责任及解决同纠纷方式这些条款。（　　）

A. 正确　　　　B. 错误

576. 库存商品发货应坚持"后进先出"的原则，以防止商品霉变，节约费用。（　　）

A. 正确　　　　B. 错误

577. 异地委托收款结算是指根据购销合同由收款人发货后委托银行向异地付款人收取款项，由付款人向银行承付货款的结算方式。（　　）

A. 正确　　　　B. 错误

578. 购销药品必须建立真实完整的购销记录，做到票、账、货相符，并按规定保存购销记录。（　　）

A. 正确　　　　B. 错误

579. 购销合同中质量要求不明确的，按照国家标准，行业标准履行。（　　）

A. 正确　　　　B. 错误

580. 下列描述错误的是（　　）。

A. 合同中标明数量的数字必要的时候可以使用伸缩性的数字

B. 商品数量和重量必须按照统一的计量单位来计量，双方要统一

C. 对于大型医疗器械，必要时应在数量条款中写明辅机、附件等的数量

D. 成套供应的产品应写明成套供应范围

581. 医药商品购销合同的标的不包括医药商品的（　　）。

A. 名称　　　　B. 品种

C. 数量　　　　D. 规格

582. 指合同当事人权利和义务所共同指向的对象的是（　　）。

A. 商品名称　　　B. 合同标的

C. 商品规格　　　D. 商品品种

583. 下列描述错误的是（　　）。

A. 标的物的质量标准统一实行国家标准，在合同中未明确规定不影响其法律效力

B. 商品质量关系到售价的高低

C. 药品包装要按规定或供货方要求在合同中加以明确

D. 商品质量是一种非价格竞争手段

584. 质量条款"中国东北大豆，水分最高不超 15%，含油量不低于 17%"属于（　　）。

A. 凭商标买卖　　B. 凭规格买卖

C. 凭标准买卖　　D. 凭等级买卖

585. 下列描述错误的有（　　）。

A. 看样订货的，样品由需方封存，由需方加以保管

B. 药品实行"三包"的，要对药品质量负全部责任

C. 药品购买方为商业企业的，其发运按照《医药商品购销合同管理及调运责任划分办法》办理

D. 药品购买方为医疗机构的，商品质量按招标文件执行

586. 由经营者在政府价格主管部门规定的基准价及浮动幅度范围内确定商品价格的定价方法是（　　）。

A. 政府定价　　　B. 政府指导价

C. 市场调节价　　D. 中标价格

587. 汇款人委托银行将其款项支付给收款人的结算方式是（　　）。

A. 托收承付　　　B. 委托收款

C. 汇兑　　　　　D. 信用证

588. 不符合法律规定货款结算方式的是（　　）。

A. 托收承付　　　B. 委托收款

C. 汇兑　　　　　D. 远期支票

589. 医药企业之间签订的合同中，销货方在合同有效期后（　　）天交运视为按期执行合同。

A. 20 日　　　　　B. 25 日

C. 30 日　　　　　D. 35 日

590. 合同规定供方送货的，履行地为（　　）。

A. 提货地

B. 货物发运地

C. 购货方所在地

D. 货物中转站

591. 不属于常用医药商品交货方式（　　）。

A. 卖方送货　　　B. 代办发运

C. 买方自提　　　D. 车间交货

592. 验收货物时，如货物由出卖方代办托运的，进行提验的票据是（　　）。

A. 发票　　　　　B. 装箱单

C. 托运单　　　　D. 入库单

593. 标的物的验收指数量验收及（　　）。

A. 单据验收　　　B. 包装验收

C. 质量验收　　　D. 残损品验收

594. 质量检验的主要方法不包括（　　）。

A. 感官检验　　　B. 理化检验

C. 价值检验　　　D. 抽样检验

595. 当事人或检察官请求司法官本着司法权作裁判的行为称为（　　）。

A. 协商　　　　　B. 调解

C. 仲裁　　　　　D. 诉讼

596. 当事人就争议的实体权利、义务，在人民法院及有关组织主持下，自愿进行协商，通过教育疏导，促成各方达成协议、解决纠纷的办法称为（　　）。

A. 协商　　　　　B. 调解

C. 仲裁　　　　　D. 诉讼

597. 解决合同纠纷的方式不包括（　　）。

A. 协商　　　　　B. 调解

C. 仲裁　　　　　D. 毁约

598. 不属于药品购销合同中其他约定事项的是（　　）。

A. 购销双方的名称（公章）

B. 单位地址

C. 开户银行及账号

D. 标的和数量

599. 属于药品购销合同中其他约定事项的是（　　）。

A. 标的和数量

B. 质量条款

C. 价格和付款方式

D. 法定代表人

600. 药品购销合同中的其他约定事项不包括（　　）。

A. 购销双方的名称（公章）

B. 单位地址及签订日期

C. 开户银行及账号

D. 标的和数量

601. 工厂交货直送车站、码头等待发运，不经仓库环节的调拨方式称为（　　）。

A. 备调　　　　B. 库调

C. 直调　　　　D. 自提

602. 下列描述错误的是（　　）。

A. 企业应努力压缩备运期提高商品周转次数

B. 企业应尽量压缩待运期，加速商品流动，及时收回货款

C. 对危险品应尽量与对方协商分次调拨

D. 调拨单发生差错时不能随意更改

603. 调拨开单工作的描述不正确的有（　　）。

A. 按规定交货进度，尽量做到提前开单，以单等货

B. 商品调拨在地区上应本着先近后远，先本地后外地的精神妥善安排发货

C. 及时了解各线路运输状况，争取多运快运，压缩运输期

D. 开单时简化字要按照国务院批准公布的书写

604. 货款结算方式有（　　）。

A. 发票结算　　B. 小票结算

C. 支票结算　　D. 以上均是

605. 采用赊销方式销售医药商品给外埠客户，如对购货方信用不够信任，结算货款应选用的结算方式是（　　）。

A. 异地委托收款

B. 商业承兑汇票

C. 银行承兑汇票

D. 转账支票

606. 常用的货款结算方式不包括（　　）。

A. 支票结算

B. 汇票结算

C. 异地委托收款结算

D. 发票结算

607. 属于药品购进记录的要求的是（　　）。

A. 真实　　　　B. 完整

C. 正确　　　　D. 以上均是

608. 药品购进记录项目内容的是（　　）。

A. 药品商标　　B. 广告批准文号

C. 购货企业　　D. 供货单位

609. 药品销售记录的项目内容不包括（　　）。

A. 购货日期　　B. 销售日期

C. 通用名称　　D. 商品名称

610. 根据 GSP 要求，无论供货方是药品生产厂家还是经营企业，购货企业都应与其签订有明确（　　）条款的购销合同。

A. 价格　　　　B. 数量

C. 质量　　　　D. 优惠

611. 不属于确认无效合同的依据的是（　　）。

A. 主体的合格性

B. 内容的合法性

C. 意思表示的清楚性

D. 形式、条款的完整性

612. 购销合同中不需要明确的事项有（　　）。

A. 标的及履行期限

B. 收款方式

C. 质量

D. 数量价格

3.1.4　选择供应商

613. 选择供应商应首先考虑其能否提供优惠价格。（　　）

A. 正确　　　　　B. 错误

614. 对供应商经过查验其经营资格，

评估其质量保证能力、信誉度等情况后，采购部门及人员方可与其谈判、签订合同。（　　）

    A. 正确　　　　　B. 错误

615. 符合企业品质要求经企业审核通过的供应商作为备选供应商，应建立供应商档案。（　　）

    A. 正确　　　　　B. 错误

616. 企业经营的药品，最好由一个供应商供应，这样方便，企业应充分信任和依靠它。（　　）

    A. 正确　　　　　B. 错误

617. 选择供应商应首先考虑（　　）。

    A. 价格　　　　　B. 质量

    C. 信誉度　　　　D. 品种

618. 对供应商的评定采用定期或不定期的方式，评定的部门是（　　）。

    A. 生产管理　　　B. 销售

    C. 质量管理　　　D. 采购

619. 选择供应商时，不应考虑（　　）。

    A. 技术水平及信誉度

    B. 质量水平和及时送货

    C. 生产能力

    D. 优惠价格

620. 医药商品购销部门在选择供应商之前必须要做的第一件事是指（　　）。

    A. 计划　　　　　B. 决策

    C. 市场预测　　　D. 市场调查

621. 对供应商查验的内容有（　　）。

    A. 经营资格

    B. 质量信誉

    C. 履行合同的能力

    D. 以上均是

622. 选择供应商的步骤有（　　）。

    A. 市场预测　　　B. 审核

    C. 收集资料　　　D. 查验及评估

623. 不属于供应商档案作用的是（　　）。

    A. 积累供应商资料

    B. 展示供应商数量

    C. 便于分析供应商同企业合作情况

    D. 为企业与供应商合作打下良好基础

624. 不属于供应商档案表内容的是（　　）。

    A. 企业历史

    B. 负责人及其地址

    C. 联系方式

    D. 供货名称

625. 可享受延期付款待遇的供应商是（　　）。

    A. 规模大　　　　B. 及时送货

    C. 信誉好　　　　D. 产品质量好

626. 选择供应商时应注意事项是（　　）。

    A. 避免过分依赖某一个供应商

    B. 避免供应商相互见面认识

    C. 对供应商均应有防备之心

    D. 防止供应商与采购员成为朋友

627. 直接从医药生产厂家进货的经销商属于（　　）。

    A. 一级供应商　　B. 二级供应商

    C. 三级供应商　　D. 四级供应商

628. 选择供应商的注意事项不包括是（　　）。

    A. 避免过分依赖某一个供应商

    B. 防止供应商与企业的采购代理人互相勾结

    C. 防止供应商相互见面认识

    D. 对供应商均应有防备之心

3.2　销售商品

3.2.1　客户培育

629. 当前客户是指与本企业进行业务往来的客户，服务好当前客户是管理当前客户的重点（　　）。

    A. 正确　　　　　B. 错误

630. 广告开拓法是利用广告的宣传

攻势，把医药商品的信息传递给广大消费者（　　）。

    A. 正确　　　　　B. 错误

631. 要成为企业的客户，具备以下三个条件：购买力、决定权和需求（　　）。

    A. 正确　　　　　B. 错误

632. 尊重客户是开展有效的客户管理、实现企业营销目标的前提（　　）。

    A. 正确　　　　　B. 错误

633. 做好销售计划可以用来指导客户有效的开展销售业务（　　）。

    A. 正确　　　　　B. 错误

634. 不属于从心理学角度对客户进行分类的是（　　）。

    A. 主动型和被动型

    B. 果断型和忧郁型

    C. 理智型和冲动型

    D. 情感型和粗放型

635. 不属于从销售角度对客户进行分类的是（　　）。

    A. 老客户　　　B. 当前客户

    C. 忠实客户　　D. 新客户

636. 忠诚度较高，企业要想方设法维护与其关系的客户属于（　　）。

    A. 老客户　　　B. 当前客户

    C. 目前客户　　D. 新客户

637. 需要当前顾客参与寻找顾客的方法（　　）。

    A. 逐户访问法　　B. 连锁介绍法

    C. 个人观察法　　D. 委托助手法

638. 不属于资料查阅法的是（　　）。

    A. 查阅统计资料

    B. 查阅名录类资料

    C. 查阅大众媒体类资料

    D. 查阅咨询单位

639. 中心人物法应遵循（　　）。

    A. 名人介绍法则

    B. 中心辐射法则

    C. 光辉效应法则

    D. 名人权威法则

640. 准客户应具备（　　）。

    A. 购买力、决定权和需求

    B. 决定权和需求

    C. 购买力和需求

    D. 购买力和决定权

641. 对有需求和决定权的潜在客户要（　　）。

    A. 接触

    B. 接触，需要进一步了解客户真实的财务状况

    C. 直接放弃

    D. 努力推销

642. 准客户不包括（　　）。

    A. 新开发的准客户

    B. 现有客户

    C. 终止往来的老客户

    D. 竞争对手的客户

643. 不属于维护客户关系原则的是（　　）。

    A. 给予客户真正的尊重

    B. 保证企业的利益

    C. 着眼于与客户的长久合作

    D. 对客户进行动态管理

644. 对客户进行动态管理的最终目标（　　）。

    A. 及时补充新资料

    B. 对客户进行跟踪

    C. 资料保持动态

    D. 提高客户的管理效率

645. 企业销售稳定的前提是（　　）。

    A. 客户稳定

    B. 对客户进行动态管理

    C. 采用先进管理技术

    D. 做好合同管理工作

646. 维护现有客户关系的重点是（　　）。

    A. 宣传品牌

    B. 优质的销售服务，使其变成具有

一定忠诚度的老客户

C. 降低价格，增加购买频率

D. 更新客户资料

647. 不需要纳入客户预警机制的是（   ）。

    A. 欠款预警

    B. 客户流失预警

    C. 销售进度预警

    D. 店员变更过快预警

648. 企业处理与客户关系最有约束力的是（   ）。

    A. 合同   B. 汇款单据

    C. 销售凭据   D. 订货单

3.2.2 销售谈判

649. 医药商品营销人员在拜访客户前可以不做准备。（   ）

    A. 正确   B. 错误

650. 拜访客户时给客户留下一个客气、礼貌的形象有助于客户对你迅速产生好感。（   ）

    A. 正确   B. 错误

651. 拜访结束时，要主动对拜访成果进行总结并与客户确认。（   ）

    A. 正确   B. 错误

652. 初次拜访中，销售人员已通过邮件、传真向客户介绍了自己的产品，可以不用当面介绍产品。（   ）

    A. 正确   B. 错误

653. 销售访谈中非语言沟通是非常重要的。（   ）

    A. 正确   B. 错误

654. 合理的手势可以使表达的能力加倍增强。（   ）

    A. 正确   B. 错误

655. 建立客户档案对医药商品销售意义不大。（   ）

    A. 正确   B. 错误

656. 不属于对销售的产品做认识准备的是（   ）。

    A. 了解产品的功能与特点

    B. 了解产品形象

    C. 熟悉企业发展历史

    D. 相信产品

657. 物质准备不包括（   ）。

    A. 与企业有关的物质

    B. 与产品有关的物质

    C. 与本人有关的物质

    D. 客户的需要

658. 拜访时属于自我准备的是（   ）。

    A. 心理准备

    B. 熟悉企业供应能力

    C. 拟定拜访计划

    D. 了解客户情况

659. 见到经过预约的拜访对象时，不正确的做法是（   ）。

    A. 马上正确称呼对方

    B. 进行自我介绍

    C. 表示感谢

    D. 态度随意

660. 访谈中与客户寒暄的目的是（   ）。

    A. 进入会谈主题

    B. 使客户产生突兀感

    C. 营造融洽、轻松的氛围

    D. 迅速结束谈判

661. 与客户寒暄时不正确的做法时（   ）。

    A. 与外资公司客户寒暄时间较长

    B. 与国有企业客户寒暄时间长

    C. 与经济发达地区客户寒暄时间长

    D. 与欠发达地区客户寒暄时间较短

662. 拜访后进行总结的原因不包括（   ）。

    A. 客户一般并不进行精心准备

    B. 客户并未认识到其潜在需求

    C. 可以使客户明确其存在问题

    D. 和下一阶段的销售工作分开

663. 达到拜访目的后，销售人员不正确的做法是（　　）。

A. 再次感谢客户

B. 与客户不辞而别

C. 约定下次拜访时间

D. 与客户道别

664. 在进行下次预约时间，可以（　　）。

A. 约定模糊的拜访时间

B. 依据自己的空闲时间决定

C. 约定相对明确的时间

D. 自己决定拜访的地点

665. 访谈中介绍产品时的重点（　　）。

A. 介绍时间要长

B. 针对医药商品优势

C. 过多寒暄

D. 不用顾及客户需求

666. 访谈中开放式问题的开头是（　　）。

A. 能否　　　　B. 是否

C. 怎么样　　　D. 谁

667. 访谈中沟通的目的不包括（　　）。

A. 让客户了解自己的公司及产品

B. 了解客户现状

C. 发现客户需求

D. 结束销售工作

668. 视线接触中，不恰当的做法是（　　）。

A. 眼睛直视对方

B. 保持开阔的视野却没有压迫的神情

C. 直接看着对话人

D. 四处移动视线

669. 访谈时姿势不恰当的做法是（　　）。

A. 坐姿时身体后仰

B. 保持合适的距离

C. 头部挺直

D. 躯体稍微前倾

670. 访谈中恰当的行为是（　　）。

A. 热烈的手势

B. 真诚的微笑

C. 强迫的微笑

D. 过于虚弱的手势

671. 访谈技巧中表述不正确的是（　　）。

A. 姿势一般对访谈的效果影响不大

B. 走路的姿势可告诉对方你大量的信息

C. 要控制合理的语速

D. 调整合适的音量

672. 职业装束不适合的是（　　）。

A. 穿着明显低于顾客

B. 整齐的发型

C. 穿着和客户同一水平

D. 穿着稍高于客户

673. 对决策影响不大的客户是（　　）。

A. 药剂科主任

B. 临床主任药师

C. 医药公司采购经理

D. 护士

674. 客户档案表述不正确的是（　　）。

A. 内容尽量繁多

B. 不出现错别字

C. 突出重点

D. 避免使用繁体字

675. 医药行业客户信息资料一般不包括（　　）。

A. 医药公司

B. 医院

C. 商场超市

D. 消费者（患者）

676. 建立客户档案的意义不包括（　　）。

A. 有利于进一步开展工作

B. 保持公司业务的连续性

C. 深入领会客户对自己产品或服务的使用情况

D. 使客户了解自己的产品信息

3.2.3 制定销售计划

677. 对提出的销售策略方案，有关部门人员进行评价，权衡利弊，选出最佳销售方案策略。（　　）

A. 正确　　　　B. 错误

678. 商品销售总值指标表明企业在一定时期内的业务规模，是企业安排人员、资金、商品货源、库存量、财务的依据。（　　）

A. 正确　　　　　B. 错误

679. 主要品种是企业经营的主要商品，最能反映企业的经营特点。（　　）

A. 正确　　　　　B. 错误

680. 数量指标是实现目标利润的重要依据。（　　）

A. 正确　　　　　B. 错误

681. 销售中药材必须标明产地。（　　）

A. 正确　　　　　B. 错误

682. 销售计划的制定六步骤：分析现状、（　　）、制定销售策略、评价和选定销售策略、综合编制销售计划、对计划加以具体说明。

A. 销售预算　　B. 确定目标

C. 客户群分析　D. 人力资源整合

683. 企业销售是一个目的性很强的活动，企业能否达到销售目标取决于（　　）。

A. 进行销售　　B. 人员管理

C. 人员训练　　D. 人员素质

684. 对销售计划说明，应注意（　　）。

A. 每一个销售环节之间的关系次序

B. 每个步骤由谁负责

C. 每一步骤需要多少资源

D. 以上都是

685. 反映商品的销售过程，是商品销售计划在各种不同品种上的具体化的指标是（　　）。

A. 类值指标　　B. 销售总值

C. 数量指标　　D. 主要品种指标

686. 某药房全年销售 400 万元，年平均资金占用金额为 35 万元，则药房年商品资金周转天数是（　　）。

A. 31.5 天　　B. 35 天

C. 11.5 天　　D. 10.5 天

687. 表明企业在一定时期内的业务规模，是企业安排人员、资金、商品货源、库存量、财务的依据的指标是（　　）。

A. 类值指标　　B. 商品销售总值

C. 数量指标　　D. 主要品种指标

688. 是企业经营的主要商品，最能反映企业的经营特点的是（　　）。

A. 主要品种　　B. 数量指标

C. 销售总值　　D. 类值指标

689. 差错率描述不正确的是（　　）。

A. 对规定的差错率从严控制

B. 差错率过高，应及时查找原因

C. 长款和短款可以互相抵消

D. 发生长短款时应填制"销售长（短）款报告单"

690. 在销售计划中处于中心的地位的目标是（　　）。

A. 销售利润　　B. 销售费用

C. 主要品种　　D. 客户管理

691. 企业经营的最大限量的是（　　）。

A. 品种指标　　B. 数量指标

C. 销售总值　　D. 类值指标

692. 制定销售计划时，确定数量指标应考虑（　　）。

A. 本企业前期实际完成的数量总额

B. 该商品销售的最大数量额同实际消费购买力的比率

C. 该产品在目前市场的数量占有率

D. 以上都需要

693. 销售指标包括（　　）。

A. 商品销售总值、类值指标

B. 主要品种指标

C. 数量指标

D. 以上都是

694. 销售药品必须准确无误，并能说明（　　）。

A. 用法　　　　B. 用量

C. 注意事项　　D. 以上都是

695. 调配处方必须经过核对，对处方所列药品（　　）。

A. 可以更改

B. 可以代用

C. 不得擅自更改和代用

D. 可以删减

696. 下列描述错误的是（　　）。

A. 销售药品必须准确无误，并能说明用法、用量、注意事项

B. 调配处方必须经过核对，对处方所列药品不得擅自更改和代用

C. 对有配伍禁忌或超剂量的处方，可以自行更正后调配

D. 销售中药材必须标明产地

3.2.4　药品调价

697. 调价是商品销售过程中由于内部或外部因素的发生，而进行调整原销售价格的过程。（　　）

A. 正确　　　　B. 错误

698. 调价无论什么原因引起，一般由经营总公司采购部门负责。（　　）

A. 正确　　　　B. 错误

699. 在未接到正式调价通知之前，销售人员不得擅自调价。（　　）

A. 正确　　　　B. 错误

700. 商品价格调高时，可将新的标价打在原标价上。（　　）

A. 正确　　　　B. 错误

701. 市场销售中最敏感的要素是（　　）。

A. 产品　　　　B. 价格

C. 分销渠道　　D. 促销

702. 不属于调价内部原因的是（　　）。

A. 促销活动的特价

B. 连锁企业总部价格政策的调整

C. 消费者的反应

D. 商品质量有问题

703. 不属于调价外部原因的是（　　）。

A. 政府物价管理部门价格调整

B. 同类商品的供应商之间的竞争

C. 受竞争商家价格的影响

D. 快到期商品的折价销售

704. 物价员接到政府或企业管理部门调价通知后应填写（　　）。

A. 销售传票　　B. 购货凭证

C. 商品变价单　D. 销售记录

705. 商品变价单一式（　　）。

A. 一联　　　　B. 二联

C. 三联　　　　D. 四联

706. 属于调价操作步骤的是（　　）。

A. 填《商品变价单》，确认新售价，变更账面库存金额，按新金额填营业日报表《商品变价单》

B. 填新标价签，变更库有商品明细或电脑系统新售价

C. 通知销售人员变价事项。变价凭证整理归档

D. 以上都有

707. 企业对产品提价或降价，会影响（　　）。

A. 经销商

B. 供应商

C. 顾客和竞争对手

D. 以上都是

708. 在强大竞争者的压力之下，企业的市场占有率下降，企业将采取

（　　　）。

A. 降价

B. 维持价格

C. 提价

D. 降低质量以减少成本

709. 当竞争对手发动变价时，企业对付竞争对手可能的变价反应有（　　　）。

A. 降价　　　　B. 维持价格

C. 提价　　　　D. 以上都是

710. 商品价格调高时，为避免顾客产生抗衡心理，标价签处理应（　　　）。

A. 新的标价打在原标价上

B. 原价格标签去掉，重新打价，重新放置新价标签

C. 有不同的两个价格标签

D. 以上都不对

711. 商品价格调低时，给顾客一种实惠和心理满足的感觉，标价签处理应（　　　）。

A. 新的标价打在原标价上

B. 原价格标签去掉，重新打价，重新放置新价标签

C. 有不同的两个价格标签

D. 以上都不对

712. 调价时商品标价注意事项描述错误的是（　　　）。

A. 商品价格调高时，则要将原价格标签去掉，重新打价，重新放置新价标签。

B. 商品价格调低时，可将新的标价打在原标价上。

C. 每一个商品上不可有不同的两个价格标签，特别是对降价的商品。

D. 商品价格调低时，要将原价格标签去掉，重新打价，重新放置新价标签。

3.2.5　药品招投标

713. 药品招标是指招标采购机构发出药品招标通知，说明采购的药品名称、

规格、数量及其他条件，邀请药品投标人在规定的时间、地点按照一定的程序进行投标的一种交易行为。（　　　）

A. 正确　　　　B. 错误

714. 药品集中招标采购是指多个医疗机构通过药品集中招标采购组织，以招投标的形式购进所需药品的采购方式。（　　　）

A. 正确　　　　B. 错误

715. 在招标中最后是否中标仅仅取决于价格因素。（　　　）

A. 正确　　　　B. 错误

716. 招投标的资料分为三大类即产品资料、委托资料及（　　　）。

A. 企业资料　　B. 药品质量标准

C. 投标委托书　D. 药品注册证

717. 药品招标的主要方式为公开招标和（　　　）。

A. 无限竞争招标

B. 谈判招标

C. 邀请招标

D. 两段招标

718. 招标前的前期准备包括（　　　）。

A. 配送商业的准备

B. 客户资料准备

C. 产品知识的准备

D. 以上都是

719. 药品招标应坚持公开、公平、公正和（　　　）的基本原则。

A. 价格为本　　B. 热情服务

C. 诚实信用　　D. 急人所难

720. 招标工作的最后一个流程，却是销售工作的开始（　　　）。

A. 开标　　　　B. 竞标

C. 投标　　　　D. 勾标

721. 供货单位合法资格的证明是指（　　　）。

A. 药品生产许可证

B. 药品经营许可证

C. 药品生产许可证或药品经营许可证以及营业执照

D. 营业执照

722. 对政府定价的药品，投标人应提交（　　）价格主管部门的价格批准文件。

A. 中央或省级　　B. 市级

C. 县级　　　　　D. 地级

723. 属于应避免的投标行为是（　　）。

A. 串通投标

B. 低于成本价投标

C. 以他人名义投标

D. 以上都是

724. 对投标文件要求错误的是（　　）。

A. 投标文件的完整性

B. 投标报价的最低性

C. 投标方案的先进性

D. 投标文件的时效性

4. 药品保管养护

4.1 药品日常养护

4.1.1 药品的入库验收

725. 药品验收抽样时，应在每件中从上、中、下不同部位抽 2 个以上小包装进行检验。（　　）

A. 正确　　　　　B. 错误

726. 国产药品的验收除国家药品标准外，也可按企业药品标准进行，但企业药品标准要求必须高于国家药品标准。（　　）

A. 正确　　　　　B. 错误

727. "进口药品注册证"和"医药产品注册证"的有效期为 3 年。（　　）

A. 正确　　　　　B. 错误

728. 验收药品时，应按照药品批号查验同批号的药品出厂质量检验报告书。（　　）

A. 正确　　　　　B. 错误

729. 验收结束后，将抽取的完好样品放回原包装箱，用胶带封箱即可。（　　）

A. 正确　　　　　B. 错误

730. 根据 GSP 规定，购进药品验收记录应保存至超过药品有效期 1 年，不得少于 3 年。（　　）

A. 正确　　　　　B. 错误

731. 维生素 C 片对光敏感，应装于避光容器内在干燥处保存。（　　）

A. 正确　　　　　B. 错误

732. 胶囊剂的质量要求有外观、水分、硬度、装量差异。（　　）

A. 正确　　　　　B. 错误

733. 滴丸剂疗效迅速，生物利用度高，可适用于耳腔。（　　）

A. 正确　　　　　B. 错误

734. 所有的注射剂保管时都要防冻。（　　）

A. 正确　　　　　B. 错误

735. 混悬型滴眼剂不作澄明度检查。（　　）

A. 正确　　　　　B. 错误

736. 眼膏剂应色泽一致，不得有变色现象。（　　）

A. 正确　　　　　B. 错误

737. 散剂中不能含有辅料。（　　）

A. 正确　　　　　B. 错误

738. 颗粒剂应干燥，色泽一致，无吸潮、结块、潮解等现象。（　　）

A. 正确　　　　　B. 错误

739. 口服溶液剂系指药物溶解于适宜溶剂中制成澄清溶液供口服的液体制剂。（　　）

A. 正确　　　　　B. 错误

740. 剂量小的药物和毒药可以制成混悬剂。（　　）

A. 正确　　　　　B. 错误

741. 分层是口服乳剂的质量验收项目之一。（　　）

　　A. 正确　　　　　　B. 错误

742. 酊剂是指用规定浓度的乙醇浸出或溶解而制成的澄清液体制剂。（　　）

　　A. 正确　　　　　　B. 错误

743. 糖浆剂渗漏试验是将原包装倒置 30 分钟后观察。（　　）

　　A. 正确　　　　　　B. 错误

744. 气雾剂就是气体制剂。（　　）

　　A. 正确　　　　　　B. 错误

745. 膜剂是药物与适宜的膜材料经加工制成的膜状制剂。（　　）

　　A. 正确　　　　　　B. 错误

746. 软膏剂分为溶液型和混悬型两种。（　　）

　　A. 正确　　　　　　B. 错误

747. 栓剂硬度越大，质量就越好。（　　）

　　A. 正确　　　　　　B. 错误

748. 现购进同一生产批号的泰诺片 75 箱，验收抽取的数量为（　　）。

　　A. 1 箱　　　　　　B. 2 箱

　　C. 3 箱　　　　　　D. 4 箱

749. 药品验收抽样原则是（　　）。

　　A. 具有科学性　　B. 具有均匀性

　　C. 具有原则性　　D. 具有代表性

750. 药品验收时，抽样比例为（　　）。

　　A. 每批在 2~50 件的抽取 1 件

　　B. 每批在 2~50 件的抽取 2 件

　　C. 每批在 2~50 件的抽取 3 件

　　D. 每批在 2~50 件的抽取 4 件

751. 国家药品标准包括（　　）。

　　A. 中国药典、地方标准

　　B. 中国药典、国家食品药品监督管理局颁布的药品标准

　　C. 地方标准、国家食品药品监督管理局颁布的药品标准

　　D. 中国药典、行业标准

752. 国产药品验收依据错误的是（　　）。

　　A. 药品标准是国产药品验收的依据之一

　　B. 国产药品的验收只能按国家药品标准进行

　　C. 我国国家药品标准有《中药药典》和"局颁药品标准"

　　D. 只有符合药品标准的药品，才是合格的药品，反之就是不合格的药品

753. 国产药品验收依据正确的是（　　）。

　　A.《中国药典》和"局颁药品标准"都是法定的、强制性的药品标准

　　B. 只有符合国家药品标准和企业标准的药品，才是合格的药品

　　C. "局颁药品标准"包括"中国生物制品规程"、"医药产品注册证"，以及所有未收载入药典的药品标准

　　D. 国家标准高于企业标准

754. 下列不是进口药品验收依据的是（　　）

　　A. "进口药品检验报告书"

　　B. "进口药品注册证"

　　C. "医药产品注册证"

　　D. "局颁药品标准"

755. 由国家食品药品监督管理局核发《医药产品注册证》的药品是由（　　）进口的。

　　A. 意大利

　　B. 港、澳、台地区

　　C. 德国

　　D. 西班牙

756. "进口药品注册证"证号的格式为（　　）。

A. H（Z、S）G+4位年号+4位顺序号

B. H（Z、S）+4位年号+4位顺序号

C. H（Z、G）+4位年号+4位顺序号

D. H（Z、G）S+4位年号+4位顺序号

757. 验收员对购入的药品应进行（　　）验收。

A. 逐件　　　　　B. 逐个

C. 逐批　　　　　D. 逐盒

758. 从事中药材、中药饮片验收工作的，应当具有（　　）。

A. 药学或者医学、生物、化学等相关专业中专以上学历或者具有药学初级以上专业技术职称

B. 药学或者医学、生物、化学等相关专业中专以上学历或者具有药学中级以上专业技术职称

C. 中药学专业中专以上学历或者具有中药学初级以上专业技术职称

D. 中药学专业中专以上学历或者具有中药学中级以上专业技术职称

759. 药品到货时，收货人员应当核实运输方式是否符合要求，并对照随货同行单（票）和（　　）核对药品，做到票、账、货相符。

A. 增值税发票　　B. 购销合同

C. 采购记录　　　D. 质量保证协议

760. 凡质量验收不合格药品，应随即填写"药品拒收报告单"，并存放不合格品库，要有（　　）标记。

A. 蓝色　　　　　B. 黄色

C. 红色　　　　　D. 绿色

761. 下列不符合批发企业药品验收规定的是（　　）。

A. 验收药品应按照"药品验收管理"制度规定的方法和要求进行

B. 验收员应具有高中学历，经培训并考核合格后持证上岗

C. 验收药品的标签和所附说明书上应有品名、规格、厂名、批准文号、批号、生产日期、有效期等

D. 药品到货时，收获人员应当核实运输方式。

762. 批发企业关于进口药品验收的规定错误的是（　　）。

A. 直接进口药品应有口岸药检所出具的药品检验报告书原件

B. 非直接进口药品应有供货单位管理机构印章的"进口药品检验报告书"原件

C. 非直接进口药品应有供货单位管理机构印章的"进口药品注册证"或"医药产品注册证"复印件

D. 直接进口的血液制品应有"生物制品进口批件"原件

763. 下列不符合零售企业药品验收规定的是（　　）。

A. 验收人员对购进的药品，应根据原始凭证，严格按照有关规定逐批验收。

B. 验收进口药品，应有符合规定的《进口药品注册证》和《进口药品检验报告书》原件

C. 验收进口药品，应有符合规定的《进口药品注册证》和《进口药品检验报告书》复印件

D. 进口血液制品应有《生物制品进口批件》复印件，并应加盖供货单位质量管理机构原印章

764. 除特殊情况外，一般药品验收不包括（　　）。

A. 药品内外包装检查

B. 药品标签和说明书检查

C. 药品外观性状检查

D. 药品内在质量检查

765. 零售企业关于进口药品验收的规定错误的是（　　）。

A. 药品质量验收，应按规定进行药品外观的性状检查。

B. 药品质量验收，应按规定检查药品内外包装、标签、说明书及标识等项内容。

C. 进口药品其包装的标签应以中文注明药品的名称、主要成分以及注册证号，不需要中文说明书。

D. 药品的每件包装中，应有产品合格证。

766. 片剂在储存过程中都必须（　　）。

A. 避光　　　　　B. 防潮

C. 防热　　　　　D. 防氧化

767. 我国药典对片重差异检查有详细规定，下列叙述错误的是（　　）。

A. 取 20 片，精密称定片重并求得平均值

B. 片重小于 0.3g 的片剂，重量差异限度为 7.5%

C. 片重大于或等于 0.3g 的片剂，重量差异限度为 5%

D. 超出差异限度的药片不得多于 2 片，不得有 2 片超出限度 1 倍

768. 按崩解时限检查法检查，普通片剂应在多长时间内崩解（　　）。

A. 10 分钟　　　　B. 15 分钟

C. 30 分钟　　　　D. 60 分钟

769. 一般胶囊剂都应（　　）。

A. 密闭置干燥处保存

B. 密封置干燥处保存

C. 密闭置干燥凉处保存

D. 密封置干燥凉处保存

770. 胶囊剂的保管的最主要内容是（　　）。

A. 防热、防冻　　B. 防热、防氧化

C. 防热、防潮　　D. 防潮、防氧化

771. 胶囊剂不具有的特点是（　　）。

A. 能掩盖药物不良嗅味、提高稳定性

B. 可弥补其他固体剂型的不足

C. 可将药物水溶液密封于软胶囊中，提高生物利用度

D. 可延缓药物的释放和定位释药

772. 下列关于滴丸剂概念正确的描述是（　　）。

A. 系指固体或液体药物与适当物质加热熔化混匀后，滴入不相混溶的冷凝液中、收缩冷凝而制成的小丸状制剂

B. 系指液体药物与适当物质溶解混匀后，滴入不相混溶的冷凝液中、收缩冷凝而制成的小丸状制剂

C. 系指固体或液体药物与适当物质加热熔化混匀后，混溶于冷凝液中、收缩冷凝而制成的小丸状制剂

D. 系指固体或液体药物与适当物质加热熔化混匀后，滴入溶剂中、收缩而制成的小丸状制剂

773. 下列关于微丸剂概念正确的描述是（　　）。

A. 特指由药物与辅料构成的直径小于 1mm 的球状实体

B. 特指由药物与辅料构成的直径小于 1.5mm 的球状实体

C. 特指由药物与辅料构成的直径小于 2mm 的球状实体

D. 特指由药物与辅料构成的直径小于 2.5mm 的球状实体

774. 下列哪个选项不是滴丸剂的特点（　　）。

A. 疗效迅速，生物利用度高

B. 固体药物不能制成滴丸剂

C. 生产车间无粉尘

D. 液体药物可制成固体的滴丸剂

775. 注射液可见异物检查取样（　　）。

A. 200 支　　　　B. 150 支

C. 40 支　　　　D. 20 支

776. 各类注射剂均不得检出金属屑、玻璃屑及长度或最大粒径超过（　　）mm 纤毛和块状物等明显外来的可见异物。

A. 5　　　　B. 2

C. 10　　　　D. 8

777. 注射剂的质量要求不包括（　　）。

A. 无菌　　　　B. 无热原

C. 融变时限　　D. 澄明度

778. 有关滴眼剂错误的叙述是（　　）。

A. 是直接用于眼部的外用液体制剂

B. 正常眼可耐受的 pH 值为 5.0 ~ 9.0

C. 混悬型滴眼剂要求粒子大小不得超过 50μm

D. 增加滴眼剂的黏度，使药物扩散速度减小，不利于药物的吸收

779. 滴眼剂质量要求，每一容器的装量应不超过（　　）。

A. 5ml　　　　B. 8ml

C. 10ml　　　　D. 15ml

780. 滴眼剂质量检查项目中，混悬液型滴眼剂（　　）。

A. 不得有超过 65μm 的颗粒

B. 不得有超过 60μm 的颗粒

C. 不得有超过 55μm 的颗粒

D. 不得有超过 50μm 的颗粒

781. 眼膏剂系指药物与适宜的（　　）制成的供眼用的膏状制剂。

A. 辅料　　　　B. 基质

C. 乳膏　　　　D. 软膏

782. 眼膏剂的基质常为复合组分（质量分）（　　）。

A. 黄凡士林 5 份，液体石蜡 4 份，羊毛脂 1 份

B. 黄凡士林 6 份，液体石蜡 3 份，羊毛脂 1 份

C. 黄凡士林 7 份，液体石蜡 2 份，羊毛脂 1 份

D. 黄凡士林 8 份，液体石蜡 1 份，羊毛脂 1 份

783. 眼膏剂外观及包装检查主要检查色泽、金属性异物、溢漏、装量及包装颗粒的（　　）。

A. 细度　　　　B. 含水量

C. 溶化性　　　D. 装量差异

784. 除另有规定外，口服散剂应为细粉，局部用散剂应为（　　）。

A. 细粉　　　　B. 较细粉

C. 最细粉　　　D. 粗粉

785. 散剂外观均匀度检查时，取供试品适量置光滑纸上，平铺约（　　）。

A. 3cm^2　　　B. 4cm^2

C. 5cm^2　　　D. 6cm^2

786. 散剂包装检查时，取纸袋或塑料袋包装的样品 10 袋，1 袋有微量漏粉判为（　　）。

A. 合格　　　　B. 不合格

C. 复验　　　　D. 加倍复验

787. 颗粒剂保管储存和散剂大致相似，首先应注意（　　）。

A. 防潮　　　　B. 防热

C. 避光　　　　D. 防冻

788. 颗粒剂验收时除另有规定外，不能通过一号筛（2000μm）与能通过五号筛（180μm）的总和不得超过供试量的（　　）。

A. 10%　　　　B. 15%

C. 20%　　　　D. 25%

789. 颗粒剂验收时除另有规定外，于 105℃ 干燥至恒重，含糖颗粒应在 80℃ 减压干燥，减失重量不得超过（　　）。

A. 1%　　　　　B. 2%

C. 3%　　　　　D. 4%

790. 口服溶液剂的溶剂大多为（　　）。

A. 醇　　　　　B. 油

C. 水　　　　　D. 酸

791. 口服溶液剂产生沉淀的主要原因是药物在水溶液中容易发生水解、氧化的化学反应，或吸收空气中的（　　）产生不溶性沉淀。

A. 氧气　　　　B. 氮气

C. 氢气　　　　D. 二氧化碳

792. 含挥发性成分的口服溶液剂保存时应注意（　　）。

A. 防冻　　　　B. 防热

C. 防潮　　　　D. 避光

793. 口服混悬剂验收检查是否符合要求时应检查微粒（　　）。

A. 色泽　　　　B. 气味

C. 溶解度　　　D. 大小

794. 口服混悬剂系指难溶性（　　）药物，分散在液体介质中，制成混悬液供口服的液体制剂。

A. 固体　　　　B. 液体

C. 气体　　　　D. 粉末

795. 口服混悬剂应色泽一致，颗粒应细微均匀下沉（　　）。

A. 较多　　　　B. 较少

C. 缓慢　　　　D. 迅速

796. 口服乳剂若有分层，振摇后若能再次混合均匀，则（　　）供药用。

A. 仍可　　　　B. 不能

C. 过滤沉淀后　　D. 去除杂质后

797. 口服乳剂质量验收的内容包括（　　）。

A. 色泽、霉变、渗漏、变形

B. 色泽、霉变、渗漏、漏油

C. 色泽、霉变、渗漏、澄明度

D. 色泽、霉变、渗漏、异物

798. 口服乳剂系指两种互不相溶的液体经过乳化构成不均匀的分散系，其中一种液体以小液滴分散在另一液体中，前者称为（　　）。

A. 溶质　　　　B. 溶剂

C. 分散相　　　D. 分散剂

799. 酊剂是用（　　）溶解或浸出药物制成的液体制剂。

A. 水　　　　　B. 乙醇

C. 糖浆　　　　D. 醋

800. 酊剂一般不会出现下列那项现象（　　）。

A. 霉变　　　　B. 渗漏

C. 沉淀　　　　D. 变色

801. 下列哪项不是酊剂的质检判断方法标准（　　）。

A. 用直立、倒立、平直三步法旋转检视

B. 色泽一直，无明显变色

C. 药液应澄清，无结晶析出

D. 可以有较大纤维、木塞屑

802. 糖浆剂是药物或芳香药物的（　　）溶液。

A. 浓蔗糖　　　B. 稀蔗糖

C. 糖浆　　　　D. 乙醇

803. 糖浆剂主要检查项目不包括（　　）。

A. 澄清度　　　B. 浑浊

C. 透光　　　　D. 结晶析出

804. 糖浆剂渗漏试验中渗漏瓶数不得超过（　　）。

A. 2%　　　　　B. 3%

C. 4%　　　　　D. 5%

805. 气雾剂的类型不包括（　　）。

A. 吸入气雾剂　　B. 非吸入气雾剂

C. 外用气雾剂　　D. 口服气雾剂

806. 使用时借助抛射剂的压力将内容物直接喷射至腔道黏膜的是（　　）。

A. 吸入气雾剂　　B. 非吸入气雾剂

C. 外用气雾剂　　D. 以上都不是

807. 气雾剂质量检查不包括(　　)。

A. 色泽一致，不变色

B. 塑料套与玻璃粘贴紧密，不漏气、渗漏

C. 应具适当的黏稠性

D. 喷试观察不得有漏泄等现象

808. 膜剂一般可供 (　　)。

A. 口服

B. 口服或黏膜外用

C. 外用

D. 口服或外用

809. 膜剂的外观检查不包括(　　)。

A. 颗粒均匀　　　B. 完整光洁

C. 色泽均匀　　　D. 包装清洁卫生

810. 对膜剂压痕的要求是 (　　)。

A. 分格清楚

B. 能按压痕撕开

C. 分格压痕清晰，并能按压痕撕开

D. 只要能撕开就行

811. 软膏剂是指药物与适宜 (　　) 混合制成的半固体制剂。

A. 基质　　　　　B. 其他药物

C. 赋形剂　　　　D. 介质

812. 对软膏剂质量要求不包括 (　　)。

A. 均匀度　　　　B. 细腻度

C. 黏稠性　　　　D. 漏泄

813. 管装软膏剂的要求是 (　　)。

A. 黏性越大越好

B. 压尾应平整

C. 不融化，不软化

D. 可见少许单独颗粒

814. 不属于栓剂容易出现变质现象的是 (　　)。

A. 软化　　　　　B. 变形

C. 干裂　　　　　D. 漏液

815. 下列不是栓剂的质检要求的是 (　　)。

A. 外形光滑平整，硬度适宜

B. 不融化，不软化

C. 应有适当的黏性

D. 每粒小包装应严密

816. 栓剂重量差异检查的取样数量是(　　)。

A. 10　　　　　　B. 20

C. 25　　　　　　D. 30

4.1.2　效期药品管理方法

817. 药品有效期是指药品在规定的储存条件下，能够保证质量的期限，且具有法律效力。(　　)

A. 正确　　　　　B. 错误

818. 对于有效期的药品，应先产先出，近期先用。(　　)

A. 正确　　　　　B. 错误

819. 药品有效期的表达方式为：有效期至××××年××月××日或有效期至××××年××月。(　　)

A. 正确　　　　　B. 错误

820. 药品有效期最长一般不超过 5 年。(　　)

A. 正确　　　　　B. 错误

821. 药品出库应坚持一看、二查、七对制度，还要在操作结束前进行复核。(　　)

A. 正确　　　　　B. 错误

822. 近效期药品是指药品批发企业仓库内有效期不满一年或药品零售企业内存有效期不满 6 个月的药品。(　　)

A. 正确　　　　　B. 错误

823. 药品的有效期一般是指(　　)。

A. 药品的含量降解为原含量的 50% 所需要的时间

B. 药品的含量降解为原含量的 70% 所需要的时间

C. 药品的含量降解为原含量的 80% 所需要的时间

D. 药品的含量降解为原含量的 90%

所需要的时间

824. 药品有效期的定义是（　　）。

A. 是指在规定的储存条件下，能够保证质量的期限

B. 是指在规定的储存条件下，能够保证外观质量的期限

C. 是指在常温的储存条件下，能够保证质量的期限

D. 是指在常温的储存条件下，能够保证外观质量的期限

825. 药品有效期一般不超过（　　）。

A. 3 年　　　　　B. 5 年

C. 7 年　　　　　D. 9 年

826. 药品批发企业库存的药品有效期不满 3 个月时应存放（　　）。

A. 不合格药品库（区）

B. 退货药品库（区）

C. 合格药品库（区）

D. 待验药品库（区）

827. 对近效期药品填报效期报表间隔为（　　）。

A. 日　　　　　B. 周

C. 月　　　　　D. 旬

828. 药品贮存时，要求按月填写效期报表的药品是（　　）。

A. 保质期药品　　B. 特殊管理药品

C. 近效期药品　　D. 过效期药品

829. 下列说法不正确的是（　　）。

A. 药品有效期的表达方式为：有效期至××××年××月××日

B. 药品有效期的表达方式为：有效期至××××年××月

C. 药品有效期的表达方式为：有效期至××××/××/××

D. 药品有效期的表达方式为：有效期：××年

830. 在药品验收中，某种药品的有效期为两年，该药品的购进验收记录应保存（　　）。

A. 1 年　　　　　B. 3 年

C. 5 年　　　　　D. 7 年

831. 现有"水飞蓟葡甲胺片"，生产日期为 2013.11.23，产品批号为 20131107，有效期 2 年，请问该药有效期至（　　）。

A. 2015 年 11 月

B. 2015 年 11 月 24 日

C. 2015 年 10 月

D. 2015 年 11 月 7 日

832. 某药品有效期至 2015 年 12 月，表示该药品可以使用到（　　）。

A. 2015 年 11 月 30 日

B. 2015 年 12 月 1 日

C. 2015 年 12 月 31 日

D. 2016 年 1 月 1 日

833. 超过有效期的药品属于（　　）。

A. "三无"药品

B. 假药

C. 劣药

D. 变质的药品

834. 替米沙坦片的生产日期 2014 - 02 - 05，分装日期为 2014 - 04 - 05，有效期 2018 - 01；请问有效期为（　　）。

A. 4 年　　　　　B. 3.5 年

C. 46 个月　　　D. 42 个月

835. 不符合"禁止出库"原则的情形是（　　）。

A. 药品超过有效期

B. 药品效期不满一年

C. 药品外包装破损

D. 药品效期标注不清

836. 不符合药品出库原则的是（　　）。

A. 随到随出　　B. 先产先出

C. 近期先出　　D. 按批号发货

837. 药品出库必须执行的制度是（　　）。

A. 审批　　　　　B. 验收核对

C. 检查核对　　　D. 效期管理制度

838. 对近效期药品，应遵循（　　）。

A. 每月填报"近效期药品催销表"，督促销售部门尽快销售，并及时调整货位

B. 每周填报"近效期药品催销表"，督促销售部门尽快销售，并及时调整货位

C. 每季填报"近效期药品催销表"，督促销售部门尽快销售，并及时调整货位

D. 每天填报"近效期药品催销表"，督促销售部门尽快销售，并及时调整货位

839. 近效期药品出库不正确做法是（　　）。

A. 过期先出　　　B. 先产先出

C. 易变先出　　　D. 近期先出

840. 近效期药品是指药品批发企业仓库内有效期不满（　　）年或药品零售企业内存有效期不满（　　）年的药品。

A. 1、0.5　　　　B. 1、1

C. 2、1　　　　　D. 0.5、0.5

4.1.3　药品在库检查和养护

841. 每季度，零售药店要对陈列药品的质量进行全面检查一次。（　　）

A. 正确　　　　　B. 错误

842. 对每个分区的在库药品逐一检查后要认真填写检查记录。（　　）

A. 正确　　　　　B. 错误

843. 药品在库养护是指药品在仓库保管过程中所进行的保养和维护工作（　　）

A. 正确　　　　　B. 错误

844. 所有的养护设备都要做好使用记录，并定期检查和保养（　　）

A. 正确　　　　　B. 错误

845. 梅雨季节药品常采用的检查方法是（　　）。

A. 每日检查

B. 每周定期检查

C. 每月定期检查

D. 突击检查

846. 对有效期药品在库检查一般采用的方法是（　　）。

A. "三三四"检查

B. 逐日检查

C. 突击检查

D. 抽样检查

847. 与在库药品检查的时间和方法无关的是（　　）。

A. 药品性质　　　B. 储存环境

C. 储存量　　　　D. 季节气候

848. 质量部门对在库检查中发现问题的药品复检完成时间是（　　）。

A. 一个工作日　　B. 两个工作日

C. 三个工作日　　D. 一周

849. 下列不属于药品检查范畴（　　）。

A. 库房温湿度　　B. 药品储存条件

C. 效期　　　　　D. 作用用途

850. 药品在库检查要求做到与重点检查结合起来进行的是（　　）。

A. 经常检查　　　B. 专职检查

C. 全面检查　　　D. 抽样检查

851. 药品批发企业的在库药品检查至少（　　）。

A. 每月一次　　　B. 每季一次

C. 每半年一次　　D. 每年一次

852. 药品在库养护应贯彻的原则是（　　）。

A. 保证质量　　　B. 科学养护

C. 避免事故　　　D. 预防为主

853. 温湿度计一般放置于库房（　　）。

A. 靠门　　　　　B. 靠窗

C. 柱子　　　　　D. 空气流通处

854. 药品养护员学历要求（　　）。

A. 具有药学或者医学、生物、化学
等相关专业中专以上学历

B. 具有药学或者医学、生物、化学
等相关专业大专以上学历

C. 具有药学中级以上职称

D. 高中以上文化程度

855. 从事药品储存的工作人员，应
当具有（　　）。

A. 药学或者医学、生物、化学等相
关专业中专以上学历

B. 具有药学或者医学、生物、化学
等相关专业大专以上学历

C. 具有药学中级以上职称

D. 高中以上文化程度

856. 药品日常养护重点工作是做好
（　　）。

A. 养护记录　　　B. 在库检查

C. 温湿度管理　　D. 收发货

4.2　不合格药品、退货药品处理

4.2.1　假劣药的识别

857. 变质的药是假药。（　　）

A. 正确　　　　　B. 错误

858. 被污染的药物是劣药。（　　）

A. 正确　　　　　B. 错误

859. 药品不能用尝的方法来判定药
品真伪。（　　）

A. 正确　　　　　B. 错误

860. 下列不属于假药的是（　　）。

A. 超过有效期的药品

B. 变质的药品

C. 被污染的药品

D. 功能主治超出规定范围的药品

861. 药品所含成分与国家药品标准
规定的成分不符的药品称为（　　）。

A. 劣药　　　　　B. 合格药品

C. 假药　　　　　D. 以上都不是

862. 下列不属于国务院药品监督管
理部门规定禁止使用的药品是（　　）。

A. 被禁止进口的药品

B. 被撤销批准文号的药品

C. 被撤销进口药品注册证书的药品

D. 麻醉药品

863. 下列哪些情形按劣药论处
（　　）。

A. 变质的药品

B. 更改生产批号的药品

C. 使用未取得批准文号的原料药生
产的药品

D. 功能主治超出规定范围的

864. 直接接触药品的包装材料和容
器未经批准的药物称为（　　）。

A. 劣药　　　　　B. 假药

C. 原料药　　　　D. 合格药

865. 擅自添加着色剂的药物称为
（　　）。

A. 合格药　　　　B. 原料药

C. 假药　　　　　D. 劣药

866. 林可霉素注射液闻之有（　　）。

A. 苹果味　　　　B. 臭蒜味

C. 酸腐味　　　　D. 尿骚味

867. 红霉素肠溶胶囊内容物的颜色
是（　　）。

A. 白色　　　　　B. 红色

C. 蓝色　　　　　D. 黄色

868. 安乃近片有（　　）。

A. 甜味　　　　　B. 苦味

C. 咸味　　　　　D. 麻辣感

4.2.2　不合格药品和退货药品的处理

869. 对不合格药品的处理应定期汇
总和分析。（　　）

A. 正确　　　　　B. 错误

870. 库存商品一般每年要进行三次
质量普查。（　　）

A. 正确　　　　　B. 错误

871. 退货药品包括销货退回和购进
退出的药品。（　　）

A. 正确　　　　　B. 错误

872. 属于药品质量退货，应经检验

部门确认后方可向供货单位提出退出。
（　　）

    A. 正确　　　　　B. 错误

873. 退货记录需要保存一年。
（　　）

    A. 正确　　　　　B. 错误

874. 药品报废的账目、单据表需保
存五年。（　　）

    A. 正确　　　　　B. 错误

875. 负责质量不合格药品报损前的
审核及报废药品处理监督工作的是
（　　）。

    A. 药品质量验收组

    B. 药品质量管理组

    C. 药品检验室

    D. 药品养护组

876. 药品质量验收组对验收不合格
品，填写药品拒收单，其审核人是
（　　）。

    A. 质量管理部门负责人

    B. 质量验收员

    C. 仓库验收员

    D. 化验室负责人

877. 对销后退回的药品，（　　）按
进货验收的规定验收，必要时应抽样送
检验部门检验。

    A. 养护人员　　　B. 销售人员

    C. 保管人员　　　D. 检验人员

878. 库存药品的质量普查一般每年
要进行（　　）。

    A. 一次　　　　　B. 二次

    C. 三次　　　　　D. 四次

879. 对于进货检查验收环节中若发
现不符合药品规定的情况，应将该货暂
存于（　　）。

    A. 待发货区　　　B. 待验区

    C. 不合格品区　　D. 合格品区

880. 若经复查核实，确认该药不合
格，即质量有问题，应按规定将该批号

药品进行（　　）。

    A. 退货　　　　　B. 销货

    C. 销毁　　　　　D. 暂扣

881. 药品经营企业对销后退回的药
品，是凭（　　）开具的退货凭证收货。

    A. 养护部门　　　B. 销售部门

    C. 验收部门　　　D. 质检部门

882. 购进药品退出包括在库药品中
（　　）原因退回供货单位的药品和本企
业验收中发现不符合验收规定而拒收的
药品。

    A. 非质量　　　　B. 质量

    C. 销售　　　　　D. 储存

883. 药品质量验收员应对销后退回
的药品按购进质量验收的标准进行逐批
验收，并做好验收记录，记录保存
（　　）。

    A. 一年　　　　　B. 两年

    C. 三年　　　　　D. 五年

884. 在库药品中发现非质量原因出
现滞销的药品，由（　　）与药品供货
单位联系后，办理退货手续。

    A. 养护部门　　　B. 销售部门

    C. 保管部门　　　D. 购进部门

885. 进货退出的药品，属质量退货
的药品应（　　）。

    A. 药品上加注标识

    B. 撕破药品标签

    C. 包装完整

    D. 包装可以不完整

886. 在库药品中发现非质量原因需
要进行批号调剂时，由（　　）与药品
供货单位联系后，办理退货手续。

    A. 购进部门　　　B. 销售部门

    C. 养护部门　　　D. 保管部门

887. 下列对退货商品处理措施正确
的是（　　）。

    A. 直接放入不合格品库

    B. 拒绝入库

C. 经重新检验合格后，放入退货商品专用

D. 经重新检验合格后，放入发货区区库

888. 药品批发企业对销后退回的药品，凭销售部门开具的退货凭据收货，存放于（　　），由专人保管并做好退货记录。

A. 退货库（区）

B. 不合格品库（区）

C. 待验库（区）

D. 待发药品库（区）

889. 销后退回药品质量验收记录应至少保存（　　）。

A. 4 年　　　　　B. 3 年

C. 2 年　　　　　D. 1 年

890. 报废麻醉药品、一类精神药品和毒性药品的账目、单据表需保存（　　）。

A. 5 年　　　　　B. 8 年

C. 10 年　　　　D. 15 年

891. 关于报废药品的处理正确说法是（　　）

A. 不得长期保存

B. 随时随地销毁

C. 降价销售

D. 在保养后可以再利用

892. 报废药品是指经本单位质量、（　　）部门确定因质量问题及其他原因不能销售和不能退货的药品。

A. 检验　　　　　B. 仓储

C. 销售　　　　　D. 购进

5. 经济核算

5.1 商业计算

5.1.1 柜组核算操作

893. 实施柜台核算的营业员以柜台服务为主要职责而不是核算管理。（　　）

A. 正确　　　　　B. 错误

894. 以"有借必有贷，借贷必相等"作为记账规则。（　　）

A. 正确　　　　　B. 错误

895. 商品验收单是发生在企业与柜组，柜组与柜组之间的商品流转业务而填制的表单。（　　）

A. 正确　　　　　B. 错误

896. 在一定时期内商品资金周转的次数越多或者周转一次所需要的天数越少，表明资金周转速度越慢。（　　）

A. 正确　　　　　B. 错误

897. 在销售差错率核算时，长款、短款可以相互抵消。（　　）

A. 正确　　　　　B. 错误

898. 费用率是指万元商品销售所耗的费用。（　　）

A. 正确　　　　　B. 错误

899. 营业利润是柜组在一定时期内，收到销售收入的金额抵去全部支出后的余额。（　　）

A. 正确　　　　　B. 错误

900. 经济核算的手段不包括（　　）。

A. 会计核算　　　B. 统计核算

C. 盘点溢余　　　D. 业务核算

901. 进销存日报表填报必须及时、认真、准确并（　　）装订成册。

A. 逐月按年　　　B. 逐日按笔

C. 逐日按月　　　D. 逐季按年

902. 经济核算的两大基本职能是核算和（　　）。

A. 监督

B. 以经济效益为目的

C. 以货币为计量单位

D. 统计

903. 记账后，发现记账凭证中应借、应贷会计科目有错误，应采用的更正方法是（　　）。

A. 红字更正法　　B. 划线更正法

C. 补充更正法　　D. 横线更正法

904. 更正错账时，划线更正法的适用范围是（　　）。

A. 记账凭证上会计科目或记账方向错误，导致账簿记录错误

B. 记账凭证正确，在记账时发生错误，导致账簿记录错误

C. 记账凭证上会计科目或记账方向正确，所记金额大于应记金额，导致账簿记录

D. 记账凭证上会计科目或记账方向正确，所记金额小于应记金额，导致账簿记录错误

905. 采用补充登记法，是因为（　　），导致账簿记录错误。

A. 记账凭证上会计科目错误

B. 记账凭证上记账方向错误

C. 记账凭证上会计科目、记账方向正确，所记金额小于应记金额

D. 记账凭证上会计科目、记账方向正确，所记金额大于应记金额

906. 与填制商品进销存日报表不相对应的表单是（　　）。

A. 商品内部调拨单

B. 商品调价单

C. 内部交款单

D. 退货单

907. 不在商品调价单上签名盖章的是（　　）。

A. 物价局负责人

B. 门店经理

C. 核算员

D. 物价员

908. "昨日结存"栏根据上日的（　　）数填写。

A. "本日购进"　B. "本日调出"

C. "本日调入"　D. "本日结存"

909. 为了填写进销存日报表，已知昨日结存为34000元，本日购进2000元，

调价增值52元，盘点溢余13元，本日销售3644元，则本日结存为（　　）。

A. 39709元　　　B. 39579元

C. 28421元　　　D. 32421元

910. 商品资金指标的核算一般用（　　）和商品资金周转率这两个指标来反应。

A. 商品销售额

B. 商品资金占用率

C. 差错率

D. 商品资金周转天数

911. （　　）是考核商品资金周转速度，衡量资金利用率的重要质量指标。

A. 商品资金周转次数

B. 商品资金占用率

C. 商品销售额

D. 商品资金周转率

912. 在计算销售差错率时，一般只考虑（　　）。

A. 长款

B. 短款

C. 长短相抵消

D. 长短款分别核算相加

913. 柜组发生长短款时，在填制销售长（短）款报告单上不需要签名的有（　　）。

A. 财务负责人　　B. 营业员

C. 审核人　　　　D. 报告人

914. 某药店营养品柜台本月销售额为24万，其中参类商品发生长款750元，维生素类商品发生短款150元，口服液类商品发生短款380元，求柜组销售差错率（　　）。

A. 2.2‰　　　　B. 0.9‰

C. 5.3‰　　　　D. 3.1‰

915. 费用率是评价柜组经营业绩以及柜组（　　）的综合指标。

A. 商品流通费用

B. 商品销售额

C. 间接费用

D. 经营管理水平

916. 不属于间接费用的是（　　）。

A. 工资　　　　B. 折旧费

C. 保管费　　　D. 租金

917. 不属于直接费用的是（　　）。

A. 运杂费　　　B. 折旧费

C. 保管费　　　D. 租金

918. 某药店 6 月份销售额为 105000 元，销售成本为 88200 元，试计算药店本月实际毛利率（　　）。

A. 14%　　　　B. 15%

C. 16%　　　　D. 17%

919. 某药材公司经营的焦决明（精制饮片）的进价是 5 元/盒，批发价是 8 元/盒，该医药商品的销售扣率（　　）。

A. 160%　　　　B. 62.5%

C. 0.625%　　　D. 0.16%

920. 按商品的销售收入计算，小规模纳税人其流转税率为（　　）。

A. 4%　　　　B. 5%

C. 6%　　　　D. 7%

5.2　商品盘点

5.2.1　盘点作业流程

921. 商品盘点是考核商品资金定额执行情况的重要依据。（　　）

A. 正确　　　　B. 错误

922. 盘点操作流程第一步是做好盘点准备。（　　）

A. 正确　　　　B. 错误

923. 盘点作业流程规划的缜密与否，直接关系到盘点成效的真实性。（　　）

A. 正确　　　　B. 错误

924. 药店要做好盘点前的准备，通知供应商在盘点时可以送货。（　　）

A. 正确　　　　B. 错误

925. 一般在盘点前两个小时对商品进行最后的整理，这时陈列在货架上的商品，其顺序是可以改变的。（　　）

A. 正确　　　　B. 错误

926. 盘点前要做到的"两符"是会计记账与柜组账相符，柜组账与账簿相符。（　　）

A. 正确　　　　B. 错误

927. 盘点过程中，发现出现差异，应该立即进行整改处理。（　　）

A. 正确　　　　B. 错误

928. 对各小组和各负责人的盘点结果，负责人不再加以抽查。（　　）

A. 正确　　　　B. 错误

929. 盘点结束后，盘点作业账册由店长助理在打烊时递交（　　）

A. 正确　　　　B. 错误

930. 盘点作业的最后结果就是合计出商品的盘点金额。（　　）

A. 正确　　　　B. 错误

931. 盘损率的计算方式是盘损金额乘以（初期库存＋初期进货）。（　　）

A. 正确　　　　B. 错误

932. 盘点人员在实施盘点时，应按照负责的区位，依序由下而上或由右而左展开盘点。（　　）

A. 正确　　　　B. 错误

933. 不属于盘点目的是（　　）。

A. 掌握库存水平

B. 熟悉销售经营业务

C. 了解库存管理质量

D. 了解商品积压，短缺状况

934. 所谓盘点，就是要盘查账簿上所记载的药品数量与（　　）之间是否吻合。

A. 人工成本

B. 销售收入

C. 实际药品数量

D. 经济活动

935. 以下关于盘点目的的描述中正确的是（　　）。

A. 通过盘点，可以知道负责人是否

负责

B. 盘点是日常工作，没有目的

C. 盘点是个别工作人员的事情

D. 通过盘点，能够全面掌握药品的库存品项、数目及金额

936. 不属于盘点制度的是（　　）。

A. 盘点的原则　　B. 盘点的周期

C. 盘点的作用　　D. 盘点的方法

937. 下列不属于以实地盘点时间划分的是（　　）。

A. 季度盘点　　　B. 营业前盘点

C. 营业中盘点　　D. 停业盘点

938. 在盘点准备之前应进行的是（　　）。

A. 整改处理　　　B. 盘点结算

C. 商品验收　　　D. 制定盘点制度

939. 盘点的流程图中最顶端的内容是（　　）。

A. 盘点制度　　　B. 整改处理

C. 盘点操作　　　D. 盘点准备

940. 盘点中出现差异正确的做法是（　　）。

A. 重新清点、核对

B. 直接将差异进行处理

C. 修改盘点记录

D. 将该批商品放在下次盘点

941. 盘点操作流程最后一步骤是（　　）。

A. 盘点准备

B. 整改处理

C. 盘点操作

D. 盘点处理结算记录

942. 盘点前的准备工作（　　）。

A. 告知供应商、告知顾客

B. 整理环境、整理商品

C. 告知供应商、告知顾客、整理环境、整理商品、准备好盘点工具、整理好单据

D. 准备好盘点工具，整理好环境、商品、单据

943. 如果是停业盘点，要做到（　　）。

A. 贴出安民告示，提前告知顾客，以免顾客在盘点时前来购物而徒劳往返

B. 通知供应商在盘点时送货

C. 贴出打折优惠通知

D. 不用做环境整理

944. 不属于盘点前准备内容的是（　　）。

A. 单据整理　　　B. 商品整理

C. 环境整理　　　D. 商品验收

945. 下列说法正确的是（　　）。

A. 大箱子放在小箱子前面

B. 盘点工人用铅笔填写

C. 商品的类别和品名无需分类整理

D. 非满箱上写确切数字

946. 环境整理中，应做到（　　）。

A. 盘点当日整理环境

B. 商品陈列的位置和编号不必和盘点配置图一致

C. 忽略卖场和作业场的死角

D. 将各项设备、备品存放整齐。

947. 中央陈列架商品整理要点有（　　）。

A. 中央陈列架前面端头是以整齐划一的方式陈列一种商品

B. 中央陈列架尾部（靠卖场里面）的端头陈列的是促销商品

C. 重要陈列架上的商品定位陈列得多

D. 以上都是

948. 不属于盘点工具的是（　　）。

A. 自动盘点机

B. 盘点表

C. 铅笔

D. 红、蓝圆珠笔

949. 商品盘点前要做到（　　）。

A. "两清三符"

B. "三清两符"

C. "两清两符"

D. "三清三符"

950. 商品盘点前要做到的"三清"不包括（　　）。

A. 票证数清

B. 现金点清

C. 往来手续结清

D. 费用结清

951. 在实际盘点开始前（　　），门店应对商品进行整理。

A. 2 天　　　　B. 3 天

C. 4 天　　　　D. 5 天

952. 关于商品盘点操作，说法错误的是（　　）。

A. 对货卡、以货对卡

B. 对账，对商品明细账

C. 点货，点库存商品

D. 核对相符应做好盘点标记并盖章

953. 店长要在（　　）告知填写盘点的方法。

A. 盘点作业正式开始前

B. 盘点作业进行中

C. 盘点作业结束后

D. 平时工作中

954. 不属于盘点作业内容的是（　　）。

A. 初点作业　　　B. 散点作业

C. 复点作业　　　D. 抽点作业

955. 不属于盘点顺序的是（　　）。

A. 先盘点购买低频率的商品

B. 近距离的商品先盘点

C. 由左而右盘点

D. 由上而下盘点

956. 复点在初点进行一段时间后进行，复点人员须用（　　）填表。

A. 蓝色水笔

B. 黑色圆珠笔

C. 红色圆珠笔

D. 黑色水笔

957. 每次盘点时必须由（　　）实事求是地填写规范检查表。

A. 店员　　　　B. 检查的负责人

C. 店长　　　　D. 店长助理

958. 门店盘点作业执行（　　）的工作情况，将其纳入连锁企业总部营运考核门店的指标之中。

A. "门店盘点操作规范检查表"

B. 盘点表

C. "药品变价单"

D. "客户档案表"

959. 盘点记录善后工作内容不包括（　　）。

A. 补充商品

B. 将陈列的样子恢复到原来的状态

C. 清扫通道上的纸屑、垃圾

D. 通知供应商

960. 门店要将盘点结果送至（　　）。

A. 总部财务部

B. 人力资源部

C. 行政总部

D. 总店

961. 不属于盘点后处理流程的是（　　）。

A. 计算盘点结果

B. 资料整理

C. 抽点作业

D. 根据盘点结果找出问题，并提出改善对策

962. 盘点作业的账册工作就是（　　）。

A. 得出该门店的的营业业绩

B. 结算出毛利和净利

C. 将盘点单的原价和数量相乘，合计出商品的盘点金额

D. 做好盘点的准备工作

963. 造成盘点作业结果存在异常情

况的原因可能是（　　）。

A. 盘点不实

B. 盘损率设计不够详细

C. 奖励不够

D. 惩罚不严

964. 当盘点作业存在异常情况时，不可取的措施是（　　）。

A. 重新盘点

B. 查找经营管理的缺陷

C. 涂改盘点数据

D. 检查盘点的方法

965. 某门店盘点结果是盘损金额 5 万元，已知期初库存是 200 万元，本期进货是 300 万元，实际盘损率是（　　）。

A. 0.01　　　　B. 0.02

C. 0.03　　　　D. 0.04

966. 店长要在（　　）教育和启发员工了解有关商品盘点的重要性和必要性。

A. 盘点前　　　B. 盘点后

C. 盘点时　　　D. 平时工作中

967. 盘点时最少（　　），以求盘点的正确性。

A. 五人一组　　B. 四人一组

C. 三人一组　　D. 两人一组

968. 卖场上的商品在盘点展开前应（　　），以便于盘点的实施。

A. 分散整理

B. 按价格高低排列

C. 折价销售

D. 集中整理

5.3　会计基础知识

5.3.1　会计核算常识

969. 会计凭证按照其填制程序和用途，可以分为原始凭证和记账凭证。（　　）

A. 正确　　　　B. 错误

970. 账户是科目的名称，科目是账户的具体应用。（　　）

A. 正确　　　　B. 错误

971. 账户中"借"、"贷"只是记账的符号，没有字义解释。（　　）

A. 正确　　　　B. 错误

972. 资产负债表是反映企业年内产生利润金额的财务报表。（　　）

A. 正确　　　　B. 错误

973. 损益表是阐明企业净流动资金变化的财务报表。（　　）

A. 正确　　　　B. 错误

974. 记账时，必须按照页码顺序逐行逐页连续登记，不能跳行、隔页。（　　）

A. 正确　　　　B. 错误

975. 下列不属于原始凭证的是（　　）。

A. 购销活动的发票

B. 收款凭证

C. 借款申请单

D. 领料单

976. 会计工作的起点和基础是（　　）。

A. 填制和取得会计凭证

B. 设置和运用会计账户

C. 成本计算

D. 财产清查

977. 作为登记账簿依据的凭证是（　　）。

A. 转账凭证　　B. 发票

C. 原始凭证　　D. 记账凭证

978. 属于流动资产的是（　　）。

A. 存货　　　　B. 商誉

C. 房产　　　　D. 应付账款

979. 属于所有者权益的是（　　）。

A. 实收资本　　B. 应收账款

C. 库存现金　　D. 商誉

980. 属于负债的是（　　）。

A. 应收账款　　B. 资本公积

C. 销售费用　　D. 短期借款

981. 各类会计信息的载体是（　　）。

A. 账簿　　　　　B. 会计凭证

C. 会计报表　　　D. 会计科目

982. 某企业的负债为 12 万元、所有者权益为 30 万元，则企业的资产为（　　）。

A. 42 万元　　　　B. 21 万元

C. 18 万元　　　　D. 9 万元

983. 某企业的资产为 80 万元，负债为 30 万元，则此企业的所有者权益为（　　）。

A. 100 万元　　　B. 110 万元

C. 120 万元　　　D. 50 万元

984. 资产负债表的结构是以（　　）会计平衡公式为依据的。

A. 收入＝费用＋利润

B. 利润＝收入－费用

C. 负债＝资产－所有者权益

D. 资产＝负债＋所有者权益

985. 下列各项不属于资产负债表左方项目的是（　　）。

A. 应付账款

B. 货币资金

C. 长期投资

D. 应收账款

986. 资产负债表是表示企业资产如何分类，资金是怎样被融资的财务报表，它属于（　　）。

A. 动态报表　　　B. 静态报表

C. 总账　　　　　D. 明细账

987. 反映企业年内产生利润金额的财务报表是（　　）。

A. 资产负债表

B. 现金流量表

C. 总账

D. 损益表

988. 损益表是反映企业年内产生利润金额的财务报表，它属于（　　）。

A. 动态报表　　　B. 静态报表

C. 总账　　　　　D. 明细账

989. 不属于企业基本财务报表的是（　　）。

A. 资产负债表

B. 损益表

C. 现金流量表

D. 财务状况变动表

990. 下列选项中不属于结账的基本要求的是（　　）。

A. 确保账簿记录完整性

B. 计算奖金额

C. 按规定支付供应商应付账款

D. 门店核实柜组全部库存商品，计算总余额

991. 下列哪项不是对账的主要工作（　　）。

A. 账表核对

B. 账账核对

C. 账证核对

D. 账实核对

992. 下列哪项不是柜组设置的账表（　　）。

A. 商品验收单

B. 商品调拨单

C. 商品盘存表

D. 银行对账单

三、医药商品购销员（四级）技能操作习题

1. 药品介绍

1.1 常用药品的作用、用途、不良反应及注意事项

操作要求：

（1）根据疾病需要取出合适的药品。在答题卷上写出所选的药品名称。将药品放回原处。

（2）完成选择题（注：多选题多选或漏选均不得分）。

（3）完成简答题。

1.1.1 小儿感冒发热的用药介绍

选择题：

1. 下列属于抗病毒药物的是( )。

A. 青霉素　　　　B. 阿奇霉素

C. 利巴韦林　　　D. 诺氟沙星

2. 下列用于病毒性感冒的药是（ ）（多选题）。

A. 小柴胡片　　　B. 板蓝根颗粒

C. 神曲　　　　　D. 午时茶颗粒

E. 藿香正气口服液

3. 针对小儿用药，下列哪项不正确（ ）。

A. 要结合儿童的生理特点用药

B. 小儿感冒时，可普遍使用抗生素

C. 按规定用量服药

D. 药物必须结合儿童具体情况计算用药量

4. 暑热型感冒宜选用（ ）。

A. 藿香正气口服液

B. 双黄连口服液

C. 羚羊感冒片

D. 小柴胡片

5. 能够预防阿司匹林诱发凝血障碍的药物是（ ）。

A. 维生素 C　　　B. 维生素 A

C. 维生素 K　　　D. 维生素 E

6. 阿司匹林的临床用途不包括（ ）（多选题）。

A. 缓解钝痛　　　B. 抗痛风

C. 抗血栓　　　　D. 抗炎抗风湿

E. 缓解锐痛

7. 儿童因病毒感染引起发热、头痛，需要使用解热镇痛药时，应首选（ ）。

A. 对乙酰氨基酚　B. 吲哚美辛

C. 布洛芬　　　　D. 阿司匹林

8. 伴消化性溃疡的发热病人宜选用（ ）。

A. 阿司匹林　　　B. 对乙酰氨基酚

C. 保泰松　　　　D. 吲哚美辛

简答题：

小儿高热能使用复方阿司匹林吗？为什么？

1.1.2 急/慢性支气管炎的用药介绍

选择题：

1. 急性支气管炎患者出现脓痰并伴有高热选用下列的药物是（ ）（多选题）。

A. 头孢拉定　　　B. 氨茶碱

C. 右美沙芬　　　D. 盐酸氨溴索

E. 对乙酰氨基酚

2. 单纯型慢性支气管炎引起的无痰干咳选用的药物是（ ）。

A. 氨茶碱

B. 溴己新

C. 枸橼酸喷托维林

D. 氨溴索

3. 慢性支气管炎患者要注意（　　）（多选题）。

A. 戒烟　　　　　B. 保暖

C. 加强锻炼　　　D. 预防感冒

E. 防止吸入寒冷空气

4. 卡介苗多糖核酸具有（　　）作用。

A. 镇咳祛痰　　　B. 免疫调节

C. 抗病毒　　　　D. 抗菌

5. 异丙托溴铵具有的作用是（　　）

A. 镇咳　　　　　B. 扩张支气管

C. 祛痰　　　　　D. 控制感染

6. 盐酸溴己新的具有的作用是（　　）

A. 镇咳　　　　　B. 祛痰

C. 平喘　　　　　D. 抗过敏

7. 氧氟沙星具有的作用是（　　）。

A. 镇咳　　　　　B. 祛痰

C. 抗菌　　　　　D. 抗病毒

8. 沙丁胺醇具有的作用是（　　）。

A. 镇咳　　　　　B. 祛痰

C. 平喘　　　　　D. 抗过敏

简答题：

急性支气管炎的常见症状有哪些?

1.1.3　肺炎球菌肺炎的用药介绍

（说明：根据肺炎球菌肺炎治疗需要取出合适的药品）

选择题：

1. 长期使用可继发性引起真菌性肺炎（　　）。

A. 青霉素　　　　B. 红霉素

C. 糖皮质激素　　D. 林可霉素

2. 肺炎健康指导描述正确的是（　　）（多选题）。

A. 宜进食高热量、高蛋白、高维生素、易消化的饮食、多饮水

B. 戒烟酒，避免受寒，过劳等诱发因素

C. 坚持治疗慢性疾病，预防感染

D. 加强锻炼，增强营养，保证充足的休息时间

E. 降低血脂，肥胖者限制饮食

3. 肺炎球菌肺炎的首选治疗药物是（　　）。

A. 林可霉素　　　B. 红霉素

C. 氯苯那敏　　　D. 青霉素

4. 肺炎球菌肺炎的典型症状不包括（　　）。

A. 起病急骤，高热

B. 寒战、咳嗽

C. 铁锈色痰

D. 干咳

5. 肺炎球菌肺炎的治疗药物是（　　）（多选题）。

A. 青霉素　　　　B. 红霉素

C. 头孢拉定　　　D. 林可霉素

E. 左氧氟沙星

6. 下列对支原体引起的肺炎有对因治疗作用（　　）。

A. 环丙沙星　　　B. 阿莫西林

C. 红霉素　　　　D. 糖皮质激素

7. 肺炎球菌性肺炎且肾功能低下患者，避免使用（　　）。

A. 红霉素　　　　B. 青霉素

C. 环丙沙星　　　D. 氧氟沙星

E. 头孢氨苄

8. 传染性非典型肺炎的临床症状为（　　）（多选题）。

A. 部分病人干咳

B. 发热，体温一般高于38℃

C. 严重者出现呼吸窘迫和脏器衰竭

D. 低热

E. 鼻塞、喷嚏

简答题：

写出肺炎球菌肺炎的诱因。肺炎球菌肺炎的全身症状和呼吸系统症状有哪些?

1.1.4 急性胃肠炎的用药介绍

选择题：

1. 急性胃肠炎严重腹泻可选用的止泻药是（　　）。

A. 蒙脱石散　　　B. 山莨菪碱

C. 硫酸镁　　　　D. 甲氧氯普胺

2. 急性胃肠炎可配合使用下列哪种抗菌药有效（　　）（多选题）。

A. 硫酸庆大霉素　B. 诺氟沙星

C. 盐酸小檗碱　　D. 青霉素 V 钾

E. 罗红霉素

3. 易蒙停的作用是（　　）。

A. 止泻　　　　　B. 导泻

C. 解热　　　　　D. 镇痛

4. 山莨菪碱的作用是（　　）。

A. 解热镇痛

B. 止泻

C. 缓解胃肠道平滑肌痉挛

D. 杀菌

5. 环丙沙星的作用是（　　）。

A. 解热镇痛　　　B. 止泻

C. 杀菌　　　　　D. 解除胃肠痉挛

6. 轻度腹泻可选用的中成药是（　　）（多选题）。

A. 霍香正气丸　　B. 保和丸

C. 附子理中丸　　D. 复方丹参滴丸

E. 六味地黄丸

7. 5 岁以下儿童为什么不能用易蒙停止泻（　　）。

A. 作用太强

B. 作用太弱

C. 影响中枢神经系统

D. 易成瘾

8. 儿童腹泻可选用下列哪些止泻药（　　）（多选题）。

A. 蒙脱石散

B. 鞣酸蛋白酵母散

C. 酚酞

D. 保济丸

E. 开塞露

简答题：

急性胃肠炎的常见病因．消化道症状及其它症状是什么？

1.1.5 消化性溃疡的用药介绍

选择题：

1. 下列阻断 H_2 受体而抑制胃酸分泌的药物是（　　）（多选题）。

A. 西咪替丁　　　B. 雷尼替丁

C. 奥美拉唑　　　D. 法莫替丁

E. 兰索拉唑

2. 抑制胃酸分泌最有效的药物是（　　）。

A. 硫糖铝　　　　B. 雷尼替丁

C. 氢氧化铝凝胶　D. 枸橼酸铋钾

3. 下列属于胃黏膜保护药的是（　　）（多选题）。

A. 硫糖铝　　　　B. 西咪替丁

C. 复方氢氧化铝　D. 枸橼酸铋钾

E. 兰索拉唑

4. 可以治疗十二指肠溃疡的药物是（　　）。

A. 雷尼替丁　　　B. 阿托品

C. 苯海拉明　　　D. 异丙嗪

5. 属于质子泵抑制剂的药物是（　　）。

A. 硫糖铝　　　　B. 西咪替丁

C. 奥美拉唑　　　D. 枸橼酸铋钾

6. 能中和胃酸但可引起便秘作用的药物是（　　）。

A. 雷尼替丁　　　B. 碳酸氢钠

C. 氢氧化铝　　　D. 三硅酸镁

7. 能保护溃疡面，并具有杀灭幽门螺杆菌作用的药物是（　　）。

A. 硫糖铝　　　　B. 西咪替丁

C. 奥美拉唑　　　D. 枸橼酸铋钾

8. 对幽门螺杆菌有抑制作用的药物是（　　）（多选题）。

A. 克林霉素　　　B. 替硝唑

C. 庆大霉素　　　D. 阿莫西林

E. 呋喃唑酮

简答题:

消化性溃疡的常见症状有哪些?

1.1.6　消化系统常见疾病的用药介

绍（说明：根据急/慢性胃炎的疾病需要

取出合适的药品）

选择题:

1. 治疗胃溃疡可选用的药物是

（　　）。

A. 奥美拉唑　　　B. 阿托品

C. 甲氧氯普胺　　D. 山莨菪碱

2. 缓解胃痉挛可选用的药物是

（　　）（多选题）。

A. 奥美拉唑　　　B. 阿托品

C. 颠茄　　　　　D. 蒙脱石散

E. 多潘立酮

3. 商品名是洛赛克的药物是(　　)。

A. 奥美拉唑　　　B. 阿托品

C. 甲氧氯普胺　　D. 蒙脱石散

4. 奥美拉唑的作用是（　　）。

A. 阻断胃泌素受体

B. 阻断 H_2 受体

C. 抗酸

D. 抑制质子泵

5. 硫糖铝的作用是（　　）。

A. 杀菌　　　　　B. 阻断 H_2 受体

C. 抗酸　　　　　D. 保护胃黏膜

6. 能产生碱血症的药物是（　　）。

A. 碳酸钙　　　　B. 三硅酸镁

C. 碳酸氢钠　　　D. 氢氧化铝

7. 胃溃疡急性出血可静脉滴注的药

物是（　　）。

A. 枸橼酸铋钾　　B. 西咪替丁

C. 碳酸氢钠　　　D. 甲氧氯普胺

8. 甲硝唑治疗胃溃疡的作用是

（　　）。

A. 阻断 H_2 受体

B. 杀灭幽门螺杆菌

C. 抗酸

D. 保护胃黏膜

简答题:

胃溃疡的症状．功能性消化不良的症

状及慢性胆囊炎的症状分别是什么?

1.1.7　原发性高血压的用药介绍

选择题:

1. 高血压伴心绞痛病人宜选用的药

物是（　　）（多选题）。

A. 硝苯地平　　　B. 可乐定

C. 肼屈嗪　　　　D. 卡托普利

E. 普萘洛尔

2. 伴有 2 型糖尿病的患者首选降压

药物是（　　）。

A. 氢氯噻嗪　　　B. 普萘洛尔

C. 卡托普利　　　D. 硝苯地平

3. 噻嗪类药物适用于伴有何种疾病

的高血压患者（　　）。

A. 痛风　　　　　B. 心力衰竭

C. 糖尿病　　　　D. 高脂血症

4. 具有降血压、抗心绞痛及抗心律

失常三种作用的药物是（　　）

A. 利血平　　　　B. 硝普钠

C. 硝苯地平　　　D. 普萘洛尔

5. 可用于高血压危象的药物是

（　　）。

A. 复方降压片　　B. 美托洛尔

C. 哌唑嗪　　　　D. 硝普钠

6. 不能耐受磺胺类药物者也不能耐

受（　　）。

A. 依那普利　　　B. 哌唑嗪

C. 吲达帕胺　　　D. 氯沙坦

7. 卡托普利的不良反应是（　　）

（多选题）。

A. 心悸　　　　　B. 咳嗽

C. 体位性低血压　D. 面色潮红

E. 味觉迟钝

8. 能使胃溃疡加重的降压药物是

（　　）。

A. 可乐定　　　　B. 硝苯地平

C. 甲基多巴　　　D. 利血平

简答题：

原发性高血压发病特点是什么？有哪些一般表现？

1.1.8　心绞痛的用药介绍

选择题：

1. 心绞痛发作时可选用的药物是（　　）。

A. 卡托普利　　　B. 硝酸甘油

C. 地高辛　　　　D. 哌唑嗪

2. 预防心绞痛发作可选用的药物是（　　）（多选题）。

A. 硝酸异山梨醇酯

B. 普萘洛尔

C. 维拉帕米

D. 复方丹参滴丸

E. 卡托普利

3. 变异性心绞痛不宜选用的药物是（　　）。

A. 硝酸甘油　　　B. 普萘洛尔

C. 硝苯地平　　　D. 维拉帕米

4. 下列联合用药中，在缓解期治疗心绞痛最佳选择的是（　　）

A. 普萘洛尔 + 阿替洛尔

B. 硝酸甘油 + 硝酸异山梨醇酯

C. 硝酸甘油 + 硝苯地平 + 普萘洛尔

D. 硝苯地平 + 维拉帕米

5. 硝酸脂类舒张血管平滑肌的机制是在体内产生的物质是（　　）

A. CO　　　　　　B. CO_2

C. NO　　　　　　D. H_2

6. 心绞痛伴哮喘患者不宜选用的药物是（　　）。

A. 地西泮　　　　B. 普萘洛尔

C. 硝酸甘油　　　D. 复方丹参滴丸

7. 消心痛的通用名是（　　）。

A. 硝酸甘油

B. 硝苯地平

C. 硝酸异山梨醇酯

D. 普萘洛尔

8. 突然停药后易发生反跳现象的药物是（　　）。

A. 普萘洛尔　　　B. 消心痛

C. 硝苯地平　　　D. 正确清洗外阴

E. 维拉帕米

简答题：

稳定性心绞痛的典型发作诱因、症状分别有哪些？发作持续多少时间及缓解方式是什么？

1.1.9　泌尿道感染的用药介绍

选择题：

1. 尿路感染的主要致病菌是（　　）。

A. 大肠埃希菌

B. 金黄色葡萄球菌

C. 铜绿假单胞菌

D. 粪链球菌

2. 尿路感染的主要途径是（　　）。

A. 血行感染　　　B. 淋巴管感染

C. 上行感染　　　D. 直接感染

3. 能缓解尿路感染引起的高热、头痛的药物是（　　）。

A. 对乙酰氨基酚　B. 阿托品

C. 氯苯那敏　　　D. 氯丙嗪

4. 口服磺胺类药物的注意事项是（　　）。

A. 多运动　　　　B. 少饮水

C. 同服碳酸氢钠　D. 同服维生素 C

5. 抗尿路感染的药物治疗指导正确的是（　　）

A. 按时按量用药

B. 显效后及时减少剂量

C. 注意个人卫生

D. 采用 2 种以上抗生素联合治疗

6. 尿路感染伴有腹部痉挛疼痛患者适宜使用的药物是（　　）。

A. 氧氟沙星 + 阿托品

B. 增效联磺 + 哌替啶

C. 氧氟沙星 + 吗丁啉

D. 头孢哌酮 + 哌替啶

7. 尿路感染抗菌治疗方案不正确的是（　　）。

A. 短疗程疗法常用磺胺类药物

B. 常选用对 G¯ 菌有效的药物

C. 根据药敏试验选用抗生素

D. 首选青霉素治疗

8. 对尿路感染患者进行健康指导正确的是（　　）（多选题）。

A. 保持良好的卫生习惯

B. 多饮水

C. 不留残尿

D. 正确清洗外阴

E. 劳逸结合、避免劳累

简答题：

急性膀胱炎的常见症状有哪些？

1.1.10　糖尿病的用药介绍

选择题：

1. 胰岛素的主要不良反应是（　　）。

A. 低血糖反应

B. 腹泻、恶心，胃部不适

C. 胃部不适，发热

D. 视力障碍

2. 甲苯磺丁脲的主要不良反应是（　　）（多选题）。

A. 低血糖反应

B. 腹泻、恶心，胃部不适

C. 血小板减少症

D. 视力障碍

E. 白细胞减少

3. 对肥胖的 2 型糖尿病患者首选的降糖药是（　　）。

A. 二甲双胍　　　B. 格列齐特

C. 胰岛素　　　　D. 阿卡波糖

4. 格列齐特的主要不良反应是（　　）（多选题）。

A. 低血糖反应

B. 腹泻、恶心，胃部不适

C. 发热

D. 白细胞减少

E. 便秘

5. 刺激胰岛 β 细胞释放胰岛素的药物是（　　）。

A. 格列齐特　　　B. 二甲双胍

C. 胰岛素　　　　D. 阿卡波糖

6. 主要用于餐后血糖明显升高的药物是（　　）。

A. 格列齐特　　　B. 二甲双胍

C. 阿卡波糖　　　D. 格列本脲

7. 二甲双胍的不良反应是（　　）。

A. 低血糖反应

B. 腹泻、恶心，口中有金属味

C. 血小板减少症

D. 视力障碍

8. 格列本脲的注意事项是（　　）。

A. 低血糖反应

B. 对磺胺药过敏者慎用

C. 血小板减少症患者慎用

D. 甲状腺功能亢进者慎用

简答题：

糖尿病的常见症状和其他症状有哪些？糖尿病酮症酸中毒的主要表现有哪些？酮体包括哪些物质？

1.1.11　皮肤疾病的用药介绍

（说明：根据单纯性疱疹疾病需要取出合适的药品）

选择题：

1. 过敏性皮肤病可选用的药物是（　　）。

A. 藿香正气口服液

B. 氯雷他定

C. 午时茶颗粒

D. 正柴胡颗粒

2. 过敏性皮肤病的临床表现有（　　）（多选题）。

A. 荨麻疹　　　　B. 湿疹

C. 接触性皮炎　　D. 药疹

E. 痤疮

3. 丹毒是由哪种微生物侵入皮肤及其网状淋巴管引起的急性炎症（　　）。

A. 铜绿假单胞菌

B. 霉菌

C. 溶血性链球菌

D. 金黄色葡萄球菌

4. 引起单纯疱疹的微生物属于（　　）。

A. 霉菌

B. 病毒

C. 革兰阳性球菌

D. 革兰阴性杆菌

5. 阿昔洛韦可以缓解下列哪种疾病的症状（　　）。

A. 脚癣　　　　B. 脓疱疮

C. 沙眼　　　　D. 单纯性疱疹

6. 氯雷他定的药理作用是（　　）。

A. 抑制组胺所引起的过敏症状

B. 中枢抑制作用

C. 收缩鼻黏膜血管

D. 抗病毒

7. 单纯疱疹疾病不使用以下哪种药物（　　）。

A. 炉甘石洗剂　　B. 阿昔洛韦

C. 板蓝根　　　　D. 氯雷他定

8. 接触性皮炎和湿疹一般不主张使用下列何种药物（　　）。

A. 皮质类固醇静滴

B. 口服氯雷他定

C. 静注10%葡萄糖酸钙

D. 皮质类固醇糊剂

简答题：

单纯性疱疹疾病的常见症状有哪些？

1.1.12　过敏性鼻炎的用药介绍

选择题：

1. 过敏性鼻炎可选用的药物是（　　）（多选题）。

A. 苯巴比妥　　B. 扑尔敏

C. 奥美拉唑　　　D. 沙丁胺醇

E. 氯雷他定

2. 下列哪种药物是组胺 H_1-受体阻滞剂（　　）。

A. 氢氯噻嗪　　B. 丙米嗪

C. 氯丙嗪　　　D. 异丙嗪

3. 抗组胺药最常见的不良反应是（　　）。

A. 中枢抑制　　B. 胃肠道反应

C. 肝肾损害　　D. 骨髓抑制

4. 用药期间不宜驾驶车辆、不宜高空作业的药物是（　　）。

A. 苯海拉明　　B. 阿司咪唑

C. 特非那定　　D. 氯雷他定

5. 下列哪个药是复方抗感冒药中常含有的组胺 H_1-受体阻滞剂（　　）。

A. 开瑞坦　　　B. 扑尔敏

C. 异丙嗪　　　D. 阿司咪唑

6. 与氯丙嗪、哌替啶配伍组成人工冬眠合剂的药物是（　　）。

A. 苯海拉明　　B. 扑尔敏

C. 阿司咪唑　　D. 异丙嗪

7. 有较强心脏毒性的抗组胺药是（　　）。

A. 氯雷他定　　B. 扑尔敏

C. 异丙嗪　　　D. 阿司咪唑

8. 用药期间不影响正常工作的药物是（　　）。

A. 苯海拉明　　B. 扑尔敏

C. 异丙嗪　　　D. 氯雷他定

简答题：

过敏性鼻炎的常见症状有哪些？常见的并发症有哪些？

2. 药品购销

2.1　客户服务

2.1.1　咨询接待及处理投诉

情景：

刘先生（顾客）

王英（药店店长）

（王英正在办公室进行客户资料的整理，突然听到有礼貌的敲门声。）

王英：请进，请坐。

刘先生：不好意思，打扰您了，我有个问题想咨询一下。

王英（面带微笑）：不客气，您请讲。

刘先生（焦急的）：10天前我在你们的药店买了2瓶复方甘草合剂，为女儿备用。当时没有发现什么，昨天我在无意中打开发现其中一瓶有渗漏，也是在昨天，我到一家＊＊药店买药，无意中看到复方甘草合剂价格比你们药店的便宜，我想问一下，你们如何处理这瓶有渗漏的复方甘草合剂，价格能按＊＊药店的价格卖给我吗？请问如果你是店长如何处理这个问题？

操作要求：

（1）根据咨询接待的要求，写出咨询接待的主要步骤。

（2）写出咨询接待步骤的注意事项。

（3）设计一个《顾客咨询处理记录表》。

（4）写出顾客投诉处理的基本原则。

（5）写出处理该事件的基本步骤。

2.1.2 药品退换货处理程序

情景：

一位刚刚买了银翘维C片的顾客回到药店要求退货。顾客声称该药品内包装铝箔片封口不严，且药片部分出现变色，要求更换或退货。如果你是药店的销售人员你会如何处理？

操作要求：

（1）写出退换货药品检查过程。

（2）写出台账记录过程。

（3）写出退换货处理步骤。

（4）写出商品退换遵循的基本原则。

2.2 药品购销实务

2.2.1 首营品种的审核

操作要求：

（1）根据首营药品的审核要求，从资料柜中正确找出首营药品审核的主要资料，并把资料名称写在答题卷上。

（2）根据首营药品的审核要求，从资料柜中正确找出供货商提供的主要资料，并把资料名称写在答题卷上。

（3）根据下列药品样品清单提供的素材资料，正确填制《首营品种审核表》。

药品样品清单

序号	药品名称	规格	数量	生产厂家	批发价（元）	零售价（元）	生产批号	有效期
1	氯雷他定片（开瑞坦）	10mg×6	6	先灵葆雅	12.30	16.20	130506059	2015/4/30

注：收购实价为10.20元

2.2.2 执行购销合同

背景资料：

某药品批发企业从利群医药公司购进药品，进货单如下：

进货日期	药品名称	规格	数量	生产企业	生产批号	有效期
2013/11/3	新复方大青叶片	24片×20	20	山东润华药业	20120506	201505
2013/11/3	藿香正气水	10ml×10	10	齐鲁药厂	20130827	201508
2013/11/3	牛磺酸颗粒	0.4g×12	6	北京首尔药厂	20120515	201405

续表

进货日期	药品名称	规格	数量	生产企业	生产批号	有效期
2013/11/3	盐酸西替利嗪片（西可韦）	10mg×12	5	苏州东瑞制药有限公司	20120710	201407
2013/11/3	布洛芬缓释胶囊（芬必得）	300mg×20	10	中美天津史克制药有限公司	20131015	201410
2013/11/3	复方酮康唑软膏	7g	20	青岛国风药业有限公司	20120212	201402

操作要求：

（1）写出执行药品购销合同的程序。

（2）写出填写购进记录表的要求及购进记录保存的时间。

（3）根据背景资料填写《药品购进记录表》。

2.2.3 客户拜访

情景：

李斌是一家医药经营企业的销售员，准备拜访通过他人介绍的一位客户（客户资料：复兴大药房有限公司，采购经理：万敏 女33岁，拟定访谈时间15分钟），李斌该如何进行首次客户拜访工作？

操作要求：

（1）写出拜访前的准备工作。

（2）根据提供的背景资料，拟写《客户访谈计划表》（表格必须填满内容）。

（3）写出拜访时注意事项。

2.2.4 建立客户档案

情景：

如果你是一家药店的营业员，在药店附近社区居住的王刚先生患有高血压疾病，他到药店来买降压药，你将如何给他推荐合适的降压药品？（王刚个人资料：男，68岁，住址：华亭路65号222室，联系方式：66666666，他要求：定期上门测量血压；定期反馈用药情况；送药上门）。如何建立客户档案？

操作要求：

（1）写出如何确定客户。

（2）写出客户培育的过程。

（3）根据提供的背景资料，正确填制《客户档案表》（表格必须填满内容）。

2.2.5 编制销售计划

背景资料：

在上海、北京、广州等一类城市，珍视明滴眼液被年轻消费者视为低端产品（零售价：12.8元/支）。在消费者心目中，"珍视明很便宜"、"学生用的产品"、"低档"、"毕业后再也没买过"等消费者对品牌的认知，严重制约了产品的销售空间。随着滴眼液市场的快速扩大，竞争日趋激烈。一方面，以曼秀雷敦、正大福瑞达为代表的外资、合资企业凭借着高超的营销技术，一入市就以高价格、高利润、强势推广的营销策略，快速蚕食着国内滴眼液市场。在这种局面下，日本的中新强力珍珠滴眼液的市场份额也在不断萎缩。但珍视明的"防治假性近视"功能，是市场占有率相近的几个竞争品牌所没有的，暂时没有产品能够跟进扰乱。调查发现，珍视明的主要购买者是15～35岁的人群。珍视明锁定学生群体，提出"防近视珍视明"的宣传策略，通过反复诉求，强化珍视明滴眼液采用天然珍珠层粉以及名贵的天然冰片，温和无刺激，具有明目去翳、清热解痉之功效。使消费者需求与品牌直接对接，逐步培养起消费者的品牌忠诚；为建立消费者对珍视明的知名度，提升品牌认知和好感奠定了基础。

2009 年开始珍视明重新调整了品牌定位，在产品的具体诉求上力求差异化，将"消除眼疲劳"、"预防视力下降"、"防止假性近视"并列传播，充分张扬产品本身的独特之处。目前，珍视明在广州市场主要以零售药店销售为主，在广州零售药店的眼科外用制剂中占销售排名第 10 名，市场占有率为 4.2%，年销售额为 760 万元。公司决定以广州市场作为一类城市重点市场建设对象。

请根据广州市场目前的销售情况，以提升该品种在广州眼科外用制剂的市场占有率为根本目标制定新的销售计划。

操作要求：

（1）分析现状并确定销售目标。

（2）制定销售策略。

（3）编制销售计划。

2.2.6 调价操作

背景资料：

同济大药房连锁药店是一家兼营西药、中成药、中药材、中药饮片、保健品及医疗器械的大型药品零售连锁企业。岁末临近，各大商超和药店迎来传统的"促销旺季"。为了完成年终的销售任务，各大药店都绞尽脑汁打出各种各样的促销牌，同济大药房也不例外。以"冬季保健节"为促销主题，不惜牺牲毛利，进行为期两周的医药商品优惠活动，需要各分店进行促销产品调价。调价内容详见调价通知单。

假设你是同济大药房第 31 分店的销售人员，目前门店现有同仁堂乌鸡白凤丸（10 丸/盒）共 35 盒；哈药牌钙铁锌口服液（10ml×12 支/盒）共 30 盒。请根据要求进行操作。

同济大药房商品调价通知单

日期：2013 年 12 月 16 日

货号	品名	规格	单位	原单价	调整单价	备注
443122	同仁堂乌鸡白凤丸	10 丸	盒	10.50 元	8.00 元	促销调价
442400	哈药牌钙铁锌口服液	10ML×12 支	盒	19.80 元	14.90 元	促销调价
...	...	...	...	...	...	...

采购部：×××   执行日期：2013 年 12 月 17 日～12 月 31 日

操作要求：

（1）根据所给调价通知单填写药品变价单，确认新售价变更账面库存金额。

（2）根据商品变价单内容填写《商品标价签》。

（3）填制商品标价签应注意事项。

2.3 经济核算

2.3.1 应收、应付账款的处理

背景资料：

你是某医药经营公司的医药商品销售员，你不但能顺利完成公司下达的年销售指标，而且能实现较高的资金回笼率，请介绍如何运用收款技巧和方法实现货款回收的。

操作要求：

（1）根据提供的背景资料，写出预防债务发生的方法。

（2）根据提供的背景资料，写出收账技巧。

（3）根据提供的背景资料，写出收账策略。

2.3.2 商业盘点操作

情景：

张力是开心人大药房的营业员，根据店长指示，她与同事王梅、陈民将用两天时间对该药店进行盘点，她将进行哪些盘点工作？请填写相应的表格。

资料：

（1）药品库存信息

药品 xxx 规格 25mg/片（货号 A0001）数量 12 盒，零售价 128.00 元/盒；

药品 yyy 规格 50mg/片（货号 B0002）数量 15 盒，零售价 26.60 元/盒；

药品 zzz 规格 100mg/片（货号 C0003）数量 50 盒，零售价 25.00 元/盒；

（2）药品盘点情况

初盘（王梅）

药品 xxx（货号 A0001）数量 12 盒，零售价 128.00 元/盒；

药品 yyy（货号 B0002）数量 14 盒，零售价 26.60 元/盒；

药品 zzz（货号 C0003）数量 50 盒，零售价 25.00 元/盒；

复盘（陈民）

药品 xxx（货号 A0001）数量 13 盒，零售价 128.00 元/盒；

药品 yyy（货号 B0002）数量 14 盒，零售价 26.60 元/盒；

药品 zzz（货号 C0003）数量 50 盒，零售价 25.00 元/盒；

抽盘（张力）

药品 xxx（货号 A0001）数量 13 盒，零售价 128.00 元/盒；

药品 zzz（货号 C0003）数量 50 盒，零售价 25.00 元/盒；

操作要求：

（1）按照商品盘点的操作步骤，写出盘点前的准备工作要点。

（2）按照商品盘点的操作步骤，写出盘点流程。

（3）根据情景和提供的信息资料，正确填制《商品盘点表》。

2.3.3 营业利润额指标计算

资料一： 您是开心人药店的店长，该药店 6 月份销售收入为 210000 元，销售成本为 176400 元，其中经营的焦决明（精制饮片）的进价是 5 元/盒，零售价是 8 元/盒。请您写出毛利、毛利率、销售扣率的计算公式。并计算您这个药店 6 月份的毛利、毛利率和焦决明这种药品的销售扣率。

资料二： 开心人药店是小规模纳税人，按照相关规定，其流转税率为销售收入的 4%，城建税为流转税率的 7%，教育附加费为流转税率的 3%，企业所得税为去流转税后的销售收入的 0.5%，请计算开心人药店 6 月份的流转税、城建税、教育附加费，企业所得税。

资料三： 开心人药店 6 月份核定费用率为 10%，计算开心人药店六月份的费用、税金总额、营业利润。

操作要求：

（1）按照营业利润指标的核算方法，根据所给的资料一，写出公式并计算毛利，毛利率，销售扣率。

（2）按照销售税金的计算方法，根据所给资料二，写出公式并计算流转税、城建税、教育费附加费、企业所得税。

（3）根据所给资料三，写出公式并计算销售税金总额、费用、营业利润。

3. 药品验收与养护

3.1 药品的日常养护

3.1.1 药品的验收

背景资料：

某药品批发企业从华谊医药公司购进药品，进货单如下：

进货日期	药品名称	规格	数量	生产企业	生产批号	有效期
2012/5/4	双分伪麻片/美扑伪麻片（日夜百服咛）	日片×8夜片×4	20	上海施贵宝有限公司	1105561	2014/04
2012/5/4	复方磷酸可待因溶液（联邦止咳露）	120ml	10	深圳市制药厂	20110827	2014/07
2012/5/4	氯雷他定片	10mg×6	6	上海先灵葆雅制药有限公司	11ERXF1005	2014/05/05
2012/5/4	盐酸西替利嗪片（西可韦）	10mg×12	5	苏州东瑞制药有限公司	1008022	2012/08
2012/5/4	布洛芬缓释胶囊（芬必得）	300mg×20	10	中美天津史克制药有限公司	10110054	2013/10
2012/5/4	复方酮康唑软膏	7g	20	上海宝龙药业有限公司	110301	2013/02

操作要求：

根据背景资料给出的进货单回答下列问题：

（1）写出药品验收的依据。

（2）写出药品验收的方法、场所和时限。

（3）写出药品验收的内容。

（4）填写《药品验收记录表》。

3.1.2　药品的日常养护及档案填写

背景资料：

某药品批发企业仓库，其部分库存药品清单有：

检查日期	药品名称	规格	数量	生产企业	生产批号	有效期至	储存位置
2011/9/4	双分伪麻片/美扑伪麻片（日夜百服咛）	日片×8夜片×4	20	上海施贵宝制药有限公司	201104561	2014/03	4-2-4-3
2011/9/4	复方磷酸可待因溶液（联邦止咳露）	120ml	10	深圳市制药厂	20110427	2014/03	3-3-5-5
2011/9/4	氯雷他定片	10mg×6	6	上海先灵葆雅制药有限公司	2011ERXF1405	2014/05/05	4-3-2-5
2011/9/4	盐酸西替利嗪片（西可韦）	10mg×12	5	苏州东瑞制药有限公司	20110312022	2014/02	4-3-2-6
2011/9/4	布洛芬缓释胶囊（芬必得）	300mg×20	10	中美天津史克制药有限公司	20100854	2012/07	4-2-4-4
2011/9/4	复方酮康唑软膏	7g	20	上海宝龙药业有限公司	20110301	2014/02	1-3-5-3

操作要求：

根据背景资料给出的库存药品清单回答问题：

（1）写出药品在库养护原则及养护人员任务。

（2）写出药品养护室设施要求。

（3）写出药品养护注意事项。

（4）填写《药品养护检查记录表》。

3.2　不合格药品、退货药品的处理

3.2.1　到效期药品的判定和处理

背景资料：

某药品批发企业仓库，其部分库存药品清单有：

检查日期	药品名称	规格	数量	生产企业	生产批号	有效期
2012.6.06	双分伪麻片/美扑伪麻片（日夜百服咛）	日片×8夜片×4	20	上海施贵宝制药有限公司	1107532	2014/04
2012.6.06	复方磷酸可待因溶液（联邦止咳露）	120ml	10	深圳市制药厂	20100808	2013/08
2012.6.06	氯雷他定片	10mg×6	6	上海先灵葆雅制药有限公司	09ERXF0505	2012/05/05
2012.6.06	盐酸西替利嗪片（西可韦）	10mg×12	5	苏州东瑞制药有限公司	100612022	2013/05
2012.6.06	布洛芬缓释胶囊（芬必得）	300mg×20	10	中美天津史克制药有限公司	10040054	2013/04
2012.6.06	复方酮康唑软膏	7g	20	上海宝龙药业有限公司	100301	2013/03

操作要求：

根据背景资料给出的库存药品清单回答问题：

（1）何为药品有效期？药品的有效期是如何制定的？

（2）药品清单中哪些药品需填报效期药品催销表？为什么？

（3）药品清单中哪些药品已到期？

如何处理？

（4）填写《不合格药品明细表》。

3.2.2 包装不合格药品的判定和处理

背景资料：

某药品批发企业仓库，现有一份《不合格药品明细表》如下：

供货企业	药品名称	规格	数量（瓶）	生产企业	生产批号	有效期	单价（元）	不合格原因
华谊医药公司	急支糖浆	200ml	10	太极集团涪陵制药厂	20110827	201407	13.1	包装破损

操作要求：

根据背景资料给出的《不合格药品明细表》回答问题：

（1）写出药品包装原因导致药品不合格的类型。

（2）写出不合格药品的处理。

（3）填写《不合格药品确认报告表》。

3.2.3 变质药品的判定和处理

背景资料：

某药品批发企业仓库，现有一份《不合格药品明细表》如下：

供货企业	药品名称	规格	数量（瓶）	生产企业	生产批号	有效期	单价（元）	不合格原因
华谊医药公司	急支糖浆	200ml	10	太极集团涪陵制药厂	20110827	201407	13.1	变质

操作要求：

根据背景资料给出的《不合格药品明细表》回答问题：

（1）写出由于药品质量导致药品不合格的类型。

（2）写出不合格药品的处理。

（3）填写《报损药品销毁单》。

四、医药商品购销员（三级）理论知识习题

1. 药品推介

1.1 抗感染药

1.1.1 氨基糖苷类药物

1. 氨基糖苷类药物通过抑制细胞膜蛋白质合成，导致细胞内成分外漏而死亡，属于繁殖期杀菌剂。（　　）

    A. 正确　　　　　B. 错误

2. 妥布霉素的英文名称是 Amikacin。（　　）

    A. 正确　　　　　B. 错误

3. 氨基糖苷类抗生素对革兰阴性杆菌作用突出。（　　）

    A. 正确　　　　　B. 错误

4. 妥布霉素治疗期间须进行血药浓度监测，一个疗程不超过 7~10 天。（　　）

    A. 正确　　　　　B. 错误

5. 抑制细菌蛋白质合成多个环节而发挥杀菌作用的药物是（　　）。

    A. 四环素类　　B. 头孢菌素类

    C. 青霉素类　　　D. 氨基糖苷类

6. 氨基糖苷类属于（　　）。

    A. 繁殖期杀菌剂

    B. 静止期杀菌剂

    C. 快效抑菌剂

    D. 慢效抑菌剂

7. 妥布霉素的英文名称是（　　）。

    A. Benzylpenicillin

    B. Amikacin

    C. Tobramycin

    D. Gentamicin

8. 庆大霉素的英文名称正确的是（　　）。

    A. Ampicillin　　B. Tobramycin

    C. Amikacin　　D. Gentamicin

9. 治疗耐药性铜绿假单胞菌感染首选（　　）。

    A. 妥布霉素　　　B. 青霉素

    C. 阿米卡星　　　D. 红霉素

10. 对氨基糖苷类药物不敏感的微生物是（　　）。

    A. 革兰阴性杆菌　B. 链球菌

    C. 结核杆菌　　　D. 革兰阳性杆菌

11. 耐革兰阴性杆菌和铜绿假单胞菌所产生钝化酶的药物是（　　）。

    A. 链霉素　　　　B. 妥布霉素

    C. 阿米卡星　　　D. 庆大霉素

12. 氨基糖苷类药物中耳毒性最小的是（　　）。

    A. 链霉素　　　　B. 妥布霉素

    C. 奈替米星　　　D. 庆大霉素

13. 属于细菌静止期杀菌药的是（　　）。

    A. 青霉素　　　　B. 庆大霉素

    C. 红霉素　　　　D. 链霉素

    E. 妥布霉素

14. 氨基糖苷类药物包括（　　）。

    A. Cefadroxi　　B. Amikacin

    C. Tobramycin　　D. Gentamicin

    E. Cefaclor

15. 氨基糖苷类药物的主要不良反应包括（　　）。

    A. 耳毒性　　　　B. 肾毒性

    C. 肝毒性　　　　D. 胃肠道反应

    E. 神经肌肉接头阻滞

16. 阿米卡星的特点包括（　　）。

    A. 其抗菌谱是本类药物中最广的

    B. 对铜绿假单胞菌作用强于庆大霉素

    C. 对结核分枝杆菌有效

D. 对听觉及肾脏毒性大

E. 对细菌产生的钝化酶稳定

1.1.2 头孢菌素类

17. 头孢菌素类抗生素主要作用于细菌的细胞膜上的青霉素结合蛋白，干扰细菌的细胞壁合成，而使细菌死亡。（　　）

A. 正确　　　　　　B. 错误

18. 头孢拉定的英文名称是 Cefalexin。（　　）

A. 正确　　　　　　B. 错误

19. 头孢呋辛、头孢克洛、头孢美唑均为第二代头孢菌素。（　　）

A. 正确　　　　　　B. 错误

20. 第三代头孢菌素对革兰阳性、阴性菌均有强大的抗菌作用，且对肾脏基本无毒性。（　　）

A. 正确　　　　　　B. 错误

21. 新型头孢菌素头孢硫脒属于第四代头孢菌素。（　　）

A. 正确　　　　　　B. 错误

22. 头孢氨苄的作用靶点是（　　）。

A. DNA

B. RNA

C. 核糖体

D. 青霉素结合蛋白

23. 头孢菌素类抗菌药的作用性质是（　　）

A. 静止期杀菌剂　B. 繁殖期杀菌剂

C. 速效抑菌剂　　D. 慢效抑菌剂

24. 不属于头孢菌素的是（　　）。

A. Clarithromycin　B. Cefalexin

C. Cefradine　　　D. Cefadroxil

25. 头孢克洛的英文名称是（　　）。

A. Cefazolin　　　B. Cefalexin

C. Cefuroxime　　D. Cefaclor

26. 属于第三代头孢菌素的是（　　）。

A. 头孢氨苄　　　B. 头孢克洛

C. 头孢克肟　　　D. 头孢匹罗

27. 属于第二代头孢菌素的是（　　）。

A. 头孢曲松钠　　B. 头孢克洛

C. 头孢拉定　　　D. 头孢氨苄

28. 对第二代头孢菌素的描述正确的是（　　）。

A. 对革兰阴性菌作用较第一代强

B. 肾毒性比第一代增加

C. 对各种 β-内酰胺酶的稳定性较差

D. 常用药物是头孢哌酮、头孢孟多等

29. 对第三代头孢菌素的特点描述有误的是（　　）。

A. 肾毒性比第一、二代低

B. 抗菌谱比第一、二代更广

C.（对 β-内酰胺酶比第一、二代更稳定）

D. 对革兰阳性杆菌的抗菌作用比第一、二代强

30. 头孢地尼是第三代头孢菌素类抗菌药，对其描述正确的是（　　）。

A. 与头孢氨苄相比抗菌谱广，对革兰阳性菌活性较强

B. 与头孢拉定相比抗菌谱广，对革兰阳性菌活性较强

C. 对各种 β-内酰胺酶的稳定性较好，对 β-内酰胺酶的产生菌也具有优异的抗菌活性

D. 对肾脏的毒性比头孢呋辛强

31. 对头孢地嗪钠描述正确的是（　　）。

A. 抗菌作用机制为抑制细菌蛋白质合成

B. 为繁殖期杀菌剂

C. 与头孢匹罗同为第四代头孢菌素

D. 对革兰阳性菌作用较强，对革兰阴性菌作用较差

32. 广谱、耐酸、不耐酶，对革兰阳性菌、阴性菌都有杀菌作用的是（　　）。

A. 红霉素　　　B. 头孢呋辛

C. 阿洛西林钠　D. 链霉素

E. 氯霉素

33. 属于头孢菌素的是（　　）。

A. Cefazolin　　B. Cefalexin

C. Clarithromycin　D. Cimetidine

E. Ciprofloxacin

34. 属于第二代头孢菌素的是（　　）。

A. 头孢呋辛　　B. 头孢拉定

C. 头孢他啶　　D. 头孢曲松

E. 头孢克洛

35. 对头孢曲松的特点描述正确的是（　　）。

A. 肾毒性比头孢氨苄强

B. 对革兰阳性菌有很强的活性

C. 对 β – 内酰胺酶比头孢拉定稳定

D. 抗菌谱不及头孢呋辛广

E. 为第三代头孢菌素

36. 对头孢丙烯描述正确的是（　　）。

A. 肾毒性比头孢氨苄弱

B. 对革兰阳性菌、阴性菌均有很强的活性

C. 对 β – 内酰胺酶比头孢拉定稳定

D. 商品名施复捷、亿代等，英文名为 CefprozilforSuspension

E. 为第四代头孢菌素

1.1.3　四环素类抗生素

37. 四环素类药物是通过影响细菌蛋白质合成而抑制细菌生长。（　　）

A. 正确　　　　B. 错误

38. 是半合成制取的一类碱性广谱抗生素。（　　）

A. 正确　　　　B. 错误

39. 多西环素的英文名称是 Tetracy-

cline。（　　）

A. 正确　　　　B. 错误

40. 四环素类药物作用的靶点是（　　）。

A. 核糖体 50S 亚基

B. 核糖体 30S 亚基

C. 核糖体 70S 亚基

D. 核糖体 40S 亚基

41. 四环素类的属于（　　）。

A. 繁殖期杀菌剂　B. 静止期杀菌剂

C. 快效抑菌剂　　D. 慢效抑菌剂

42. 四环素类的抗菌谱不包括的是（　　）。

A. 支原体　　　B. 衣原体

C. 放线菌　　　D. 真菌

43. 防治霍乱、副霍乱的首选药是（　　）。

A. 多西环素　　B. 四环素

C. 土霉素　　　D. 金霉素

44. 四环素的的英文名称是（　　）。

A. Doxycycline　　B. Amikacin

C. Tetracycline　　D. Gentamicin

45. 米诺环素的英文名称正确的是（　　）。

A. Minocycline　　B. Tobramycin

C. Tetracycline　　D. Doxycycline

46. 与四环素类作用机制相关的内容包括（　　）。

A. 影响细菌蛋白质合成

B. 作用于细菌核糖体 30S 亚基

C. 是慢效杀菌剂

D. 作用机制类似于氨基糖苷类，但较弱

E. 阻止氨基酰 – tRNA 与 mRNA 核糖体复合物的结合

47. 下列属于四环素类的药物有（　　）。

A. 米诺环素　　B. 四环素

C. 土霉素　　　D. 金霉素

E. 红霉素

48. 四环素类药物包括（　　　）。

A. Minocycline　　B. Cefalexin

C. Tetracycline　　D. Gentamicin

E. Cefaclor

1.1.4　青霉素类

49. 青霉素的作用机制主要是作用于青霉素结合蛋白，抑制细菌细胞壁的合成，菌体失去渗透屏障而膨胀裂解，同时借助细菌的自溶酶溶解而产生抗菌作用。（　　　）

A. 正确　　　　　　B. 错误

50. Benzylpenicillin 为青霉素类抗菌药苄星青霉素。（　　　）

A. 正确　　　　　　B. 错误

51. 阿莫西林. 氨苄西林. 苯唑西林钠均属于广谱青霉素。（　　　）

A. 正确　　　　　　B. 错误

52. 苯唑西林钠对 β－内酰胺酶高度稳定，但不耐酸，不可口服。（　　　）

A. 正确　　　　　　B. 错误

53. 青霉素类抗菌药主要作用机理是（　　　）。

A. 抑制细菌细胞膜功能

B. 抑制细菌细胞壁合成

C. 抑制细菌蛋白质合成

D. 影响细菌叶酸代谢

54. 青霉素类抗菌药的作用性质是（　　　）。

A. 繁殖期杀菌剂　B. 静止期杀菌剂

C. 静止期抑菌剂　D. 慢效抑菌剂

55. Ampicillin Sodium 是（　　　）。

A. 阿莫西林　　　B. 苯唑西林钠

C. 哌拉西林钠　　D. 氨苄西林钠

56. 阿莫西林的英文名称正确的是（　　　）。

A. Azithromycin　B. Aciclovir

C. Atropine　　　D. Amoxicillin

57. 属于广谱、耐酸的半合成青霉素是（　　　）。

A. 阿莫西林　　　B. 苯唑西林钠

C. 美西林　　　　D. 非奈西林

58. 苯唑西林钠属于半合成青霉素的哪一类（　　　）。

A. 广谱青霉素

B. 广谱、抗铜绿假单胞菌青霉素

C. 耐酶青霉素

D. 主要作用于革兰阴性菌的青霉素

59. 对铜绿假单胞菌有强大作用的是（　　　）。

A. 普鲁卡因青霉素

B. 阿洛西林钠

C. 苯唑西林钠

D. 氯唑西林钠

60. 不易被青霉素酶水解的是（　　　）。

A. 阿洛西林钠　　B. 阿莫西林

C. 苯唑西林钠　　D. 氨苄西林

61. 属于细菌繁殖期杀菌药的是（　　　）。

A. 红霉素　　　　B. 阿莫西林

C. 青霉素 V 钾　　D. 磺胺嘧啶银

E. 庆大霉素　　　F. 四环素

62. 属于青霉素类药物的是（　　　）。

A. Benzylpenicillin

B. Erythromycin

C. Amoxicillin

D. Aminophylline

E. Amoxycillin Potassium Clavulanic Acid

63. 属于广谱青霉素的是（　　　）

A. 阿洛西林钠　　B. 氨苄西林

C. 苯唑西林钠　　D. 盘尼西林

E. 美西林　　　　F. 非奈西林

64. 广谱、耐酸、不耐酶，对革兰阳性菌、阴性菌都有杀菌作用的是（　　　）。

A. 青霉素　　　　B. 匹氨西林

C. 阿莫西林　　　D. 氨苄西林

E. 苯唑西林钠　　F. 非奈西林

1.1.5 大环内酯类药物

65. 大环内酯类抗生素机制为不可逆地结合到细菌核糖体30S亚基的靶位上，从而影响蛋白质的合成。（ ）

A. 正确　　　　　B. 错误

66. 罗红霉素的英文名称为 Roxithromycin。（ ）

A. 正确　　　　　B. 错误

67. 阿奇霉素系通过阻碍细菌转肽过程，从而抑制细菌蛋白质的合成。（ ）

A. 正确　　　　　B. 错误

68. 阿奇霉素抗菌作用的靶位是（ ）。

A. 细菌核糖体30S亚基

B. 细菌细胞膜上青霉素结合蛋白

C. 细菌核糖体50S亚基

D. 二氢叶酸合成酶

69. 大环内酯类抗菌药的作用性质是（ ）。

A. 慢效抑菌剂

B. 快速抑菌剂

C. 繁殖期杀菌剂

D. 静止期杀菌剂

70. 红霉素的英文名称是（ ）。

A. Erythromycin　　B. Roxithromycin

C. Reserpine　　　D. Sulfadiazine

71. Clarithromycin 指的是（ ）。

A. 环丙沙星　　　B. 氯霉素

C. 克拉霉素　　　D. 克林霉素

72. 大环内酯类药物中，半衰期长，每日只需给药一次的是（ ）。

A. 红霉素　　　　B. 乙酰螺旋菌素

C. 阿奇霉素　　　D. 克拉霉素

73. 阿奇霉素的作用靶点是（ ）。

A. 核糖体50S亚基

B. 核糖体30S亚基

C. 核糖体70S亚基

D. 青霉素结合蛋白

74. 属于快速抑菌剂的是（ ）。

A. 阿莫西林　　　B. 氯霉素

C. 四环素　　　　D. 克拉霉素

E. 罗红霉素

75. 属于大环内酯类抗生素的是（ ）。

A. Chloramphenicol

B. Clarithromycin

C. Azithromycin

D. Ciprofloxacin

E. Clotrimazole

76. 阿奇霉素的商品名包括（ ）。

A. 希舒美　　　　B. 泰力特

C. 利君沙　　　　D. 舒美特

E. 克拉仙

1.1.6 喹诺酮类抗菌药

77. 喹诺酮类抗菌药是通过干扰叶酸的代谢抑制细菌生长繁殖。（ ）

A. 正确　　　　　B. 错误

78. 孕妇、小儿禁用喹诺酮类抗菌药（ ）

A. 正确　　　　　B. 错误

79. 诺氟沙星的英文名称是 Ofloxacin。（ ）

A. 正确　　　　　B. 错误

80. 第一代的喹诺酮类药物主要有洛美沙星、氟罗沙星、司帕沙星、左氧氟沙星等（ ）

A. 正确　　　　　B. 错误

81. 喹诺酮类抗菌药作用的靶点是（ ）。

A. DNA 回旋酶亚单位 A

B. DNA 回旋酶亚单位 B

C. 核糖体70S亚基

D. 核糖体40S亚基

82. 喹诺酮类抗菌药的抗菌机制是（ ）。

A. 抑制 DNA 回旋酶

B. 抑制二氢叶酸合成酶

C. 抑制二氢叶酸还原酶

D. 抑制 RNA 转录酶

83. 喹诺酮类抗菌药不良反应不包括
（　　）。

　　A. 消化道反应　　B. 过敏反应

　　C. 耳毒性　　　　D. 中枢反应

84. 喹诺酮类抗菌药的发展阶段为
（　　）。

　　A. 三个阶段　　　B. 四个阶段

　　C. 五个阶段　　　D. 六个阶段

85. 氧氟沙星的的英文名称是
（　　）。

　　A. Ofloxacin　　　B. Gatifloxacin

　　C. Norfloxacin　　D. Levofloxacin

86. 诺氟沙星的英文名称正确的是
（　　）。

　　A. Ofloxacin　　　B. Gatifloxacin

　　C. Norfloxacin　　D. Levofloxacin

87. 作用于细菌的 DNA 回旋酶的药
物是（　　）。

　　A. 四环素　　　　B. 青霉素

　　C. 司帕沙星　　　D. 红霉素

88. 不属于第三代喹诺酮类药物的是
（　　）。

　　A. 氧氟沙星　　　B. 环丙沙星

　　C. 诺氟沙星　　　D. 砒哌酸

89. 与喹诺酮类抗菌药作用机制相关
的内容包括（　　）。

　　A. 影响细菌蛋白质合成

　　B. 抑制 DNA 回旋酶

　　C. 是慢效杀菌剂

　　D. 影响 DNA 的合成

　　E. 阻止 DNA 复制，导致细菌死亡

90. 下列属于加替沙星特点的是
（　　）。

　　A. 抗菌谱广、抗菌活性高

　　B. 生物利用度好

　　C. 不可口服

　　D. 只能注射用药

E. 半衰期长、每日用药一次

91. 不属于喹诺酮类抗菌药的是
（　　）。

　　A. Ofloxacin　　　B. Amikacin

　　C. Tetracycline　　D. Fosfomycin

　　E. Cefaclor

92. 不属于新一代喹诺酮类药物的是
（　　）。

　　A. 青霉素 G　　　B. 红霉素

　　C. 安妥沙星　　　D. 莫西沙星

　　E. 贝西沙星

1.1.7　磺胺类药物

93. 磺胺甲噁唑通过抑制转肽酶的活
性，干扰细菌细胞壁的肽聚糖的合成而
具备杀菌作用。（　　）

　　A. 正确　　　　　B. 错误

94. 复方磺胺甲噁唑的英文名称是
Sulfadiazine。（　　）

　　A. 正确　　　　　B. 错误

95. 通过干扰叶酸的代谢抑制细菌生
长繁殖的药物是（　　）。

　　A. 四环素　　　　B. 多黏菌素

　　C. 磺胺嘧啶　　　D. 红霉素

96. 磺胺嘧啶的作用是干扰细菌
（　　）。

　　A. DNA 合成　　　B. RNA 合成

　　C. 叶酸合成　　　D. 核糖体合成

97. 磺胺嘧啶的英文名称是（　　）。

　　A. Benzylpenicillin

　　B. Oxacillin

　　C. Sulfadiazine

　　D. Sulfamethoxazole

98. 复方磺胺甲噁唑的英文名称正确
的是（　　）。

　　A. Compound Sulfamethoxazole

　　B. Compound Sulfadiazine

　　C. Sulfamethoxazole

　　D. Sulfadiazine

99. 属于干扰叶酸代谢的药物是

（   ）。

A. 磺胺嘧啶　　　B. 阿莫西林

C. 甲氧苄啶　　　D. 磺胺甲噁唑

E. 诺氟沙星

100. 磺胺类抗菌药不包括（   ）。

A. Cefadroxil

B. Sulfadiazine

C. Cefuroxime

D. Sulfamethoxazole

E. Cefaclor

1.1.8　硝基咪唑、硝基呋喃类药物

101. 甲硝唑通过抑制阿米巴原虫氧化反应，使原虫氮链断裂而起到杀菌作用。（   ）

A. 正确　　　　　B. 错误

102. 通过抑制阿米巴原虫氧化反应，使原虫氮链断裂，从而杀灭细菌的药物是（   ）。

A. 四环素　　　　B. 甲硝唑

C. 磺胺嘧啶　　　D. 红霉素

103. 甲硝唑能够杀灭的为（   ）。

A. 病毒　　　　　B. 真菌

C. 结核杆菌　　　D. 厌氧菌

104. 不能抑制阿米巴原虫氧化反应的药物是（   ）。

A. 磺胺嘧啶　　　B. 阿莫西林

C. 甲硝唑　　　　D. 磺胺甲噁唑

E. 诺氟沙星

1.1.9　抗结核病药

105. 异烟肼和利福平属于同一类抗结核病药。（   ）

A. 正确　　　　　B. 错误

106. 异烟肼可抑制分枝菌属细胞所特有的分枝菌酸的合成，对结核分枝杆菌有高度的选择性，有杀菌作用。（   ）

A. 正确　　　　　B. 错误

107. 结核病治疗不规则、疗程不足常是治疗失败的主要原因。（   ）

A. 正确　　　　　B. 错误

108. 属于同一类抗结核病的药物是（   ）。

A. 异烟肼和利福平

B. 利福平和利福喷汀

C. 利福平和链霉素

D. 链霉素和对氨基水杨酸钠

109. 第二线抗结核病药具有的特点是（   ）。

A. 抗菌作用弱或毒性较大

B. 疗效高

C. 不良反应少

D. 患者较易接受

110. 异烟肼的作用机理是（   ）。

A. 抑制叶酸代谢

B. 抑制核酸合成

C. 抑制分枝菌酸合成

D. 抑制蛋白质合成

111. 硫酸链霉素的作用机理是（   ）。

A. 抑制叶酸代谢

B. 抑制核酸合成

C. 抑制分枝菌酸合成

D. 抑制蛋白质合成

112. 抗结核病治疗中联合用药的主要目的是（   ）。

A. 药物易于深入病灶，疗效好

B. 防止或延缓细菌产生耐药性

C. 增强疗效

D. 增加药品销售量

113. 在结核病治疗过程中，为使药物易于深入病灶，增强疗效，应遵循以下原则（   ）。

A. 早期用药　　　B. 联合用药

C. 全程规律用药　D. 以上都是

114. 一线抗结核病药物包含（   ）。

A. 利福平　　　　B. 丙硫异烟肼

C. 乙胺丁醇　　　D. 异烟肼

E. 吡嗪酰胺

115. 特异性的抑制结核杆菌 DNA 的

RNA 多聚酶，从而阻碍 mRNA 合成，杀灭结核分枝杆菌的药物是（   ）。

A. 盐酸乙胺丁醇

B. 利福平

C. 异烟肼

D. 利福喷汀

E. 硫酸链霉素

116. 抗结核病药的应用原则是（   ）。

A. 多多益善　　　B. 早期用药

C. 规律用药　　　D. 多做运功

E. 联合用药

1.1.10　常见抗真菌药

117. 硝酸咪康唑通过损伤真菌细胞膜的完整性，使真菌细胞内的生理物质漏失而起抑菌作用（   ）。

A. 正确　　　　　B. 错误

118. 两性霉素 B 的英文名是 AmphotericinB。（   ）

A. 正确　　　　　B. 错误

119. 酮康唑外用制剂不能与其他外用药合用。（   ）

A. 正确　　　　　B. 错误

120. 通过抑制真菌细胞膜脂质的合成，改变其通透性而起到抗真菌作用的药物是（   ）。

A. 两性霉素 B　　B. 硝酸咪康唑

C. 制霉菌素　　　D. 氟胞嘧啶

121. 克霉唑的作用机理是（   ）。

A. 损伤真菌细胞膜的完整性，使真菌细胞内的生理物质漏失

B. 干扰真菌核酸生成

C. 抑制真菌细胞膜脂质的合成，改变其通透性

D. 生成具有抗代谢作用的尿氟嘧啶

122. 克霉唑的英文名称是（   ）。

A. Aciclovir

B. Clotrimazole

C. Clarithromycin

D. Chloramphenicol

123. 制霉菌素的英文名是（   ）。

A. Micomazole　　B. Clotrimazole

C. Nysfungin　　　D. Fluconazole

124. 静滴时必须稀释，并注意静滴速度不能太快的抗真菌药是（   ）。

A. 克霉唑　　　　B. 硝酸咪康唑

C. 酮康唑　　　　D. 氟胞嘧啶

125. 药理作用为抗念珠菌和隐球菌的药是（   ）。

A. 氟胞嘧啶　　　B. 克霉唑

C. 酮康唑　　　　D. 硝酸咪康唑

126. 影响真菌细胞对生理摄取的药物是（   ）。

A. 阿昔洛韦　　　B. 两性霉素 B

C. 克霉唑　　　　D. 氟胞嘧啶

E. 硝酸咪康唑

127. （   ）为抗真菌药

A. Nysfungin

B. Clotrimazole

C. Clarithromycin

D. Chloramphenicol

E. Amphotericin B

128. 常用治疗中枢真菌感染药（   ）。

A. 咪康唑　　　　B. 酮康唑

C. 硝酸咪康唑　　D. 氟康唑

E. 氟胞嘧啶

1.1.11　抗病毒药

129. 利巴韦林通过阻止病毒穿入宿主细胞，损坏病毒外壳，干扰病毒复制而发挥作用。（   ）

A. 正确　　　　　B. 错误

130. 阿昔洛韦的英文名称是 Riebavirin。（   ）

A. 正确　　　　　B. 错误

131. 新一代的抗病毒药物有阿昔洛韦、西多福韦、硫酸链霉素等。（   ）

A. 正确　　　　　B. 错误

132. 通过改变人体细胞膜电荷从而阻止病毒进入细胞的药物是（　　）。
　　A. 阿昔洛韦　　　B. 利巴韦林
　　C. 阿糖腺苷　　　D. 金刚烷胺

133. 干扰素的作用机理是（　　）。
　　A. 阻止病毒穿入宿主细胞，损坏病毒外壳，干扰病毒复制
　　B. 改变人体细胞膜电荷从而阻止病毒进入细胞
　　C. 防止病毒从一个细胞转移到另一个细胞
　　D. 增强机体防卫抗感染能力

134. 利巴韦林的英文名称是（　　）。
　　A. Aciclovir　　　B. Riebavirin
　　C. Vidarabine　　D. Interferon

135. 阿糖腺苷的英文名称正确的是（　　）。
　　A. Aciclovir　　　B. Riebavirin
　　C. Vidarabine　　D. Interferon

136. 治疗疱疹病毒的药物是（　　）。
　　A. 甲硝唑　　　B. 青霉素
　　C. 西多福韦　　D. 克霉唑

137. 属于新一代抗病毒药物的是（　　）。
　　A. 氧氟沙星　　　B. 阿昔洛韦
　　C. 氟康唑　　　　D. 喷昔洛韦

138. 属于阻止病毒穿入宿主细胞，损坏病毒外壳，干扰病毒复制而发挥作用的药物是（　　）
　　A. 阿昔洛韦　　　B. 阿莫西林
　　C. 干扰素　　　　D. 利巴韦林
　　E. 阿糖腺苷

139. 抗病毒药物不包括（　　）。
　　A. Cefadroxil　　　B. Aciclovir
　　C. Cefuroxime　　D. Vidarabine
　　E. Cefaclor

140. 不属于新型抗病毒药物的是（　　）。
　　A. 咪康唑　　　B. 西多福韦

　　C. 安妥沙星　　　D. 喷昔洛韦
　　E. 茚地那韦

1.1.12　抗感染药的使用

141. 大量使用抗感染药物，破坏了人体内部正常菌群的生长平衡，易致二重感染。（　　）
　　A. 正确　　　　B. 错误

142. 妊娠期患者在妊娠头三个月不宜使用抗菌药物，三个月后可凭经验任意选用。（　　）
　　A. 正确　　　　B. 错误

143. 阿莫西林可以与头孢拉定合用（　　）
　　A. 正确　　　　B. 错误

144. 肺炎支原体感染首选大环内酯类或四环素。（　　）
　　A. 正确　　　　B. 错误

145. 有耳毒性、肾毒性、神经－肌肉阻滞毒性反应的抗感染药物是。（　　）
　　A. 氨基糖苷类　　B. 四环素类
　　C. 大环内酯类　　D. 头孢菌素类

146. 影响骨骼及牙生长的抗感染药物是。（　　）
　　A. 大环内酯类　　B. 青霉素类
　　C. 磺胺类　　　　D. 四环素类

147. 服用磺酰脲类降血糖药的糖尿病患者禁用的药物是（　　）。
　　A. 头孢菌素类　　B. 磺胺类
　　C. 大环内酯类　　D. 喹诺酮类

148. 新生儿可选用抗感染药物是（　　）。
　　A. 环丙沙星　　　B. 四环素
　　C. 青霉素 G　　　D. 氯霉素

149. 联合应用产生拮抗作用的有（　　）。
　　A. 青霉素与四环素
　　B. 青霉素与链霉素
　　C. 抗菌增效剂与新诺明
　　D. 氨苄青霉素与氯霉素

150. 联合应用产生协调作用的有（　　）。

A. 阿莫西林与头孢拉定

B. 青霉素与四环素

C. 氨苄青霉素与庆大霉素

D. 氯霉素与四环素

151. 不产酶葡萄球菌感染首选药物是（　　）。

A. 第一代头孢菌素

B. 青霉素

C. 林可霉素

D. 万古霉素

152. 痢疾杆菌感染首选药物是（　　）。

A. 利福定　　　　B. 大蒜素

C. 氟哌酸　　　　D. 黄连素

153. 使用前需做皮试的药物（　　）。

A. 青霉素　　　　B. 克拉霉素

C. 哌拉西林　　　D. 红霉素

E. 阿莫西林 – 克拉维酸钾

154. 肝功能低下患者可优先选用的抗感染药物是（　　）。

A. 青霉素类　　　B. 氨基糖苷类

C. 喹诺酮类　　　D. 四环素类

E. 大环内酯类

155. 联合应用产生协调作用的有（　　）。

A. 红霉素与氯霉素

B. 青霉素与四环素

C. 氨苄青霉素与庆大霉素

D. 氨苄青霉素与氯霉素

E. 抗菌增效剂与新诺明

156. 肺炎杆菌感染首选（　　）。

A. 四环素

B. 氨苄青霉素 + 舒巴坦

C. 青霉素

D. 丁胺卡那霉素

E. 庆大霉素

1.2　神经系统药物

1.2.1　抗精神失常药

157. 吩噻嗪类药物根据结构不同，可分为二甲胺类、哌嗪类和哌啶类。（　　）

A. 正确　　　　　B. 错误

158. 氯丙嗪的英文名称是 Chlorpromazine。（　　）

A. 正确　　　　　B. 错误

159. 五氟利多是长效抗精神失常药，一次用药疗效可维持一周。（　　）

A. 正确　　　　　B. 错误

160. 可与哌替啶、异丙嗪配伍用于"人工冬眠"的药物是。（　　）

A. 氯丙嗪　　　　B. 奋乃静

C. 氟奋乃静　　　D. 三氟拉嗪

161. 可以翻转肾上腺素的升压作用的药物是。（　　）

A. 奋乃静　　　　B. 氟奋乃静

C. 氯丙嗪　　　　D. 异丙嗪

162. 氯丙嗪的英文名称是（　　）。

A. Fluphenazine　B. Trifluoperazine

C. Perphenazine　D. Chlorpromazine

163. 奋乃静的英文名称是（　　）。

A. Fluphenazine　B. Trifluoperazine

C. Perphenazine　D. Chlorpromazine

164. 锥体外系反应较小的抗精神失常药是（　　）。

A. 氟哌噻吨　　　B. 氟哌啶醇

C. 氯丙嗪　　　　D. 氯氮平

165. 目前常用的一线抗精神分裂症的药物是（　　）。

A. 氯普噻吨　　　B. 氟哌利多

C. 利培酮　　　　D. 舒必利

166. 属于吩噻嗪类的药物包括（　　）。

A. 氟奋乃静　　　B. 五氟利多

C. 三氟拉嗪　　　D. 氟哌啶醇

E. 氯丙嗪

167. 属于吩噻嗪类的药物是（　　）。

A. Sulpiride　　B. Trifluoperazine

C. Clozapine　　D. Chlorpromazine

E. Thioridazine

168. 对利培酮药物作用特点的正确叙述是（　　）。

A. 对 5－HT 受体和 DA 受体均有阻断作用

B. 对精神分裂的阳性症状和阴性症状均有疗效

C. 适用于首发急性病人和慢性病人

D. 对病人的认知功能障碍和继发抑郁都具有疗效

E. 锥体外系不良反应较重

1.2.2　镇静催眠药

169. 苯巴比妥药作用机理是激动 GABA 受体，抑制脑干网状结构上行激活系统而发挥疗效。（　　）

A. 正确　　　　B. 错误

170. 苯巴比妥的英文名是 Amobarbital.（　　）

A. 正确　　　　B. 错误

171. 苯二氮卓类镇静催眠药不良反应较轻，长期服用也不会产生耐受和依赖。（　　）

A. 正确　　　　B. 错误

172. 地西泮的英文名称是 Phenobarbitol。（　　）

A. 正确　　　　B. 错误

173. 地西泮、艾司唑仑等镇静催眠抗焦虑药与降压药何用会使降压作用降低。（　　）

A. 正确　　　　B. 错误

174. 苯巴比妥的作用机理是（　　）。

A. 抑制 GABA 受体，抑制脑干网状结构上行激活系统而发挥疗效

B. 激动 GABA 受体，抑制脑干网状结构上行激活系统而发挥疗效

C. 阻断中枢 M 受体，抑制脑干网状结构上行激活系统而发挥疗效

D. 激动中枢 M 受体，抑制脑干网状结构上行激活系统而发挥疗效

175. 引起病人对巴比妥类药物成瘾的主要原因是（　　）。

A. 使病人产生欣快感

B. 能诱导肝药酶

C. 抑制肝药酶

D. 停药后快动眼睡眠时间延长，梦魇增多

176. 苯巴比妥的英文名是（　　）。

A. Amobarbital　　B. Phenobarbitol

C. Secobarbital　　D. Barbital

177. 英文名 Amobarbital 药物是（　　）。

A. 巴比妥　　　　B. 司可巴比妥

C. 异戊巴比妥　　D. 苯巴比妥

178. 下列关于苯二氮䓬类镇静催眠药的作用特点错误的叙述是（　　）。

A. 不良反应轻、依赖性小

B. 催眠剂量可产生眩晕、困倦、乏力等后遗作用

C. 大剂量可致共济失调

D. 耐受性和依赖性比巴比妥类重

179. 下列关于苯二氮䓬类药物作用特点正确的叙述是（　　）。

A. 不良反应严重

B. 耐受性和依赖性比巴比妥类重

C. 突然停药可能产生反跳现象

D. 静脉注射对心血管没有抑制作用

180. 地西泮的英文名称是（　　）。

A. Phenobarbitol

B. Diazepam

C. Alprazolam

D. Estazolam Injection

181. 阿普唑仑的英文名称是（　　）。

A. Phenobarbitol

B. Diazepam

C. Alprazolam

D. Estazolam Injection

182. 具有抗癫痫作用的镇静催眠抗焦虑药是（　　）。

A. 地西泮　　　B. 艾司唑仑

C. 阿普唑仑　　D. 唑吡坦

183. 镇静催眠抗焦虑药与其他药物相互作用的叙述中，正确的一项是（　　）。

A. 与降压药合用可使降压作用增强

B. 与普萘洛尔、西咪替丁合用可使本药半衰期缩短

C. 艾司唑仑与地高辛合用可减少毒性反应

D. 艾司唑仑与酮康唑、伊曲康唑合用可减少毒性

184. 巴比妥类镇静催眠药的作用机理包括（　　）。

A. 提高脑内多巴胺能神经活动

B. 阻断中枢 M 受体

C. 激动 GABA 受体

D. 增加氯离子内流

E. 抑制延髓呼吸中枢

F. 抑制 GABA 受体

185. 巴比妥类镇静催眠药有（　　）。

A. Diazepan　　　B. Alprazolam

C. Amobarbital　　D. Phenobarbitol

E. Secobarbital

186. 下列关于苯二氮䓬类药物作用特点正确的叙述包括（　　）。

A. 不良反应轻、依赖性小

B. 大剂量可致共济失调

C. 突然停药不会产生反跳现象

D. 静脉注射对心血管没有抑制作用

E. 催眠剂量可产生眩晕、困倦、乏力等后遗作用

187. 属于镇静催眠抗焦虑药物的是（　　）。

A. Ibuprofen

B. Diazepam

C. Alprazolam

D. Estazolam Injection

E. Benzhexol

188. 镇静催眠抗焦虑药与其他药物相互作用的正确叙述包括（　　）。

A. 与降压药合用可使降压作用增强

B. 与普萘洛尔、西咪替丁合用可使本药半衰期延长

C. 艾司唑仑与地高辛合用可增加毒性反应

D. 艾司唑仑与酮康唑、伊曲康唑合用可减少毒性

E. 与中枢抑制药合用可增加呼吸抑制作用

1.2.3　传出神经药

189. 根据休克的病因和不同阶段采用血管收缩剂以升高血压，采用血管扩张剂以改善微循环是治疗休克的好办法。（　　）

A. 正确　　　　B. 错误

190. 去甲肾上腺素主要激动 α 受体，增加外周阻力，使血压上升。（　　）

A. 正确　　　　B. 错误

191. 兴奋 α 受体能使汗腺和唾液分泌增加（　　）

A. 正确　　　　B. 错误

192. 产生休克的重要原因是（　　）。

A. 病毒感染　　B. 脑部供血不足

C. 冠状动脉痉挛　D. 微循环障碍

193. 过敏性休克应首选（　　）。

A. 肾上腺素　　B. 麻黄素

C. 异丙肾上腺素　D. 去甲肾上腺素

194. 有 β 受体激动作用，增加血流量，使尿量及钠排泄量增多的药物是（　　）。

A. 去甲肾上腺素　B. 异丙肾上腺素

C. 多巴胺　　　　D. 肾上腺素

195. 有 α 受体作用的抗休克药物是（　　）。

A. 肾上腺素　　B. 多巴胺

C. 异丙肾上腺素　D. 普萘洛尔

196. 毛果芸香碱的缩瞳机制是（　　）。

A. 阻断虹膜 α 受体

B. 阻断虹膜 M 胆碱受体

C. 激动虹膜 α 受体

D. 激动虹膜 M 胆碱受体

197. 阿托品大剂量可抗休克，主要机理是（　　）。

A. 抗迷走作用使心率加快

B. 扩张血管，改善微循环

C. 兴奋呼吸中枢

D. 兴奋迷走作用使心率减慢

198. 抗休克作用的药物有（　　）。

A. 阿托品　　B. 异丙肾上腺素

C. 多巴酚丁胺　D. 哌替啶

E. 去甲肾上腺素

199. 异丙肾上腺素的药理作用有（　　）。

A. 激动 B 受体

B. 收缩支气管

C. 增快心率

D. 增强心肌收缩力

E. 扩张外周血管

200. M 胆碱受体激动时（　　）。

A. 心率减慢

B. 腺体分泌增加

C. 瞳孔括约肌和睫状肌松弛

D. 支气管和胃肠道平滑肌收缩

E. 肾上腺髓质释放肾上腺素

1.2.4　抗癫痫药

201. 苯妥英钠对癫痫的各种类型发作都有较好疗效，是治疗癫痫的首选药。（　　）

A. 正确　　　　B. 错误

202. 苯妥英钠的英文名称是 Phenobarbital。（　　）

A. 正确　　　　B. 错误

203. 治疗癫痫大发作首选药物是（　　）。

A. 乙琥胺　　　B. 苯妥英钠

C. 卡马西平　　D. 氯硝西泮

204. 治疗癫痫小发作首选药物是（　　）。

A. 乙琥胺　　　B. 苯妥英钠

C. 卡马西平　　D. 氯硝西泮

205. 扑米酮的英文名称是（　　）。

A. Phenobarbital

B. Phenytoin Sodium

C. Primidome

D. Sodium Valproate

206. 丙戊酸钠的英文名称是（　　）。

A. Phenobarbital

B. Phenytoin Sodium

C. Primidome

D. Sodium Valproate

207. 卡马西平的药理作用包括（　　）。

A. 抗癫痫

B. 抗外周神经痛

C. 抗狂躁抗抑郁

D. 抗心律失常

E. 镇静催眠

208. 下列哪些药物属于抗癫痫药（　　）。

A. Phenobarbital

B. Phenytoin Sodium

C. Primidome

D. Sodium Valproate

E. Levodopa

1.2.5　中枢兴奋药

209. 中枢兴奋药作用短暂，选择性不高，随剂量的升高，作用范围扩大。（　　）

A. 正确　　　　B. 错误

210. 甲氯芬酯的英文名称为 niketha-mide（　　）。

A. 正确　　　　B. 错误

211. 属于大脑皮层兴奋药的是（　　）

A. 盐酸哌醋甲酯

B. 盐酸洛贝林

C. 盐酸二甲弗林

D. 盐酸甲氯芬酯

212. 属于促进脑细胞代谢、提高中枢兴奋性的药物是（　　）。

A. 盐酸哌醋甲酯　B. 盐酸洛贝林

C. 盐酸二甲弗林　D. 盐酸甲氯芬酯

213. 咖啡因的英文名称为（　　）。

A. Nikethamide　　B. Lobeline

C. Citicoline　　D. Caffeine

214. 胞磷胆碱的英文名称（　　）

A. Nikethamide　　B. Citicoline

C. Dimefline　　　D. Caffeine

215. 属于延髓呼吸中枢兴奋药的是（　　）。

A. 盐酸哌醋甲酯　B. 盐酸洛贝林

C. 盐酸二甲弗林　D. 盐酸甲氯芬酯

E. 咖啡因

216. 不属于中枢兴奋药的是（　　）。

A. Meclofenoxate　B. Losartan

C. Benazepril　　　D. Clonidine

E. Diclofenac

1.2.6　抗震颤麻痹药

217. 常用的抗震产性麻痹药可分为中枢拟多巴药及中枢拟胆碱药。（　　）

A. 正确　　　　B. 错误

218. Amantadine Hydrochloride 和 Benzhexol Hydrochloride 都属于中枢拟多巴类药物。（　　）

A. 正确　　　　B. 错误

219. 中枢拟多巴类药物的不良反应不包括（　　）。

A. 胃肠道反应　B. 心血管反应

C. 阿托品样反应　D. 锥体外系反应

220. 左旋多巴与下列哪种药物合用会增加疗效（　　）。

A. 苯海索　　　　B. 维生素 B_6

C. 乙酰螺旋霉素　D. 利血平

221. 金刚烷胺的英文名称是。

A. Amantadine　　B. Benzhexol

C. Scopolamine　　D. Bromocriptine

222. 苯海索的英文名称是（　　）。

A. Amantadine　　B. Benzhexol

C. Scopolamine　　D. Bromocriptine

223. 金刚烷胺抗帕金森病的机理是（　　）。

A. 促进多巴胺能神经元释放多巴胺

B. 抑制多巴胺的再摄取

C. 促进多巴胺的再摄取

D. 在脑内能转变为多巴胺

E. 直接激动多巴胺受体

224. 属于拟多巴胺的药物是（　　）。

A. Amantadine　　B. Benzhexol

C. Levodopa　　　D. Phenobarbitol

E. Carbidopa

1.2.7　解热镇痛、抗痛风药

225. 解热镇痛抗炎药的共同药理作用机制与花生四烯酸相关（　　）。

A. 正确　　　　B. 错误

226. 阿司匹林英文名为 Asiprin。（　　）

A. 正确　　　　B. 错误

227. 对乙酰氨基酚不具有明显抗炎作用。（　　）

A. 正确　　　　B. 错误

228. 塞来昔布属于新型选择性 COX－2 抑制剂。（　　）

A. 正确　　　　B. 错误

229. 痛风由嘌呤代谢紊乱引起，常伴有高尿酸血症，表现为关节疼痛。（　　）

A. 正确　　　　B. 错误

230. Aspirin 可抑制痛风发作时的疼痛反应。（　　）

A. 正确　　　　B. 错误

231. 基本无抗炎作用的药物是（　　）。

A. 阿司匹林　　B. 对乙酰氨基酚

C. 布洛芬　　　D. 萘普生

232. 解热镇痛药镇痛的主要作用部位在（　　）。

A. 导水管周围灰质

B. 脊髓

C. 丘脑

D. 外周

233. 布洛芬的英文名称是（　　）。

A. Aspirin　　　B. Ibuprofen

C. Diclofenac　　D. Acetaminophen

234. 对乙酰氨基酚的英文名称是（　　）。

A. Sulindac　　　B. Probenecid

C. Celecoxib　　D. Paracetamol

235. 具有小儿发热首选药物是（　　）。

A. 对乙酰氨基酚　B. 保泰松

C. 安乃近　　　　D. 尼美舒利

236. 治疗类风湿性关节炎的首选药的是（　　）。

A. 水杨酸钠　　　B. 阿司匹林

C. 保泰松　　　　D. 吲哚美辛

237. 不属于新型选择性 COX - 2 抑制药是（　　）。

A. 对乙酰氨基酚　B. 塞来昔布

C. 美洛昔康　　　D. 尼美舒利

238. 胃肠道反应较少和轻微的解热镇痛抗炎药是（　　）。

A. 阿司匹林　　　B. 双氯芬酸

C. 布洛芬　　　　D. 尼美舒利

239. 关于痛风说法错误的是（　　）。

A. 嘌呤代谢紊乱引起

B. 与饮食无关

C. 表现为高尿酸血症

D. 发作时关节疼痛

240. 下列不可用于治疗痛风的药物是（　　）。

A. 阿司匹林　　B. 布洛芬

C. 萘普生　　　D. 苯海拉明

241. 阿司匹林的英文名称是（　　）。

A. Allopurinol　B. Aspirin

C. Azlocillin　　D. Atropine

242. 布洛芬的英文名称是（　　）。

A. Aspirin　　　B. Barbiturate

C. Allopurinol　D. Ibuprofen

243. 关于阿司匹林解热作用叙述正确的是（　　）。

A. 减少前列腺素合成

B. 抑制下丘脑环氧酶

C. 减少组织胺合成

D. 直接抑制体温调节中枢

E. 减少前列腺素合成

244. 属于解热镇痛抗炎药的是（　　）。

A. Aspirin　　　B. Ibuprofen

C. Allopurinol　D. Paracetamol

E. Naproxen

245. 下列属于解热镇痛药物的是（　　）。

A. 阿司匹林　　B. 对乙酰氨基酚

C. 哌替啶　　　D. 双氯酚酸钠

E. 萘普生

246. 属于新型选择性 COX - 2 抑制药是（　　）。

A. 对乙酰氨基酚　B. 塞来昔布

C. 美洛昔康　　　D. 尼美舒利

E. 阿司匹林

247. 关于痛风叙述正确的是（　　）。

A. 早期症状明显

B. 以关节疼痛为主要症状

C. 血尿酸较高

D. 多发生在末梢关节

E. 与饮食无关

248. 可以治疗痛风的药物包括

（　　）。

A. Aspirin　　　B. Baclofen

C. Ibuprofen　　D. Naproxen

E. Atropine

1.3　循环系统药

1.3.1　抗高血压药

249. 钙拮抗剂抑制钙离子内流，减弱心肌收缩力，降低心肌氧耗量。（　　）

A. 正确　　　　　B. 错误

250. ACEI 通过抑制血管紧张素 Ⅱ 的生物合成而控制高血压。（　　）

A. 正确　　　　　B. 错误

251. β 受体阻滞剂是能选择性地与 β₂ 受体结合、引起心率和心肌收缩力增加。（　　）

A. 正确　　　　　B. 错误

252. 交感神经末梢阻滞剂影响递质的再摄取、储存和释放。（　　）

A. 正确　　　　　B. 错误

253. Nitrendipine 是抗高血压药尼莫地平的英文名称（　　）

A. 正确　　　　　B. 错误

254. 北京降压 0 号中的氢氯噻嗪和氨苯蝶啶都为利尿药。（　　）

A. 正确　　　　　B. 错误

255. 高血压患者用抗高血压药使血压恢复正常后应及时停药。（　　）

A. 正确　　　　　B. 错误

256. 厄贝沙坦是通过兴奋血管紧张素 Ⅱ 受体而降压。（　　）

A. 正确　　　　　B. 错误

257. 钙拮抗剂对心脏的作用不包括（　　）。

A. 增加心肌兴奋收缩耦联

B. 阻滞钙内流

C. 降低细胞内钙浓度

D. 心肌收缩力减弱

258. 关于钙拮抗剂说法错误的是（　　）。

A. 选择性阻滞细胞膜钙通道

B. 选择性作用于心脏

C. 降低细胞内钙浓度

D. 降低心肌收缩力

259. ACEI 的作用不包括（　　）。

A. 加快心率

B. 抑制血管紧张素转化酶

C. 阻止醛固酮释放

D. 防止水钠潴留

260. 下列属于 ACEI 的药物是（　　）。

A. 氯沙坦　　　　B. 氨氯地平

C. 普萘洛尔　　　D. 卡托普利

261. 关于 β 受体叙述错误的是（　　）。

A. β₁ 受体分布于心脏

B. β₁ 受体分布于大脑

C. β₂ 受体分布于血管平滑肌

D. β₂ 受体分布于支气管平滑肌

262. β 受体阻滞剂的主要禁忌症不包括（　　）。

A. 支气管哮喘　　B. 严重心动过缓

C. 重度心力衰竭　D. 重度高血压

263. 关于交感神经末梢阻滞剂的说法错误的是（　　）。

A. 可用于心律失常

B. 增加胃酸分泌

C. 易诱发抑郁症状

D. 现多用复方制剂

264. 关于利血平说法错误的是（　　）。

A. 作用迅速而短暂

B. 是交感神经末梢阻滞剂的代表药

C. 不良反应较多

D. 降低血压

265. Captopril 的中文译文是（　　）

A. 卡马西平　　　B. 硝酸甘油

C. 卡托普利　　　D. 普萘洛尔

266. Indapamide 属于哪类药（　　）。

A. 平喘药

B. 抑制胃酸分泌药

C. 止吐药

D. 抗高血压药

267. 氯沙坦氢氯噻嗪片的配伍机理是（　　）。

A. 氯沙坦升高血钾，氢氯噻嗪降低血钾

B. 氯沙坦降低血钾，氢氯噻嗪升高血钾

C. 氯沙坦升高血钾，氢氯噻嗪对血钾没影响

D. 氯沙坦降低血钾，氢氯噻嗪对血钾没影响

268. 在复方降压药中使用频率最大的药是（　　）。

A. 氢氯噻嗪　　B. 氯沙坦

C. 利血平　　　D. 硝苯地平

269. 高血压治疗的原则不包括（　　）。

A. 长期性原则　B. 个体性原则

C. 综合性原则　D. 即时性原则

270. 伴有糖尿病的高血压患者，首选的抗高血压药为（　　）。

A. 卡托普利　　B. 普萘洛尔

C. 氢氯噻嗪　　D. 阿替洛尔

271. 比索洛尔属于下列哪类药（　　）。

A. 钙拮抗剂

B. β受体阻断药

C. α受体阻断药

D. 血管紧张素转化酶抑制剂

272. 适于伴有肾素升高的高血压患者的抗高血压药是（　　）。

A. 雷米普利　　B. 倍他洛尔

C. 多沙唑嗪　　D. 氨氯地平

273. 可使细胞内钙浓度下降的药物有（　　）。

A. 普萘洛尔　　B. 硝苯地平

C. 氨氯地平　　D. 尼群地平

E. 卡托普利

274. 关于 ACEI 说法正确的是（　　）。

A. 治疗高血压　B. 防止水钠潴留

C. 抗心律失常　D. 改善心衰症状

E. 降低体内血管紧张素Ⅱ

275. β受体阻滞剂的作用包括（　　）。

A. 减慢心率

B. 减弱心肌收缩力

C. 降低血压

D. 防止水钠潴留

E. 阻滞钙内流

276. 属于交感神经末梢阻滞剂的是（　　）。

A. 尼群地平　　B. 利血平

C. 哌唑嗪　　　D. 硝普钠

E. 胍乙啶

277. 属于抗高血压药是（　　）。

A. Prazosine　　B. Propranolol

C. Reserpine　　D. Aspirin

E. Captopril

278. 适宜与氢氯噻嗪配伍治疗高血压的药是（　　）。

A. 氯沙坦　　　B. 卡托普利

C. 缬沙坦　　　D. 硝苯地平

E. 吲达帕胺

279. 伴有高血脂症的高血压患者，宜选用的抗高血压药为（　　）。

A. 硝苯地平　　B. 卡托普利

C. 氢氯噻嗪　　D. 普萘洛尔

E. 尼群地平

280. 下述哪些药是阻断肾上腺素受体而降压的药（　　）。

A. 美托洛尔　　B. 多沙唑嗪

C. 依那普利　　D. 福辛普利

E. 依拉地平

1.3.2 调血脂药

281. 血脂过高是加速动脉粥样硬化的多个因素中最危险的因素。（　　）

A. 正确　　　　　B. 错误

282. 考来烯胺为胆酸络合剂。（　　）

A. 正确　　　　　B. 错误

283. 洛伐他汀通过抑制 HMG – Co 还原酶而使胆固醇合成减少。（　　）

A. 正确　　　　　B. 错误

284. 他汀类药物主要降低血液中甘油三酯水平。（　　）

A. 正确　　　　　B. 错误

285. 对轻中度高胆固醇血症，可选用低剂量的 HMG – Co 还原酶抑制剂（　　）

A. 正确　　　　　B. 错误

286. 高脂血症的患者血脂中哪一种脂质可能是低的（　　）。

A. 血浆总胆固醇

B. 三酰甘油

C. 低密度脂蛋白

D. 高密度脂蛋白

287. 脂质代谢紊乱，使脂质侵犯（　　）。

A. 主动脉及中等动脉

B. 中等动脉及小动脉

C. 小动脉及毛细血管

D. 主动脉和上下腔静脉

288. 下列哪个药通过减少肠道内胆酸的吸收而发挥作用（　　）。

A. 考来烯胺　　　B. 洛伐他汀

C. 非诺贝特　　　D. 吉非贝齐

289. 胆酸可促进哪种物质的吸收（　　）。

A. 氨基酸　　　　B. 葡萄糖

C. 脂肪　　　　　D. 无机离子

290. 下述哪个药是 HMG-Co 还原酶抑制剂（　　）。

A. 吉非贝齐　　　B. 考来替泊

C. 非诺贝特　　　D. 洛伐他汀

291. 以高胆固醇为主的混合型血脂异常首选（　　）。

A. 多烯康　　　　B. 洛伐他汀

C. 非诺贝特　　　D. 吉非贝齐

292. 下列药物中与非诺贝特属于同一类的药物是（　　）。

A. 吉非贝齐　　　B. 考来替泊

C. 阿昔莫司　　　D. 洛伐他汀

293. 以高甘油三酯为主的混合型血脂异常首选（　　）

A. 烟酸类

B. 贝特类

C. HMG – Co 还原酶抑制剂

D. 胆酸螯合剂

294. 可用于高胆固醇的首选药是（　　）。

A. 胆酸螯合剂 + 他汀类

B. HMG – Co 还原酶抑制剂 + 贝特类

C. 贝特类 + 烟酸类

D. 胆酸螯合剂 + 烟酸类

295. 主降胆固醇兼降甘油三酯的药物为（　　）。

A. 胆酸螯合剂

B. HMG – Co 还原酶抑制剂

C. 贝特类

D. 烟酸类

296. 下列哪些属于高脂血症（　　）。

A. 高 TC 血症

B. 高 TG 血症

C. 高 TG 和 TC 血症

D. 高 HDL 血症

E. 低 HDL 血症

297. 能螯合胆酸减少胆酸吸收的药物是（　　）。

A. 氟伐他汀　　　B. 考来替泊

C. 非诺贝特　　　D. 洛伐他汀

E. 考来烯胺

298. 洛伐他汀降血脂是因为（　　　）。

A. 能螯合胆酸

B. 能螯合胆固醇

C. 能抑制 HMG－Co 还原酶

D. 能使细胞表面低密度脂蛋白受体数量增加

E. 能使细胞表面低密度脂蛋白受体数量减少

299. 主要用于高甘油三酯的血脂异常的药物包括（　　　）。

A. 考来替泊　　　B. 洛伐他汀

C. 非诺贝特　　　D. 吉非贝齐

E. 氟伐他汀

300. 下述哪个是《中国成人血脂异常防治指南》中的血脂异常（　　　）。

A. 高胆固醇血症

B. 高三酰甘油血症

C. 混合型高脂血症

D. 高密度脂蛋白血症

E. 低密度脂蛋白血症

1.3.3　抗慢性心功能不全药

301. 随着心耗氧量的增加，心负荷的加重，充血性心力衰竭病人的病情逐渐加重。（　　　）

A. 正确　　　　　B. 错误

302. 卡托普利通过抑制肾素－血管紧张素－醛固酮系统的激活起降压作用。（　　　）

A. 正确　　　　　B. 错误

303. 氨力农为强心苷类正性心肌力药。（　　　）

A. 正确　　　　　B. 错误

304. 不属于心力衰竭的临床表现的是（　　　）。

A. 呼吸困难　　　B. 口唇发紫

C. 体力活动正常　D. 水肿

305. 易引起心力衰竭的疾病不包括（　　　）。

A. 冠心病　　　　B. 高血压

C. 浅表皮肤感染　D. 心肌炎

306. 强心苷治疗心力衰竭的药理学基础是（　　　）。

A. 抑制房室传导

B. 加强心肌收缩力

C. 抑制窦房结.

D. 缩短心房的有效不应期

307. 强心苷中毒引起的过速型心律失常宜选用（　　　）。

A. 奎尼丁　　　　B. 苯妥英钠

C. 胺碘酮　　　　D. 普萘洛尔

308. 正性心肌力药物的作用不包括（　　　）。

A. 增强心肌收缩力

B. 减慢心率

C. 减少细胞内钙离子浓度

D. 抑制房室传导

309. 不属于正性心肌力药的是（　　　）。

A. 洋地黄毒苷　　B. 普萘洛尔

C. 氨力农　　　　D. 地高辛

310. 高血压伴心衰者可选用（　　　）。

A. 吲达帕胺　　　B. 哌唑嗪

C. 甲基多巴　　　D. 卡托普利

E. 肼屈嗪

311. 强心苷对心肌电生理的影响包括（　　　）。

A. 降低窦房结和心房自律性

B. 降低浦氏纤维自律性

C. 减慢房室传导

D. 缩短心房肌有效不应期

E. 缩短心室肌有效不应期

312. 下述哪些药物在加强心肌收缩力的同时，减慢房室传导（　　　）。

A. 毛花苷 C　　　B. 洋地黄毒苷

C. 地高辛　　　　D. 肾上腺素

E. 异丙肾上腺素

1.3.4　抗心律失常药

313. 临床上的心律失常仅表现为心

动过速。（　　）

    A. 正确　　　　　　B. 错误

314. 奎尼丁属于钠通道阻滞剂。（　　）

    A. 正确　　　　　　B. 错误

315. 当心脏冲动起源或传导功能异常时产生的心律不齐称为心律失常。（　　）

    A. 正确　　　　　　B. 错误

316. 强心药地高辛用药期间禁用肾上腺素。（　　）

    A. 正确　　　　　　B. 错误

317. 正常成年人安静时的平均心率在（　　）。

    A. 20～60 次/分钟

    B. 60～100 次/分钟

    C. 100～160 次/分钟

    D. 160～200 次/分钟

318. 心脏正常收缩是由（　　）发出冲动。

    A. 心房　　　　　　B. 心室

    C. 窦房结　　　　　D. 房室束

319. 既为局麻药，同时又是目前防治急性心肌梗死并发的室性心律失常的首选药是（　　）。

    A. 普鲁卡因胺　　　B. 利多卡因

    C. 普罗帕酮　　　　D. 苯妥英钠

320. 可使 ADP 延长的药物是（　　）。

    A. 胺碘酮　　　　　B. 利多卡因

    C. 维拉帕米　　　　D. 苯妥英钠

321. 急性心肌梗死的室性心动过速宜选用（　　）。

    A. 胺碘酮　　　　　B. 利多卡因

    C. 维拉帕米　　　　D. 苯妥英钠

322. 既抗心律失常，又可抗癫痫的药物是（　　）。

    A. 苯妥英钠　　　　B. 胺碘酮

    C. 利多卡因　　　　D. 维拉帕米

323. 心房颤动时应用（　　）。

    A. 苯妥英钠　　　　B. 阿托品

    C. 利多卡因　　　　D. 普萘洛尔

324. 长期预防快速性室性心律失常宜采用（　　）。

    A. 地高辛　　　　　B. 洋地黄毒苷

    C. 普鲁卡因胺　　　D. 维拉帕米

325. 治疗快速心律失常药的种类有（　　）。

    A. 钠通道阻滞剂

    B. β肾上腺素受体阻断药

    C. 延长动作电位时程药

    D. 钙通道阻滞剂

    E. 硝酸酯类

326. 防治快速型心律失常药物目前主要有（　　）。

    A. 钠通道阻滞剂　B. 钙剂

    C. β受体阻滞剂　D. 钙拮抗剂

    E. 多黏菌素

327. 普萘洛尔用于治疗（　　）。

    A. 心律失常　　　　B. 高血压

    C. 心房颤动　　　　D. 糖尿病

    E. 心绞痛

328. 心房颤动时需应用的药物有（　　）。

    A. 洋地黄毒苷　　　B. 奎尼丁

    C. 毒毛花苷 K　　　D. 维拉帕米

    E. 普萘洛尔

1.3.5　抗心绞痛药

329. 当冠状动脉血流量不能满足心肌的代谢的需要，引起心肌急剧的、暂时的缺血与缺氧时，即可产生心绞痛。（　　）

    A. 正确　　　　　　B. 错误

330. 硝酸甘油主要是通过扩张阻力血管增加心脏的前负荷，使心肌氧耗明显降低而消除心绞痛。（　　）

    A. 正确　　　　　　B. 错误

331. 心绞痛患者长期使用 β 受体阻

滞剂不能突然停药, 以免出现撤药综合征。(　　)

    A. 正确　　　　　B. 错误

332. 心绞痛发作时会出现的情况是(　　)。

    A. 血管扩张　　　B. 冠状动脉扩张

    C. 心肌供氧增加　D. 心肌缺血缺氧

333. 胸骨后及左肩、左臂内侧达无名指和小指出现疼痛, 引起症状的疾病是(　　)。

    A. 高血压　　　　B. 心律失常

    C. 心绞痛　　　　D. 心力衰竭

334. 心肌能量的产生需大量地提供(　　)。

    A. 氧　　　　　　B. 二氧化碳

    C. 一氧化氮　　　D. 组胺

335. 动脉粥样硬化而致冠状动脉狭窄或部分分支闭塞时, 可出现的情况是(　　)。

    A. 冠状动脉扩张性减弱

    B. 冠状动脉扩张性增强

    C. 冠状动脉扩张性不变

    D. 主动脉扩张性减弱

336. 对血管痉挛性的心绞痛患者更适用的药物是(　　)。

    A. 普萘洛尔　　　B. 硝酸甘油

    C. 硝苯地平　　　D. 哌唑嗪

337. 硝苯地平与哪个药物同用可增强抗心绞痛作用(　　)

    A. 美托洛尔　　　B. 卡托普利

    C. 普萘洛尔　　　D. 硝酸甘油

338. 影响心肌氧耗的因素包括(　　)。

    A. 心肌张力　　　B. 动脉收缩

    C. 心率　　　　　D. 心肌收缩强度

    E. 静脉回心血量

339. 硝酸甘油消除心绞痛是因为(　　)。

    A. 扩张体动脉　　B. 扩张侧枝血管

    C. 扩张静脉　　　D. 扩张冠状血管

    E. 扩张毛细血管

340. 首选治疗劳力型心绞痛的药物是(　　)。

    A. 硝酸甘油　　　B. 硝苯地平

    C. 普萘洛尔　　　D. 维拉帕米

    E. 美托洛尔

1.4　呼吸系统药

1.4.1　镇咳药

341. 中枢性镇咳药都是麻醉性药品。(　　)

    A. 正确　　　　　B. 错误

342. 氢溴酸右美沙芬的英文名称是Dextromethorphan Hydrobromide。(　　)

    A. 正确　　　　　B. 错误

343. 可待因常用于多痰黏稠的咳嗽患者。(　　)

    A. 正确　　　　　B. 错误

344. 服药期间不宜饮酒的镇咳药是(　　)。

    A. 右美沙芬　　　B. 甲硝唑

    C. 可待因　　　　D. 喷托维林

345. 属于外周麻醉性镇咳药的是(　　)。

    A. 苯丙哌林　　　B. 苯佐那酯

    C. 右美沙芬　　　D. 那可丁

346. 可待因的英文名称是(　　)。

    A. Dextromethorphan

    B. Clenbuterol

    C. Codeine

    D. Salbutamol

347. 枸橼酸喷托维林的英文名称正确的是(　　)。

    A. Pentoxyverine Citrate

    B. Amoxicillin Sulbactam

    C. Amiodarone

    D. SodiumChloride

348. 不属于中枢性镇咳药的是(　　)。

A. 可待因　　　　B. 右美沙芬

C. 羟蒂巴酚　　　D. 苯丙哌林

349. 心源性咳嗽伴有胸痛者可选用的是（　　）。

A. 可待因　　　　B. 右美沙芬

C. 苯丙哌林　　　D. 喷托维林

350. 能抑制咳嗽中枢的镇咳药是（　　）。

A. 右美沙芬　　　B. 可待因

C. 沙丁胺醇　　　D. 喷托维林

E. 苯佐那酯

351. 属于中枢性镇咳药的是（　　）。

A. PentoxyverineCitrate

B. Codeine

C. Diprophylline

D. Ampicillin

E. Clenbuterol

352. 久服易成瘾的镇咳药有（　　）。

A. 可待因　　　　B. 右美沙芬

C. 羟蒂巴酚　　　D. 喷托维林

E. 福尔可定

1.4.2　祛痰药

353. 溴己新是稀释性的祛痰药。（　　）

A. 正确　　　　　B. 错误

354. 黏痰裂解性祛痰药可分解痰液中的黏性成分，使痰液液化，黏滞性降低而易于咳出。（　　）

A. 正确　　　　　B. 错误

355. 祛痰药的英文名是 Expectorants。（　　）

A. 正确　　　　　B. 错误

356. 恶心性祛痰药可引起轻微的恶心（　　）。

A. 正确　　　　　B. 错误

357. 口服羧甲司坦后可明显见效于（　　）。

A. 1 小时　　　　B. 2 小时

C. 3 小时　　　　D. 4 小时

358. 羧甲司坦作用是（　　）。

A. 低黏度唾液黏蛋白分泌增加，高黏度黏蛋白产生减少

B. 低黏度唾液黏蛋白分泌减少，高黏度黏蛋白产生增加

C. 低黏度和高黏度黏蛋白产生都减少

D. 低黏度和高黏度黏蛋白产生都增加

359. 乙酰半胱氨酸作用的最适 pH（　　）。

A. 2～5　　　　　B. 4～7

C. 7～9　　　　　D. 9～14

360. 乙酰半胱氨酸应避免与（　　）合用，以防降低疗效。

A. 还原剂　　　　B. 氧化剂

C. 催化剂　　　　D. 抑制剂

361. 羧甲司坦英文名称是（　　）。

A. Bromhexine　　B. Acetylcysteine

C. Codeine　　　　D. Carbocisteine

362. 氯化铵英文名称正确的是（　　）。

A. Amoonium Chloride

B. Ammonium Chloride

C. Amponium Chloride

D. Annonium Chloride

363. 黏痰裂解性祛痰药可选用（　　）。

A. 氯化铵　　　　B. 愈创甘油醚

C. 乙酰半胱氨酸　D. 羧甲司坦

364. 溴己新属于哪类祛痰药（　　）。

A. 恶心性祛痰药

B. 黏痰裂解性祛痰药

C. 稀释性祛痰药

D. 刺激性祛痰药

365. 羧甲司坦的作用有（　　）。

A. 使痰液黏滞降低

B. 抗炎

C. 增加纤毛运动

D. 减少纤毛运动

E. 使痰液黏滞增加

366. 乙酰半胱氨酸可产生的副作用
（　　）。

A. 恶心呕吐　　B. 口腔麻木

C. 口臭　　　　D. 咳呛

E. 支气管痉挛

367. 祛痰药包括（　　）。

A. Codeine　　　B. Bromhexine

C. Acetylcysteine　D. Guaifenesin

E. Carbocisteine

368. 属于祛痰药的有（　　）。

A. 氯化铵　　　B. 右美沙芬

C. 乙酰半胱氨酸　D. 可待因

E. 吗啡

1.4.3 平喘药

369. 支气管扩张药是治疗急性哮喘
的一线药。（　　）

A. 正确　　　　B. 错误

370. 糖皮质激素具有强大的抗炎、
抗过敏作用，目前是最有效的重症哮喘
或哮喘持续状态的治疗药物。（　　）

A. 正确　　　　B. 错误

371. 抗过敏平喘药通过增加过敏性
介质释放和拮抗炎性介质的作用而预防
和治疗哮喘发作。（　　）

A. 正确　　　　B. 错误

372. 平喘药的英文名称是 Antiasth-
maticdrug。（　　）

A. 正确　　　　B. 错误

373. 用于平喘的抗胆碱药是克伦特
罗。（　　）

A. 正确　　　　B. 错误

374. 福莫特罗为新型的长效 β_2 受体
完全激动剂。（　　）

A. 正确　　　　B. 错误

375. 急性哮喘发作首选（　　）。

A. 沙丁胺醇吸入　B. 氨茶碱口服

C. 色甘酸钠吸入　D. 麻黄碱口服

376. 不属于茶碱类药物的描述是
（　　）。

A. 是甲基嘌呤类衍生物

B. 能松弛支气管平滑肌

C. 有明显的抗炎作用

D. 能强心、利尿

377. 不符合糖皮质激素特性的描述
是（　　）。

A. 糖皮质激素可口服给药

B. 糖皮质激素可注射给药

C. 糖皮质激素入血后约 80% 与白蛋
白结合

D. 糖皮质激素在肝内转化

378. 关于糖皮质激素禁忌证描述错
误的是（　　）。

A. 粒细胞减少症

B. 严重精神病和癫痫

C. 病毒感染

D. 妊娠初期

380. 色甘酸钠的作用机制是（　　）。

A. 能对抗胆碱等过敏介质的作用

B. 直接松弛支气管平滑肌

C. 抑制肥大细胞脱颗粒反应

D. 促进儿茶酚胺释放

381. 不符合 H1 受体阻断药的描述是
（　　）。

A. 可拮抗组胺引起的胃肠道、支气
管收缩

B. 可抑制胃酸分泌

C. 有镇静催眠作用

D. 可用于变态反应性疾病

382. 沙丁胺醇的英文名称是（　　）。

A. Salmeterol　　　B. Salbutamol

C. Clenbuterol　　D. Acetylcysteine

382 氨茶碱的英文名称正确的是
（　　）。

A. Amonophylline　B. Amphylline

C. Annophylline　　D. Aminophylline

383. 关于平喘药物的作用类别，哪

一项是错误的（　　　）。

A. 稳定肥大细胞膜

B. 直接松弛支气管平滑肌

C. 磷酸二酯酶抑制

D. β_2 受体激动

384. 下列药属于抗过敏平喘药的是（　　　）。

A. 氨茶碱　　　　B. 倍氯米松

C. 沙丁胺醇　　　D. 色甘酸钠

385. 下列不是氟替卡松的作用机制有（　　　）。

A. 糖皮质激素类抗炎平喘药

B. 吸入后一小时作用达到高峰

C. 局部用药

D. 用于慢性持续性哮喘的长期治疗

386. 噻托溴铵的不良反应是(　　　)。

A. 恶心

B. 呕吐

C. 轻微口干

D. 饭后服刺激性减轻

387. 下列属于 β 受体激动药的治疗哮喘的药理作用是（　　　）。

A. 支气管平滑肌舒张

B. 降低哮喘者非特异性气道高反应性

C. 抑制血管内皮细胞的通透性

D. 阻断腺苷受体

E. 抑制肥大细胞释放炎症介质

388. 糖皮质激素与水盐代谢相关的不良反应有（　　　）。

A. 向心性肥胖　　B. 尿糖

C. 高血压　　　　D. 动脉粥样硬化

E. 骨质疏松

389. 色甘酸钠，描述正确的是（　　　）。

A. 松弛支气管平滑肌

B. 对正在发作的哮喘无效

C. 对抗组胺，慢反应物质

D. 抑制过敏介质释放

E. 抑制磷酸二酯酶，使支气管平滑肌细胞内 cAMP 积聚

390. 下列属于平喘药的是（　　　）。

A. Salbutamol　　　B. Expectorants

C. Ketotifen　　　　D. Guaifenesin

E. Acetylcysteine

391. 对伴有心血管疾病且不能耐受 β 受体激动剂的支气管哮喘患者应避免选用（　　　）。

A. 沙丁胺醇　　　B. 氨茶碱

C. 异丙托溴铵　　D. 地塞米松

E. 特布他林

392. H_1 受体拮抗药包括（　　　）。

A. 曲尼司特　　　B. 酮替芬

C. 氮䓬斯汀　　　D. 色甘酸钠

E. 特步他林

1.5　消化系统药

1.5.1　抗消化性溃疡药

393. 消化性溃疡是指胃和十二指肠溃疡。（　　　）

A. 正确　　　　　B. 错误

394. 氢氧化铝的作用机理是通过抑制胃酸而产生抗消化性溃疡作用。（　　　）

A. 正确　　　　　B. 错误

395. 抑制胃酸分泌药均是通过抑制质子泵而起抗消化性溃疡作用。（　　　）

A. 正确　　　　　B. 错误

396. 胃黏膜保护药在酸性条件下形成保护膜促进溃疡愈合。（　　　）

A. 正确　　　　　B. 错误

397. 吗丁啉是治疗消化性溃疡的常用药物。（　　　）

A. 正确　　　　　B. 错误

398. 消化性溃疡的病理机制是（　　　）。

A. 胃黏膜的自身防御因子减少

B. 黏膜攻击因子减少

C. 胃黏膜的自身防御因子增加

D. 胃黏膜的自身防御因子和黏膜攻

击因子之间平衡失调的结果

399. 消化性溃疡药物治疗的机制（　　）。

A. 抑制攻击因子

B. 抑制防御因子

C. 增加攻击因子

D. 抑制攻击因子和防御因子

400. 中和胃酸药（　　）。

A. 碳酸氢钠　　　B. 西咪替丁

C. 奥美拉唑　　　D. 硫糖铝

401. 抗酸药在临床上用于（　　）。

A. 消化不良　　　B. 胃溃疡

C. 胆结石　　　　D. 呕吐

402. 奥美拉唑的作用机制是（　　）。

A. 阻断 H_1 受体

B. 阻断 M 受体

C. 抑制 $H^+ - K^+ - ATP$ 酶

D. 阻断胃泌素受体

403. 西咪替丁的常见不良反应为（　　）。

A. 呼吸损害　　　B. 血压升高

C. 心律失常　　　D. 胃肠反应

404. 枸橼酸铋钾属于（　　）。

A. 抗酸药

B. 抑制胃酸分泌药

C. 抗幽门螺杆菌药

D. 胃黏膜保护药

405. 硫糖铝不宜与哪个药同服（　　）。

A. 奥美拉唑　　　B. 阿莫西林

C. 甲硝唑　　　　D. 多潘立酮

406. 十二指肠溃疡选择下列何药治疗效果更佳（　　）。

A. 铝碳酸镁　　　B. 奥美拉唑

C. 硫糖铝　　　　D. 枸橼酸铋钾

407. 抗幽门螺杆菌药（　　）。

A. 奥美拉唑　　　B. 链霉素

C. 克拉霉素　　　D. 硫糖铝

408. 消化性溃疡药包括（　　）。

A. 胃动力药

B. 胃酸分泌抑制药

C. 黏膜保护药

D. 胃酸分泌兴奋药

E. 抗幽门螺杆菌药

409. 抗酸药的缺点是（　　）。

A. 碳酸氢钠作用快

B. 氢氧化铝作用时间较长

C. 碳酸氢钠产气引起腹胀

D. 氢氧化铝引起便秘

E. 氢氧化镁引起便秘

410. 抑制胃酸分泌药物（　　）。

A. 兰索拉唑　　　B. 法莫替丁

C. 丙胺太林　　　D. 硫糖铝

E. 多潘立酮

411. 为了不影响疗效，使用硫糖铝时不能（　　）。

A. 空腹使用

B. 不宜长期、大剂量使用

C. 与抗酸药同服

D. 与兰索拉唑同服

E. 与四环素同服

412. 抗消化性溃疡药包括（　　）。

A. 碳酸氢钠　　　B. 胰酶

C. 雷尼替丁　　　D. 甲氧氯普胺

E. 奥美拉唑

1.5.2 胃肠道解痉药

413. 胃肠解痉药和 M 受体阻断药是同类药。（　　）

A. 正确　　　　　B. 错误

414. 溴化丙胺太林英文名 Propantheline。（　　）

A. 正确　　　　　B. 错误

415. 丙胺太林主用于（　　）。

A. 胃溃疡　　　　B. 胃肠痉挛

C. 腹痛　　　　　D. 腹泻

416. 胃复康的作用（　　）。

A. 解除胃肠平滑肌痉挛

B. 增加胃酸分泌

C. 收缩胃肠平滑肌

D. 促进胃肠动力

417. Atropine 是哪个药物的英文名
（　　）。

A. 阿司匹林　　　B. 阿托品

C. 丙胺太林　　　D. 奥美拉唑

418. 丙胺太林英文名（　　）。

A. Omeprazole　　B. Famotidine

C. Aspirin　　　　D. Propantheline

419. 胃肠解痉药的不良反应有
（　　）。

A. 口干　　　　　B. 皮肤干燥

C. 便秘　　　　　D. 血压升高

E. 心率失常

420. 属于胃肠解痉药的是（　　）

A. Propantheline　B. Scopolamine

C. Atropine　　　D. Omeprazole

E. Famotidine

1.5.3　助消化药

421. 助消化药主要通过促进胃肠蠕动发挥助消化作用。（　　）

A. 正确　　　　　B. 错误

422. 干酵母的英文名称 dryyeast。
（　　）

A. 正确　　　　　B. 错误

423. 不能治疗消化不良的药（　　）。

A. 干酵母　　　　B. 乳酶生

C. 稀盐酸　　　　D. 丙谷胺

424. 剂量过大会导致腹泻的助消化药（　　）。

A. 胰酶　　　　　B. 乳酶生

C. 酵母片　　　　D. 胃蛋白酶

425. 胰酶的英文名称是（　　）。

A. Pancreatin　　B. Yeast

C. Multienzyme　D. Lactasin

426. 干酵母的英文名（　　）。

A. Pancreatin　　B. Driedyeast

C. Lactasin　　　D. Multienzyme

427. 助消化药包括（　　）。

A. 奥美拉唑　　　B. 丙谷胺

C. 干酵母　　　　D. 多酶片

E. 甲氧氯普胺

428. 属于助消化药的是（　　）。

A. Atropine　　　B. Aspirin

C. Morphine　　　D. Pancreatin

E. Lactasin

1.5.4　肝胆辅助药

429. 肝胆辅助药仅包括肝炎治疗药和胆结石溶解药。（　　）

A. 正确　　　　　B. 错误

430. 利胆药包括（　　）。

A. 苯丙醇　　　　B. 熊去氧胆酸

C. 谷氨酸钠　　　D. 左旋多巴

431. 治疗肝昏迷的药是（　　）。

A. 左旋多巴　　　B. 去氢胆酸

C. 苯丙醇　　　　D. 鹅去氧胆酸

432. 肝胆辅助用药包括（　　）。

A. 联苯双酯　　　B. 肝素

B. 熊去氧胆酸　　D. 酚酞

E. 谷氨酸钾

1.5.5　胃动力药及止吐药

433. 胃动力药通过阻断外周多巴胺受体而促进胃肠的蠕动。（　　）

A. 正确　　　　　B. 错误

434. Domperidone 的别名是吗丁啉。
（　　）

A. 正确　　　　　B. 错误

435. 止吐药可产生的作用是（　　）。

A. 松弛平滑肌，解痉止痛

B. 促进胃排空

C. 抑制胃酸分泌

D. 中和胃酸

436. 下列属于止吐药的是（　　）。

A. 吗丁啉　　　　B. 甲氧氯普胺

C. 酚酞　　　　　D. 果导

437. 多潘立酮的英文名（　　）。

A. Domperidone　B. Metoclopramide

C. Morphine　　　D. Atropine

438. 甲氧氯普胺的英文名（　　　）。

A. Domperidone　　B. Metoclopramide

C. Morphine　　　 D. Atropine

439. 多潘立酮与（　　）同时使用时作用会发生拮抗。

A. 溴丙胺太林　　B. 西沙必利

C. 山莨菪碱　　　D. 甲氧氯普胺

E. 颠茄

440. 胃动力药是（　　　）。

A. Domperidone　B. Atropine

C. Morphine　　　D. Metoclopramide

E. Phenolphthalein

1.5.6　止泻药和导泻药

441. 剧烈而持久的腹泻可引起脱水和电解质紊乱，应及时用止泻药治疗。（　　　）

A. 正确　　　　　B. 错误

442. 硫酸镁中毒时应选用钙剂解救。（　　　）

A. 正确　　　　　B. 错误

443. 痔疮引起的便秘要用酚酞缓解。（　　　）

A. 正确　　　　　B. 错误

444. 不能与维生素同服的药是（　　　）。

A. 阿片制剂　　B. 苯乙哌啶

C. 鞣酸蛋白　　D. 药用炭。

445. 长期大量应用可造成消化酶缺乏，不宜长期用的是（　　　）。

A. 阿片制剂　　B. 苯乙哌啶

C. 鞣酸蛋白　　D. 洛哌丁胺

446. 硫酸镁导泻属于（　　　）。

A. 非吸收盐类容积性泻药

B. 食物性纤维素容积性泻药

C. 刺激性泻药

D. 润滑性泻药

447. 酚酞导泻属于（　　　）。

A. 非吸收盐类容积性泻药

B. 食物性纤维素容积性泻药

C. 刺激性泻药

D. 润滑性泻药

448. 液体石蜡导泻给药方法是（　　　）。

A. 肛门注入　　B. 口服

C. 局部注射　　D. 栓剂塞入

449. 甘油导泻给药方法是（　　　）。

A. 肛门注入　　B. 口服

C. 局部注射　　D. 栓剂塞入

450. 下列药中不是以吸附作用发挥止泻的是（　　　）。

A. 活性炭　　　　B. 复方樟脑酊

C. 蒙脱石散　　　D. 培菲康

E. 洛哌丁胺

451. 口服硫酸镁的作用有（　　　）。

A. 导泻　　　　　B. 利胆

C. 抗惊厥　　　　D. 抗高血压

E. 抗精神病

452. 治疗习惯性便秘常服泻药可引起的结果（　　　）。

A. 致水、电解质丢失

B. 对泻药产生依赖

C. 引起结肠痉挛性便秘

D. 会影响营养物质吸收

E. 会形成定时排便的习惯

1.6　泌尿系统药

1.6.1　利尿药

453. 螺内酯与呋塞米合用可防止呋塞米引起的高尿酸血症。（　　　）

A. 正确　　　　　B. 错误

454. 氢氯噻嗪与血管扩张剂合用，能增强后者的降压作用。（　　　）

A. 正确　　　　　B. 错误

455. 氨苯蝶啶通过拮抗醛固酮的作用而发挥保钾利尿作用。（　　　）

A. 正确　　　　　B. 错误

456. Triamterene 是通过抑制 K^+、Na^+ 交换，保钾排钠而利尿。（　　　）

A. 正确　　　　　B. 错误

457. 哪一种利尿药作用最强？（ ）。

  A. 氢氯噻嗪　　　　B. 呋塞米

  C. 氨苯蝶啶　　　　D. 布美他尼

458. 急性肺水肿应首选（ ）。

  A. 氢氯噻嗪　　　　B. 呋塞米

  C. 氨苯蝶啶　　　　D. 甘露醇

459. 作用于髓袢升枝粗段皮质部，抑制钠、氯离子重吸收的是（ ）。

  A. 氢氯噻嗪　　　　B. 呋塞米

  C. 氨苯蝶啶　　　　D. 甘露醇

460. 抑制肾小管碳酸酐酶而利尿的是（ ）。

  A. 甘露醇　　　　　B. 呋塞米

  C. 氨苯蝶啶　　　　D. 乙酰唑胺

461. 继发性醛固酮增多症应选用（ ）。

  A. 氢氯噻嗪　　　　B. 呋塞米

  C. 螺内酯　　　　　D. 布美他尼

462. 直接抑制远曲小管末端和集合管对钠离子的再吸收是（ ）。

  A. 氢氯噻嗪　　　　B. 呋塞米

  C. 螺内酯　　　　　D. 氨苯蝶啶

463. Furosemide 是（ ）。

  A. 氢氯噻嗪　　　　B. 呋塞米

  C. 螺内酯　　　　　D. 氨苯蝶啶

464. Spironolactone 是（ ）。

  A. 氢氯噻嗪　　　　B. 呋塞米

  C. 氨苯蝶啶　　　　D. 螺内酯

465. 呋塞米的主要药理作用（ ）。

  A. 利尿作用

  B. 扩张小动脉降低外周阻力

  C. 扩张肾动脉增加肾血流量

  D. 降低血糖

  E. 促进尿酸排泄

466. 增加排钾的利尿药是（ ）。

  A. 甘露醇　　　　　B. 呋塞米

  C. 氨苯蝶啶　　　　D. 乙酰唑胺

  E. 氢氯噻嗪

467. 安体舒通与氢氯噻嗪合用的目的（ ）。

  A. 增强利尿作用

  B. 纠正氢氯噻嗪引起的低血钾

  C. 克服安体舒通引起的高血钾

  D. 延长氢氯噻嗪作用持续时间

  E. 防止氢氯噻嗪引起血容量改变

468. 属低效利尿药的有（ ）。

  A. Furosemide

  B. Hydrochlorothiazide

  C. Triamterene

  D. Bumetanide

  E. Spironolactone

1.6.2　前列腺疾病用药

469. 特拉唑嗪用药要注意可能出现一过性血压升高，要同服降压药。（ ）

  A. 正确　　　　　　B. 错误

470. 适用于尿频、尿急、排尿困难及尿失禁等症状的药是黄酮哌酯。（ ）

  A. 正确　　　　　　B. 错误

471. 前列腺疾病用药的目的（ ）。

  A. 松弛泌尿生殖系统平滑肌缓解痉挛

  B. 收缩泌尿生殖系统平滑肌加速尿液排出

  C. 增加尿量，利于排尿

  D. 减少尿量缓解尿频症状

472. 大部分前列腺疾病用药机理是（ ）。

  A. 选择性 α_1 受体阻断作用

  B. 选择性 α_2 受体阻断作用

  C. 选择性 β_1 受体阻断作用

  D. 选择性 β_2 受体阻断作用

473. 泌尿灵是下列哪个药的商品名（ ）。

  A. 特拉唑嗪　　　　B. 阿夫唑嗪

  C. 坦洛新　　　　　D. 黄酮哌酯

474. 用于治疗良性前列腺增生症，也可降低血压的是（ ）。

A. 特拉唑嗪 　　B. 阿夫唑嗪

C. 坦洛新 　　D. 黄酮哌酯

475. 特拉唑嗪的作用有（　　）。

A. 阻断 α_2 受体

B. 阻断 α_1 受体

C. 减轻膀胱出口的阻塞

D. 血管舒张

E. 调节血脂

476. 属于前列腺疾病治疗药的是（　　）。

A. 特拉唑嗪 　　B. 阿夫唑嗪

C. 坦洛新 　　D. 黄酮哌酯

E. 非诺贝特

1.7 皮肤疾病及用药

1.7.1 皮肤的基本构造与皮肤病

477. 所有皮肤疾病都与个人过敏体质有关。（　　）

A. 正确 　　B. 错误

478. 由于病毒感染引起的是（　　）。

A. 丹毒 　　B. 带状疱疹

C. 荨麻疹 　　D. 药疹

479. 下列疾病有传染性的是（　　）。

A. 荨麻疹 　　B. 湿疹

C. 药疹 　　D. 带状疱疹

480. 属于过敏性皮肤病的是（　　）。

A. 单纯疱疹 　　B. 接触性皮炎

C. 湿疹 　　D. 荨麻疹

E. 丹毒

1.7.2 皮肤病用药

481. 应用酮康唑时，不宜同服抗酸药。（　　）

A. 正确 　　B. 错误

482. 过敏性皮肤病的表现是多种多样的皮炎、湿疹和荨麻疹。（　　）

A. 正确 　　B. 错误

483. 单纯疱疹是由水痘–带状疱疹病毒引起的病毒性皮肤病。（　　）

A. 正确 　　B. 错误

484. 丹毒是由溶血性链球菌侵入引起的皮肤疾病。（　　）

A. 正确 　　B. 错误

485. 下列说法不正确的是（　　）。

A. 酮康唑为广谱抗真菌药

B. 益康唑不良反应小于克霉唑

C. 克霉唑多局部用药

D. 以上抗真菌药均为咪唑类

486. 对灰黄霉素的说法不正确的是（　　）。

A. 服药时间只需一周

B. 对已感染的角质层无效

C. 外用难奏效，多采用口服

D. 对头癣最好

487. 扑尔敏是（　　）。

A. H_1 受体阻断药

B. H_2 受体阻断药

C. 镇静催眠药

D. 平喘药

488. 某高压线路检修工患荨麻疹，应给予哪种药物治疗（　　）。

A. 氯苯那敏 　　B. 氯雷他定

C. 苯海拉明 　　D. 异丙嗪

489. 没有抗病毒作用的药物是（　　）。

A. 利巴韦林 　　B. 金刚烷胺

C. 阿昔洛韦 　　D. 阿莫西林

490. 属于广谱抗病毒药物的是（　　）。

A. 利巴韦林 　　B. 阿昔洛韦

C. 阿糖腺苷 　　D. 金刚烷胺

491. 用于治疗丹毒的抗生素是（　　）。

A. 硫酸镁 　　B. 青霉素

C. 庆大霉素 　　D. 西替利嗪

492. 患有丹毒的患者青霉素皮试阳性，可换用的抗生素是（　　）。

A. 阿昔洛韦 　　B. 红霉素

C. 庆大霉素 　　D. 西替利嗪

493. 属于咪唑类抗真菌药的有

（   ）。

A. 灰黄霉素 B. 克霉唑

C. 咪康唑   D. 酮康唑

E. 益康唑

494. 用于过敏性皮炎的药物有（   ）。

A. 氯雷他定片

B. 硝酸咪康唑软膏

C. 丁溴酸氢化可的松软膏

D. 糠酸莫米松软膏

E. 莫匹罗星软膏

495. 抗病毒药物在下列何种情况时慎用（   ）。

A. 小儿   B. 孕妇

C. 哺乳期 D. 贫血

E. 感冒期间

496. 用于治疗的丹毒的药物有（   ）。

A. 阿昔洛韦 B. 青霉素

C. 红霉素   D. 百多邦

E. 呋喃西林

1.8　内分泌疾病用药

1.8.1　糖尿病

497. 糖尿病是一种常见的有遗传倾向的代谢性内分泌疾病。（   ）

A. 正确   B. 错误

498. 胰岛素主要影响脂肪和蛋白质的代谢。（   ）

A. 正确   B. 错误

499. 格列喹酮通过刺激胰岛 β 细胞释放胰岛素降低血糖。（   ）

A. 正确   B. 错误

500. 双胍类药物对正常人也有降血糖作用。（   ）

A. 正确   B. 错误

501. 二甲双胍通过抑制糖苷水解酶降低血糖。（   ）

A. 正确   B. 错误

502. 糖尿病病人合并严重感染或高热时需使用胰岛素降低血糖。（   ）

A. 正确   B. 错误

503. 胰岛素可口服、静脉注射、皮下注射。（   ）

A. 正确   B. 错误

504. 拜唐苹是阿卡波糖片的商品名。（   ）

A. 正确   B. 错误

505. 1 型糖尿病与 2 型糖尿病最根本的区别是（   ）。

A. 起病年龄不同

B. 胰岛 β 细胞分泌功能的差异

C. 体型不同

D. 有无遗传因素

506. 糖尿病的类型不包括（   ）。

A. 1 型糖尿病 B. 2 型糖尿病

C. 3 型糖尿病 D. 妊娠期糖尿病

507. 胰岛素不影响哪些物质的代谢（   ）。

A. 糖   B. 脂肪

C. 蛋白质   D. 钙

508. 胰岛素对糖代谢的影响是（   ）。

A. 升高血糖 B. 降低血糖

C. 促进糖原分解 D. 没有影响

509. 通过刺激胰岛 β 细胞释放胰岛素降低血糖的药物是（   ）。

A. 二甲双胍 B. 格列齐特

C. 阿卡波糖 D. 胰岛素

510. 对胰岛 β 细胞无刺激作用的药物是（   ）。

A. 阿卡波糖 B. 格列齐特

C. 甲苯磺丁脲 D. 格列苯脲

511. 对无胰岛功能的糖尿病人有降血糖作用的药物是（   ）。

A. 二甲双胍 B. 格列齐特

C. 甲苯磺丁脲 D. 格列苯脲

512. 减少消化道对葡萄糖的吸收的药物是（   ）。

A. 格列喹酮　　　B. 二甲双胍

C. 氯磺丙脲　　　D. 格列吡嗪

513. 通过抑制糖苷水解酶降低血糖的药物是（　　）。

　　A. 阿卡波糖　　　B. 苯乙双胍

　　C. 格列吡嗪　　　D. 氯磺丙脲

514. α－葡萄糖苷酶抑制剂的作用机理是（　　）。

　　A. 增加胰岛素的分泌

　　B. 促进外周组织对葡萄糖的利用

　　C. 减少葡萄糖的吸收

　　D. 增加葡萄糖的分解

515. 口服格列吡嗪降血糖不理想者、且餐后血糖高者可加服（　　）。

　　A. 二甲双胍　　　B. 甲磺丁脲

　　C. 格列齐特　　　D. 阿卡波糖

516. 高龄的糖尿病人合并肾病最好选用（　　）。

　　A. 二甲双胍　　　B. 格列喹酮

　　C. 格列齐特　　　D. 格列苯脲

517. 必要时可以静脉注射给药的是（　　）。

　　A. 普通胰岛素

　　B. 珠蛋白锌胰岛素

　　C. 低精蛋白锌胰岛素

　　D. 精蛋白锌胰岛素

518. 可餐后口服的降糖药是（　　）。

　　A. 格列苯脲　　　B. 二甲双胍

　　C. 格列吡嗪　　　D. 格列喹酮

519. 属于非磺脲类促胰岛素分泌剂的药物是（　　）。

　　A. 罗格列酮　　　B. 瑞格列奈

　　C. 阿卡波糖　　　D. 恩格列酮

520. 胰岛素增敏剂的特点不包括（　　）。

　　A. 尤其适用于胰岛素抵抗者

　　B. 明显降低餐后血糖

　　C. 用于 1 型糖尿病

　　D. 用于 2 型糖尿病

521. 1 型糖尿病不正确的是（　　）。

　　A. 体型多肥胖

　　B. 必须用胰岛素治疗

　　C. 血中胰岛素和 C 肽水平很低

　　D. 不易发生酮症酸中毒

　　E. 起病急，病情重

522. 胰岛素的作用是（　　）。

　　A. 抑制葡糖糖的跨膜转运

　　B. 促进组织对葡萄糖的利用

　　C. 促进葡萄糖的酵解和氧化

　　D. 抑制糖原的合成

　　E. 抑制糖原的储存

523. 磺酰脲类降糖药的作用机制为（　　）。

　　A. 激动 β 受体

　　B. 抑制肠道葡萄糖的吸收

　　C. 抑制葡萄糖的水解

　　D. 降低胰高血糖素水平

　　E. 增加组织对胰岛素的敏感性

524. 双胍类药物降低血糖的作用是（　　）。

　　A. 增加消化道对葡萄糖的吸收

　　B. 促进组织对葡萄糖的利用

　　C. 增加胰岛素与受体的结合力

　　D. 抑制糖元异生

　　E. 抑制胰高血糖素的释放

525. 对 α－葡萄糖苷酶抑制剂描述正确的是（　　）。

　　A. 减少葡萄糖的吸收

　　B. 抑制糖苷水解酶

　　C. 增加葡萄糖的分解

　　D. 增加胰岛素分泌量

　　E. 常用药物有伏格列波糖

526. 下列哪些需要用胰岛素治疗（　　）。

　　A. 1 型糖尿病

　　B. 2 型糖尿病

　　C. 糖尿病合并妊娠和分娩时

　　D. 糖尿病合并脑血管意外时

E. 糖尿病酮症酸中毒

527. 糖尿病药物治疗的目的是（　　）。

A. 降低血糖

B. 增加免疫力

C. 保持正常体力、体重

D. 控制症状

E. 减少并发症

528. 属于胰岛素增敏剂的药物是（　　）。

A. 罗格列酮　　　B. 瑞格列奈

C. 曲格列酮　　　D. 恩格列酮

E. 吡格列酮

1.8.2 皮质激素类药

529. 糖皮质激素类药物分为短效、中效、长效 3 类。（　　）

A. 正确　　　　　B. 错误

530. 糖皮质激素的靶细胞广泛分布于肝、肺、脑、骨等处。（　　）

A. 正确　　　　　B. 错误

531. 氢化可的松的英文名称是 Penicillin。（　　）

A. 正确　　　　　B. 错误

532. 泼尼松龙进入体内需经肝脏活化才可发挥生物效应。（　　）

A. 正确　　　　　B. 错误

533. 糖皮质激素类新药的研发方向是降低该类药物的全身不良反应。（　　）

A. 正确　　　　　B. 错误

534. 短效的糖皮质激素药物是（　　）。

A. 氢化可的松　　B. 泼尼松

C. 泼尼松龙　　　D. 地塞米松

535. 长效的糖皮质激素药物是（　　）。

A. 可的松　　　　B. 泼尼松

C. 曲安西龙　　　D. 地塞米松

536. 糖皮质激素的抗毒作用是指（　　）。

A. 中和外毒素

B. 中和内毒素

C. 提高机体对内毒素的耐受力

D. 提高机体对外毒素的耐受力

537. 糖皮质激素影响血液成分描述正确的是（　　）。

A. 使中性粒细胞的数目减少

B. 血小板数量减少

C. 淋巴细胞增加

D. 使血红蛋白含量增加

538. 强的松的英文名称是（　　）。

A. Benzylpenicillin

B. Oxacillin

C. Prednisone

D. Piperacillin

539. 地塞米松的英文名称正确的是（　　）。

A. Dexamethasone

B. Amoxicillin – Sulbactam

C. Sulbactam – Ampicillin

D. Sulbactam – Amoxicillin

540. 外用强效糖皮质激素是（　　）。

A. 氢化可的松　　B. 地塞米松

C. 倍氯米松　　　D. 曲安西龙

541. 糖皮质激素类药治疗血液病描述正确的是（　　）。

A. 停药后易复发

B. 用药一周后需换药使用

C. 需配合环胞素同用

D. 需加入普鲁卡因注射液注射

542. 属于新一代糖皮质激素类药物的是（　　）。

A. 泼尼松龙　　　B. 倍氯米松

C. 利美索龙　　　D. 以上都不是

543. 不属于新一代糖皮质激素类药物的是（　　）。

A. 曲安西龙　　　B. 替泼尼旦

C. 利美索龙　　　D. 以上都不是

544. 属于糖皮质激素的药物有

（　　）。

A. 丙硫氧嘧啶　　B. 糠酸莫米松

C. 氟氢可的松　　D. 泼尼松

E. 倍氯米松

545. 属于糖皮质激素抗炎机理的是（　　）。

A. 抑制炎性介质的合成

B. 抑制某些细胞因子的产生与释放

C. 稳定溶酶体膜

D. 抑制肉芽组织形成

E. 免疫抑制

546. 皮激素类药物不包括（　　）。

A. Cefadroxil　　B. Prednisone

C. Cefuroxime　　D. Dexamethasone

E. Cefaclor　　　F. Cefazolin

547. 糖皮质激素类药物应用包括（　　）。

A. 自身免疫性疾病

B. 抗休克

C. 器官移植

D. 血液病

E. 高血压

548. 新一代糖皮质激素类药物的特点是（　　）。

A. 全身副作用低

B. 库欣综合征较轻

C. 抗炎活性强

D. 局部用药作用迅速，代谢快

E. 无任何副作用

1.8.3　甲状腺激素类药

549. 甲亢是指甲状腺功能亢进的简称。（　　）

A. 正确　　　　　B. 错误

550. 硫脲类药物能促进甲状腺免疫球蛋白的生成。（　　）

A. 正确　　　　　B. 错误

551. 小剂量碘参与甲状腺激素合成。（　　）

A. 正确　　　　　B. 错误

552. 甲亢的发病机制是（　　）。

A. 甲状腺功能低下使得甲状腺滤泡细胞中的甲状腺素过量进入血液中循环所致

B. 甲状腺功能亢进使得甲状腺滤泡细胞中的甲状腺素进入血液中不足所致

C. 甲状腺功能亢进使得甲状腺滤泡细胞中的甲状腺素过量进入血液中循环所致

D. 以上都不是

553. 不属于甲状腺激素的作用是（　　）。

A. 维持生长发育

B. 促使代谢

C. 维持神经系统功能和心血管系统

D. 抗炎作用

554. 对硫脲类药物描述正确的是（　　）。

A. 促进甲状腺激素的合成

B. 对甲状腺激素不影响

C. 抑制甲状腺激素的合成

D. 以上都不是

555. 对硫脲类药物作用机理描述正确的是（　　）。

A. 抑制甲状腺激素的合成

B. 抑制外周组织 T_3 转化为 T_4

C. 促进甲状腺免疫球蛋白的生成

D. 促进甲状腺激素的合成

556. 小剂量碘能用于治疗（　　）。

A. 甲减

B. 哮喘

C. 单纯性甲状腺肿

D. 甲状腺危象

557. 大剂量碘抗甲状腺的作用机理是（　　）。

A. 作为甲状腺素的原料

B. 抑制蛋白水解酶

C. 抑制过氧化物酶

D. 激活蛋白水解酶，减少甲状腺素释放

558. 属于甲亢症状的是（　　）。

A. 多食　　　　B. 消瘦

C. 心悸　　　　D. 流涕

E. 腹痛

559. 硫脲类药物不包括（　　）。

A. 复方碘溶液　　B. 甲亢平

C. 碘化钾　　　　D. 丙硫氧嘧啶

E. 铁剂

560. 人体中的碘排出体外的方式有（　　）。

A. 尿中排出　　B. 唾液

C. 呼吸道　　　D. 汗

E. 胆汁

1.9　眼科用药

1.9.1　眼部抗炎药

561. 眼部抗炎药多为糖皮质激素类药物。（　　）

A. 正确　　　　B. 错误

562. 眼部抗炎药物的一个重要的基础作用是（　　）。

A. 减少房水生成　B. 调节晶状体

C. 抗炎　　　　D. 降低眼压

563. 醋酸可的松滴眼液不宜用于（　　）。

A. 虹膜睫状体炎

B. 过敏性结膜炎

C. 单纯疱疹性角膜炎

D. 角膜炎

564. 属于眼部抗炎药作用机制的是（　　）。

A. 增加血管张力

B. 稳定溶酶体膜

C. 抑制中性白细胞向炎症部位聚集

D. 减少炎症因子的释放

E. 抑制心肌收缩力

1.9.2　青光眼防治药

565. 硫酸阿托品滴眼液阻断 M 受体，可以用于治疗青光眼。（　　）

A. 正确　　　　B. 错误

566. 马来酸噻吗洛尔是（　　）。

A. 胆碱能 M 受体兴奋药

B. 碳酸酐酶抑制剂

C. β 受体阻断药

D. 拟肾上腺素药

567. 硝酸毛果芸香碱有强烈的（　　）作用。

A. 扩瞳　　　　B. 对瞳孔无影响

C. 心率加快　　D. 缩瞳

568. 青光眼防治药的作用机理是（　　）。

A. 缩瞳　　　　B. 抑制肾素释放

C. 减少房水生成　D. 促进房水回流

E. 改变晶状体

1.9.3　常用眼部用药的英文名称

569. 醋酸可的松的英文名称是 Cortisone Acetate。（　　）

A. 正确　　　　B. 错误

570. 色甘酸钠的英文名称是（　　）。

A. Cortisone Acetate

B. Fluorometholone

C. Sodium Cromoglicate

D. Timtolol Maleate

571. 氟甲松龙的英文名称是（　　）。

A. Cortisone Acetate

B. Sodium Cromoglicate

C. Timtolol Maleate

D. Fluorometholone

572. 属于眼科用药的是（　　）。

A. Cortisone Acetate

B. Sodium Cromoglicate

C. Timtolol Maleate

D. Fluorometholone

E. Vitamin C

1.10　其他

1.10.1　抗过敏药

573. 过敏性反应是由过敏原引起的机

体组织的损伤和生理功能紊乱。（　　）

  A. 正确　　　　　B. 错误

  574. 抗过敏药又称抗组胺药。
（　　）

  A. 正确　　　　　B. 错误

  575. 抗组胺药不能破坏组胺，不能
减少或阻止组胺的释放，对已释放的组
胺产生的皮肤过敏症状无效。（　　）

  A. 正确　　　B. 错误

  576. 由于部分二代抗组胺药有较强
的心脏毒性反应，目前三代抗组胺药已
逐渐占领市场。（　　）

  A. 正确　　　　　B. 错误

  577. 特非那定的英文名称是 Terfena-
dine。（　　）

  A. 正确　　　　　B. 错误

  578. 过敏反应发生的必要条件是
（　　）。

  A. 过敏原

  B. 抗体

  C. 机体的体质情况

  D. 机体的免疫力

  579. 不属于皮肤过敏反应的是
（　　）。

  A. 药疹　　　　　B. 接触性皮炎

  C. 荨麻疹　　　D. 过敏性鼻炎

  580. 抗过敏药不包括（　　）。

  A. H_1 受体阻滞剂

  B. H_2 受体阻滞剂

  C. 过敏介质阻释剂

  D. 钙剂

  581. 目前应用最广泛的抗过敏药是
（　　）。

  A. H_1 受体阻滞剂

  B. 过敏介质阻释剂

  C. 脱敏制剂

  D. 钙剂

  582. 能选择性的阻滞外周 H_1-R，
缓解过敏症状的是（　　）。

  A. 苯海拉明　　　B. 扑尔敏

  C. 开瑞坦　　　　D. 异丙嗪

  583. 既能稳定肥大细胞膜，又能拮
抗组胺 H_1-R 的药物是（　　）。

  A. 酮替芬　　　　B. 苯海拉明

  C. 异丙嗪　　　　D. 色甘酸钠

  584. 三代抗过敏药的特点不包括
（　　）。

  A. 疗效好、作用强

  B. 副作用少

  C. 对心脏的副作用显著降低

  D. 易耐受

  585. 属于三代抗过敏药的是（　　）。

  A. 特非那定　　　B. 氯雷他定

  C. 地氯雷他定　　D. 阿司咪唑

  586. Loratadine 是（　　）。

  A. 特非那定　　　B. 阿司咪唑

  C. 氯雷他定　　　D. 西替利嗪

  587. 马来酸氯苯那敏的英文名称是
（　　）。

  A. Diphenhydramine Hydrochloride

  B. Chlorphenamine Maleate

  C. Promethazine Hydrochloride

  D. Cyproheptadine Hydrochloride

  588. 过敏性疾病叙述正确的是
（　　）。

  A. 有明显的遗传倾向

  B. 以速发型过敏反应最常见

  C. 主要由皮肤过敏反应、呼吸道过
   敏反应、消化道过敏反应及过敏
   性休克等

  D. 从新生儿到老年人各年龄段均可
   发生

  E. 远离过敏原是避免过敏反应发生
   的有效办法，对所有患者都有用

  589. 抗组胺药叙述正确的是（　　）。

  A. 扑尔敏、异丙嗪、西替利嗪属于
   一代抗组胺药

  B. 一代抗组胺药疗效确切、中枢抑

制作用明显

C. 阿司咪唑、特非那定属于二代抗组胺药

D. 苯海拉明、氯雷他定、咪唑斯汀属于二代抗组胺药

E. 二代抗组胺药作用强、中枢抑制作用不明显

590. 下列叙述正确的是（　　）。

A. 苯海拉明与组胺竞争 $H_1 - R$，阻断组胺的生物效应，并能阻滞 $M - R$

B. 氯雷他定选择性阻滞外周 $H_1 - R$ 作用

C. 钙剂增加毛细血管通透性，减少渗出，缓解过敏症状

D. 色甘酸钠能稳定肥大细胞膜、阻止过敏介质释放

E. 组胺能激动 $H_1 - R$，通过 G - 蛋白激活磷脂酶 C

591. 下列属于三代抗过敏药的是（　　）。

A. 左旋西替利嗪　　B. 非索非那丁

C. 地氯雷他定　　　D. 乙氟利嗪

E. 咪唑斯汀

592. 属于二代抗组胺药的是（　　）。

A. Loratadine

B. Cetirizine

C. Terfenadine

D. Astemizole

E. Cyproheptadine

1.10.2　抗寄生虫药

593. 目前我国寄生虫感染的分布特点和规律是：吸虫感染随水系流域分布，绦虫感染因地势而异，土源线虫感染随温度带、干湿区域不同而改变。（　　）

A. 正确　　　　　B. 错误

594. 阿苯达唑抑制肠虫对葡萄糖的利用，从而影响肠虫的生长繁殖。（　　）

A. 正确　　　　　B. 错误

595. 双碘喹啉在肠内释放碘，抑制肠内共生菌，直接抑制肠内阿米巴滋养体的生长繁殖。（　　）

A. 正确　　　　　B. 错误

596. 甲硝唑的英文名称是 Mebendazole。（　　）

A. 正确　　　　　B. 错误

597. 寄生虫病的传播条件不包括（　　）。

A. 媒介昆虫或中间宿主的存在

B. 适宜的发育环境

C. 适宜的 pH 值

D. 不良的卫生和饮食习惯

598. 钩虫病的主要临床特征是（　　）。

A. 贫血　　　　　B. 出血

C. 溶血　　　　　D. 夜间磨牙

599. 哌嗪的驱虫作用机理是（　　）。

A. 阻滞神经肌肉接头处的乙酰胆碱受体，妨碍乙酰胆碱对虫体肌肉的兴奋

B. 抑制虫体细胞内的氧化磷酸化

C. 抑制虫体细胞对葡萄糖的再摄取

D. 抑制虫体 DNA 的复制及 RNA 的转录

600. 可选择性地抑制虫体肌肉中琥珀酸脱氢酶的肠道杀虫药是（　　）。

A. 甲苯咪唑　　　B. 双碘喹啉

C. 盐酸左旋咪唑　D. 盐酸依米丁

601. 氯喹的作用机理不包括（　　）。

A. 抑制 DNA 的复制

B. 抑制 RNA 的转录

C. 干扰疟原虫蛋白分解酶

D. 干扰疟原虫叶酸代谢

602. 抑制疟原虫的二氢叶酸还原酶，从而影响核酸合成的药物是（　　）。

A. 氯喹　　　　　B. 喹啉

C. 伯氨喹　　　　D. 乙胺嘧啶

603. Metronidazole 是（　　）。

A. 氯喹 　　　 B. 左旋咪唑

C. 甲硝唑 　　　 D. 阿苯达唑

604. 用于控制疟疾症状的药物是（　　）。

A. Chloroquine Phosphate

B. Metronidazole

C. Mebendazole

D. Albendazole

605. 寄生虫病的发病取决于（　　）。

A. 寄生虫数量 　 B. 寄生虫种类

C. 寄生虫的毒力 　 D. 宿主的免疫力

E. 宿主的性别

606. 氯硝柳胺的作用机理是（　　）。

A. 抑制虫体对葡萄糖的利用

B. 抑制虫体细胞内的氧化磷酸化

C. 抑制虫体细胞对葡萄糖的再摄取

D. 抑制虫卵细胞内的氧化磷酸化

E. 抑制虫卵细胞对葡萄糖的再摄取

607. 下列药物作用描述正确的是（　　）。

A. 氯喹能抑制 DNA 的复制和 RNA 的转录

B. 伯氨喹对各期疟原虫的配子体有杀灭作用

C. 喹啉扰乱原虫与细菌的共生关系，从而间接抑制肠内阿米巴滋养体的生长繁殖

D. 喹啉在肠内释放碘，抑制肠内共生菌

E. 乙胺嘧啶抑制疟原虫的二氢叶酸合成酶

608. 属于广谱驱肠虫药的是（　　）。

A. Chloroquine Phosphate

B. Mebendazol

C. Albendazol

D. Piperazine

E. Levamisole Hydrochloride

1.10.3　维生素及矿物质缺乏用药

609. 维生素缺乏症分为原发性和继发性两种类型。（　　）

A. 正确 　　　 B. 错误

610. 维生素 A 参与体内许多氧化过程，尤其是不饱和脂肪酸的氧化。（　　）

A. 正确 　　　 B. 错误

611. 维生素 B1 有抑制胆碱酯酶的作用。（　　）

A. 正确 　　　 B. 错误

612. 维生素 A 的英文名称是 Vita-mineA。（　　）

A. 正确 　　　 B. 错误

613. 钙作为第二信使，是生命活动的调节剂。（　　）

A. 正确 　　　 B. 错误

614. 维生素 A 是属于（　　）。

A. 脂溶性维生素 　 B. 水溶性维生素

C. 以上都是 　 D. 以上都不是

615. 因食物摄入不足引起的维生素缺乏症称为（　　）。

A. 继发性维生素缺乏症

B. 原发性维生素缺乏症

C. 以上都是

D. 以上都不是

616. 维生素 E 属于（　　）。

A. 氧化剂 　　　 B. 抗氧化剂

C. 以上都是 　 D. 以上都不是

617. 维生素 K 基本的生理功能是（　　）。

A. 缓解平滑肌的痉挛

B. 参与肝内凝血因子合成

C. 发挥神经及免疫的最佳功能

D. 维持肌肉的正常代谢

618. 参与体内甲基转换及叶酸代谢，促进四氢叶酸形成的是（　　）。

A. VitA 　　　 B. $VitB_6$

C. $VitB_{12}$ 　　　 D. VitC

619. 在红细胞内发生转化，对多种代谢起作用的辅助酶是（　　）。

A. VitA 　　　 B. $VitB_6$

C. VitB$_{12}$ D. VitC

620. VitaminC 是（ ）。

A. 维生素 A B. 维生素 B$_1$

C. 维生素 C D. 维生素 E

621. 维生素 E 的英文名称是（ ）。

A. VitaminE B. VitaminB$_1$

C. VitaminC D. VitaminE

622. 钙的生理作用是（ ）。

A. 增加毛细血管的通透性

B. 渗出增加

C. 维持神经－肌肉的正常兴奋性

D. 促进纤维蛋白溶解

623. 钙的作用是（ ）。

A. 构成骨骼和牙齿的主要成分

B. 促进镁离子的作用

C. 以结合物形式参与人体的各种生理生化过程

D. 血钙浓度增加时，神经－肌肉兴奋性增加

624. 属于水溶性维生素的是（ ）。

A. 叶酸 B. 维生素 C

C. 烟酸 D. 维生素 A

E. 多黏菌素

625. 属于维生素 E 作用机理的是（ ）。

A. 结合饮食中的硒

B. 保护血液等免受自由基损伤

C. 维持神经、肌肉的正常发育与功能

D. 使代谢发生障碍

E. 降低毛细血管通透性

626. 下列关于 VitC 的说法正确的是（ ）。

A. 参与叶酸代谢

B. 参与神经递质的合成

C. 降低毛细血管通透性

D. 增加毛细血管的通透性

E. 加速血液凝固

627. 维生素类药物不包括（ ）。

A. VitA B. Chloroquine

C. VitE D. Nicotinic Acid

E. Calcium Gluconate

628. 钙生理作用是（ ）。

A. 构成骨骼、形成人体的支架

B. 增加神经－肌肉的兴奋性

C. 降低毛细血管的通透性

D. 拮抗镁的作用

E. 以离子形式参与人体各种生理生化反应

2. 药品营销

2.1 市场调研与新品种开发

2.1.1 市场调研

629. 市场营销调研是指企业用各种方式收集有关市场营销活动的重要信息，并以科学方式加以整理和分析。（ ）

A. 正确 B. 错误

630. 调研的前期准备分为准备调查阶段和正式调研阶段。（ ）

A. 正确 B. 错误

631. 调查方案的设计中，调查所要达到的具体目标和明确"向谁去调查"指确定调查内容。（ ）

A. 正确 B. 错误

632. 市场调研内容的确定是指确定调研的时间、地点和向谁调研等。（ ）

A. 正确 B. 错误

633. 根据调研的目的确定调研方案的题目。（ ）

A. 正确 B. 错误

634. 资料编码是对资料进行细致的检查，发现错误和疏漏，以保证资料正确性和完整性的过程。（ ）

A. 正确 B. 错误

635. 可用于计算某一列数据的基本统计量，反应此列数据总的特征的是单变量统计量分析。（ ）

A. 正确 B. 错误

636. 市场调研应根据调研计划实事求是地进行。（　　）

　　A. 正确　　　　　　B. 错误

637. 调研报告的主体是正文。（　　）

　　A. 正确　　　　　　B. 错误

638. 调研报告的主体是前言。（　　）

　　A. 正确　　　　　　B. 错误

639. 调研询问法又称间接调查法，是用询问的方式收集医药市场信息资料的方法，是常用的调研方法。（　　）

　　A. 正确　　　　　　B. 错误

640. 调研观察法调查面较宽，花费时间较长。（　　）

　　A. 正确　　　　　　B. 错误

641. 抽样调查就是从调查对象中随意抽取一部分子样，进行调查，然后推算总体状况。（　　）

　　A. 正确　　　　　　B. 错误

642. 问题顺序设计时开放性问题放在前面。（　　）

　　A. 正确　　　　　　B. 错误

643. 调研问卷应避免使用多义词或笼统的询问，以提高调查问卷的效能和质量。（　　）

　　A. 正确　　　　　　B. 错误

644. 消费者对新产品已熟悉，销售量增长快的是成熟期。（　　）

　　A. 正确　　　　　　B. 错误

645. 处于导入期的产品应加强广告宣传，及早唤起消费者的注意并接受。（　　）

　　A. 正确　　　　　　B. 错误

646. 处于成长期的产品应加强广告宣传，及早唤起消费者的注意并接受。（　　）

　　A. 正确　　　　　　B. 错误

647. 产品大量投产和销售相当稳定的时期是成熟期。（　　）

　　A. 正确　　　　　　B. 错误

648. 产品销售量大减，出现滞销的时期是导入期。（　　）

　　A. 正确　　　　　　B. 错误

649. 在新产品进入销售市场时，前期的（　　）是非常重要的。

　　A. 产品开发　　　B. 市场调研

　　C. 售后服务　　　D. 营销模式

650. 企业用各种方式收集有关市场营销活动的重要的信息，并以科学方式加以整理和分析的过程是（　　）。

　　A. 产品开发　　　B. 市场调研

　　C. 售后服务　　　D. 营销模式

651. 调研的前期准备分为准备调查阶段和（　　）。

　　A. 访问阶段　　　B. 资料搜集阶段

　　C. 正式调研阶段　D. 确定阶段

652. 电话访问的缺点是（　　）。

　　A. 费用高

　　B. 难以大面积进行

　　C. 难以询问复杂问题

　　D. 时间长

653. 调查方案的设计中，"向谁去调研"指确定（　　）。

　　A. 调查目的　　　B. 调查对象

　　C. 调查内容　　　D. 调查组织

654. 社会经济调查的客体不包括（　　）

　　A. 个人　　　　　B. 国家

　　C. 群体　　　　　D. 组织

655. 确定调研的主要问题是确定（　　）。

　　A. 调查目的　　　B. 调查对象

　　C. 调查内容　　　D. 调查组织

656. 进行洗涤用品、清洁用品、个人护肤用品之类的产品测试最好在（　　）。

　　A. 街头/闹市中心

　　B. 受访者家中

　　C. 单面镜房间

D. 调查公司的办公室

657. 市场调研的依据是（　　）。

A. 产品开发　　　B. 调研计划

C. 售后服务　　　D. 营销模式

658. "对某药品提价 10% 后消费者的反映调查"，调查对象指的是（　　）。

A. 药品　　　　　B. 消费者

C. 厂家　　　　　D. 药店

659. 对资料进行总体的检查，发现资料中是否出现问题，以决定是否采纳调查资料的过程是（　　）。

A. 调查资料的验收

B. 调查资料的编辑

C. 资料编码

D. 资料转换

660. 将经过编码的资料输入并储存在计算机中的过程称为（　　）。

A. 调查资料的验收

B. 调查资料的编辑

C. 资料编码

D. 资料转换

661. 可用于计算某一列数据的基本统计量，反应此列数据总的特征的是（　　）。

A. 单变量统计量分析

B. 本量利分析

C. 库存分析

D. 单变量频数分析

662. 计算某个变量下各个变量值出现的次数分析的是（　　）。

A. 单变量统计量分析

B. 本量利分析

C. 库存分析

D. 单变量频数分析

663. 对调研人员进行培训属于调研过程的哪一阶段（　　）。

A. 调研前期准备

B. 调研资料分析

C. 调研计划的实施

D. 调研报告的撰写

664. 确定询问项目和问卷设计属于调研过程的哪一阶段（　　）。

A. 调研前期准备

B. 调研计划的实施

C. 调研资料分析

D. 调研报告的撰写

665. 调研报告的主体是（　　）。

A. 标题　　　　　B. 前言

C. 正文　　　　　D. 结尾

666. 概括介绍调查的目的、时间、地点、对象、范围及过程的是指（　　）。

A. 标题　　　　　B. 前言

C. 正文　　　　　D. 结尾

667. 市场调研的成果是（　　）。

A. 调研问卷　　　B. 资料分析

C. 调研方案　　　D. 调研报告

668. 调查者对调研结果作出的总体评价及建议是调研报告的（　　）。

A. 标题　　　　　B. 前言

C. 正文　　　　　D. 结尾

669. "请问您现在吃的药品是哪个厂家生产的？"这种询问是（　　）。

A. 意见询问　　　B. 事实询问

C. 产品询问　　　D. 阐述询问

670. 数据收集速度最好的询问方法是（　　）。

A. 信函调查　　　B. 电脑调查

C. 电话调查　　　D. 当面调查

671. 能客观的获得准确性较高的第一手资料，但调查面较窄，花费时间较长的调研方法是（　　）。

A. 询问法　　　　B. 观察法

C. 实验法　　　　D. 抽样调查法

672. 运用从旁边观察来代替当面的询问的方法（　　）。

A. 询问法　　　　B. 观察法

C. 实验法　　　　D. 抽样调查法

673. 将总体中的每一个调研单位都变一个号，从中抽取所需样本单位数，构成样本的方法是（　　）。

A. 抽签法

B. 随机数字表法

C. 分层随机抽样法

D. 任意抽样法

674. 不是非随机抽样的类型是（　　）。

A. 任意抽样　　B. 判断抽样

C. 定额抽样　　D. 随机抽样

675. 以下哪种类型的题目给被调查者以安全感，但调查者对问题分类统计较麻烦（　　）。

A. 是非题　　　B. 自由回答题

C. 等级题　　　D. 配对比较题

676. 将提出的问题分成不同程度的答案供填表者选择的是（　　）。

A. 是非题　　　B. 自由回答题

C. 程度评定题　D. 配对比较题

677. 以下叙述错误的是（　　）。

A. 调研问卷应尽量使用多义词，以提高调研问卷的效能和质量。

B. 争取填表者的合作和热心，使他们认真填写。

C. 调研问题要清楚明确、具体、容易理解、一目了然。

D. 调研问卷设计的问答和统计数据要易于整理。

678. 以下叙述错误的是（　　）。

A. 调研问卷应尽量避免使用多义词，以提高调研问卷的效能和质量。

B. 争取填表者的合作和热心，使他们认真填写。

C. 调研问题要清楚明确、具体、容易理解、一目了然，题目应复杂多样。

D. 调研问卷设计的问答和统计数据要易于整理。

679. 处于哪个生命周期的产品应加强广告宣传，及早唤起消费者的注意并接受（　　）。

A. 导入期　　　B. 成长期

C. 成熟期　　　D. 衰退期

680. 处于哪个时期的产品销量增长速度减慢，生产容量扩大达到顶峰，企业可开拓新的市场，增加新的服务（　　）。

A. 导入期　　　B. 成长期

C. 成熟期　　　D. 衰退期

681. 产品从设计投产到进入市场测试的阶段是（　　）。

A. 导入期　　　B. 成长期

C. 成熟期　　　D. 衰退期

682. 消费者对新产品不了解，产品销售量少还没有建立理想的销售渠道的是（　　）。

A. 导入期　　　B. 成长期

C. 成熟期　　　D. 衰退期

683. 产品打开销路，大批量进入市场的时期是（　　）。

A. 导入期　　　B. 成长期

C. 成熟期　　　D. 衰退期

684. 消费者对新产品已熟悉，销售量增长快的是（　　）。

A. 导入期　　　B. 成长期

C. 成熟期　　　D. 衰退期

685. 产品大量投产和销售相当稳定的时期是（　　）。

A. 导入期　　　B. 成长期

C. 成熟期　　　D. 衰退期

686. 产品销售量增长速度减慢，生产容量的扩大已达顶峰的是（　　）。

A. 导入期　　　B. 成长期

C. 成熟期　　　D. 衰退期

687. 产品销售量大减，出现滞销的时期是（　　）。

A. 导入期　　　B. 成长期

C. 成熟期　　　D. 衰退期

688. 产品的销售量由缓慢下降变为迅速下降的时期是（　　）。

A. 导入期　　　　B. 成长期

C. 成熟期　　　　D. 衰退期

689. 市场调研取得成功的关键是（　　）。

A. 调研问卷的编写

B. 遵循合理的调研步骤

C. 科学的调研方法与技术

D. 充足的人员配备

E. 调研问卷的分析

690. 市场调研准备调研阶段的内容是（　　）。

A. 对有关企业人员访问找出医药商品购销中存在的问题

B. 通过相关资料对调研问题有初步认识和了解

C. 找内部有关人员进行访谈、了解

D. 访问专家使要调研的问题更加明显和集中

E. 确定调研目的和内容

691. 调查方案的设计中，调查所要达到的具体目标和明确"向谁去调查"分别指确定（　　）。

A. 调查目的　　　B. 调查对象

C. 调查内容　　　D. 调查组织

E. 调查费用

692. 产品测试的主要内容有（　　）。

A. 价格　　　　B. 包装

C. 产品定位　　　D. 产品口味

E. 满意度

693. 制定调研计划包括（　　）。

A. 根据调研目的确定调研方案和题目

B. 确定调查对象和调查单位

C. 确定调查的具体内容和资料来源

D. 确定收集信息资料的方法

E. 确定调研的时间和地点

694. 调查资料的处理包括（　　）。

A. 调查资料的验收

B. 调查资料的编辑

C. 资料编码

D. 资料转换

E. 调查资料的编写

695. 调查资料的分析方法包括（　　）。

A. 单变量统计量分析

B. 本量利分析

C. 库存分析

D. 单变量频数分析

E. 调研问卷的分析

696. 调研的组织准备工作包括（　　）。

A. 对调研人员进行培训

B. 确定询问

C. 库存分析

D. 单变量频数分析

E. 调研问卷的分析

697. 一份完整的市场调查报告组成是（　　）。

A. 标题　　　　B. 前言

C. 正文　　　　D. 结尾

E. 附件

698. 调研报告的前言主要介绍（　　）。

A. 时间　　　　B. 地点

C. 目的　　　　D. 对象

E. 范围

699. 调研询问法包括（　　）。

A. 事实询问　　　B. 意见询问

C. 阐述询问　　　D. 产品询问

E. 理论询问

700. 市场调研的主要方法有（　　）。

A. 观察法　　　　B. 询问法

C. 抽样调查法　　D. 实验法

E. 研讨法

701. 抽样调查技术包括（　　）。

A. 简单随机抽样

B. 任意抽样法

C. 分层随机抽样

D. 判断抽样法

E. 定额抽样法

702. 调查问卷的提醒包括（　　）。

A. 自由回答题　　B. 是非题

C. 等级题　　　　D. 多项选择题

E. 程度评定题

703. 以下叙述正确的是（　　）。

A. 调研问卷应尽量使用多义词，以提高调研问卷的效能和质量

B. 争取填表者的合作和热心，使他们认真填写

C. 调研问题要清楚明确、具体、容易理解、一目了然

D. 调研问卷设计的问答和统计数据要易于整理

E. 调研问卷应尽量采用人员统计分析

704. 医药产品生命周期分为（　　）。

A. 导入期　　　　B. 成长期

C. 成熟期　　　　D. 衰退期

E. 缓慢期

705. 产品导入期的特征是（　　）。

A. 消费者对产品不了解

B. 产品销售量大

C. 还没有建立理想的销售渠道

D. 市场竞争者少

E. 应加强广告宣传

706. 产品成长期的特征是（　　）。

A. 消费者对产品不了解

B. 消费者对产品已熟悉

C. 建立了比较理想的销售渠道

D. 单位成本升高

E. 应进一步开辟新市场

707. 产品成熟期的特征是（　　）。

A. 产品销售量增长速度减慢

B. 产品的投产和销售相当稳定

C. 还没有建立理想的销售渠道

D. 企业可开拓新市场

E. 应加强广告宣传

708. 产品衰退期的特征是（　　）。

A. 消费者对产品不了解

B. 产品销售量大减

C. 产品开始陈旧老化

D. 出现滞销和被市场淘汰

E. 应集中资源在最畅销的品种上

2.1.2　客户管理

709. 购买需要是能否完成销售任务的关键所在，如果销售的产品对顾客毫无用处，无论推销者怎样努力，其结果都是徒劳的。（　　）

A. 正确　　　　　B. 错误

710. 对那些需求量小，而购买又是一次性的客户，可以不用重视，不用维护合作关系。（　　）

A. 正确　　　　　B. 错误

711. 净资产分割法的计算公式是流动资产/流动负债×100%。（　　）

A. 正确　　　　　B. 错误

712. 只要是需求量大的客户就可以视为大客户。（　　）

A. 正确　　　　　B. 错误

713. 在当今激烈竞争的前提下，企业首要的工作是做好大客户管理，维护大客户关系。（　　）

A. 正确　　　　　B. 错误

714. 维护大客户关系对企业来说没有多大意义，企业发展还要靠自身努力。（　　）

A. 正确　　　　　B. 错误

715. 客户 ABC 分析法中，C 类客户是那些对于公司销售额和利润额增长关系巨大的客户。（　　）

A. 正确　　　　　B. 错误

716. 一个完整的客户档案记录，可以帮助销售者关注每一个客户，了解他们及其组织的重要信息。（　　）

A. 正确　　　　B. 错误

717. 客户发生购买行为的最初原动力是（　　）。

A. 动机　　　　B. 需要

C. 刺激　　　　D. 诱因

718. 客户对某类商品缺乏兴趣或漠不关心，无所需求，这是（　　）。

A. 退却需要　　B. 过度需要

C. 否定需要　　D. 无需要

719. 购买力是指对商品的购买能力，下列选项属于社会商品购买力范围的是（　　）。

A. 归还借款

B. 工资收入

C. 交纳税金

D. 党费、工会会费等

720. 判断潜在顾客的购买能力，下列哪项是检查要点（　　）。

A. 信用状况和支付计划

B. 购买欲望

C. 购买动机

D. 顾客的性格

721. 通过公式（资产－负债）/供货商个数来分析客户资金使用限度属于（　　）。

A. 销售额测定法

B. 周转资产分割法

C. 流动比率法

D. 净资产分割法

722. 医药企业前台接待人员属于客服人员中的（　　）。

A. 接触者　　　　B. 改善者

C. 影响者　　　　D. 隔离者

723. 大客户指的是（　　）。

A. 偶然大量消费的团购客户

B. 只是需求量大的重复消费客户

C. 可以贷款给企业的客户

D. 对产品消费频率高、消费量大、客户利润率高而对企业经营业绩能产生一定影响的客户

724. 向客户群邮寄 DM 时，最精准化的传递手段是（　　）。

A. 插箱广告　　B. 数据库商函

C. 账单广告　　D. 夹报广告

725. 考察给大客户提供个性化服务水平是评价服务质量中的（　　）。

A. 可靠性　　　　B. 响应性

C. 有形性　　　　D. 移情性

726. 企业建立大客户忠诚伙伴关系，必须首先从研究大客户（　　）入手，这是建立忠诚伙伴关系的起点。

A. 客户竞争　　B. 客户需求

C. 客户合作　　D. 客户资金

727. 企业要维护大客户关系，最根本的是（　　）。

A. 提成大客户知名度

B. 提升大客户满意度

C. 频频与大客户合作

D. 加强大客户管理

728. 在激烈的市场竞争中，企业对销售人员的培训，激励和福利属于（　　）。

A. 内部营销　　B. 外部营销

C. 互动式营销　D. 数据库营销

729. 医药企业增进客户服务互动性的方法有（　　）。

A. 提供贵宾服务区

B. 建立会员制度

C. 开展微信营销

D. 提供 DIY 服务

730. 对客户进行 ABC 分类，A 类客户数量是客户总数量的（　　）。

A. 40%　　　　B. 30%

C. 20%　　　　D. 10%

731. 企业在与客户交往过程中所形成的客户资料、企业自行制作的客户信用分析报告，全面反映企业客户资信状况的综合性材料，指的是（　　）。

A. 销售计划　　B. 财务报表

C. 购销合同　　D. 客户档案

732. 以客户档案为基础，企业能够直接实施的有（　　）。

A. 绿色营销　　B. 整合营销

C. 数据库营销　D. 饥饿营销

733. 客户购买需要的特征（　　）。

A. 多样性　　　B. 差异性

C. 发展性　　　D. 周期性

E. 可变性

734. 客户购买数量一般取决于（　　）。

A. 客户实际需要　B. 客户支付能力

C. 购买的地点　　D. 购买的对象

E. 购买的时间

735. 在周转资产分割法中，使用到的要素有（　　）。

A. 成本率　　　B. 预计销售额

C. 周转资产　　D. 流动资金

E. 流动负债

736. 有关大客户，下列叙述正确的是（　　）。

A. 大客户范围虽广，但不包括普通消费者

B. 包括普通的消费者

C. 包括企业的分销商、经销商、批发商和代理商

D. 客户的价值大，对企业的利润贡献很大

E. 20%的大客户贡献了企业80%的利润

737. 防止大客户流失的主要措施（　　）。

A. 在企业内建立大客户管理部门组建专业管理部门，并实现组织管理职能

B. 采取最适应的销售模式，企业最大化接近大客户，掌握客情需求

C. 建立销售激励体系，对企业贡献

度高的客户予以激励

D. 建立信息管理系统，围绕大客户进行大客户分析

E. 建立全方位沟通体系，发现大客户的潜在需求并及时解决

738. 可以增进与维护大客户关系的方式有（　　）。

A. 开展联谊活动

B. 邀请领导走访参观、承办会议

C. 赠送内刊，形成品牌文化链

D. 建立客户档案，提供全程服务

E. 回访客户，提高客户满意度

739. 下列关于客户ABC分析法叙述正确的是（　　）。

A. 对客户进行ABC分类，习惯上常把核心客户、大客户划分为A类。

B. A类客户的数量是客户总数量的20%。

C. A类客户贡献的销量占到总销量的70%－80%。

D. B、C类客户占到客户总数量的80%

E. 对客户管理中，A类客户只需要进行简单的维护即可

740. 客户档案管理的原则有（　　）。

A. 分散管理　　B. 集中管理

C. 动态管理　　D. 分类管理

E. 系统管理

2.2 销售促进

2.2.1 顾客心理

741. 人们买电器时考虑安全的性能是因为安全需要。（　　）

A. 正确　　　　B. 错误

742. 顾客的主导性购买动机和辅助性购买动机既相互联系，又可以在一定条件下相互转化。（　　）

A. 正确　　　　B. 错误

743. 主导性购买动机常常体现了所

购商品最突出、最直接的商品特性。
（　　　）

　　A. 正确　　　　　B. 错误

744. 顾客选择低价耐用的商品是因为从众购买动机。（　　　）

　　A. 正确　　　　　B. 错误

745. 购买对象决策反映了顾客内在的需要和购买动机。（　　　）

　　A. 正确　　　　　B. 错误

746. 在购买决策过程中，信息的来源主要从市场、社会和经验三方面进行搜集。（　　　）

　　A. 正确　　　　　B. 错误

747. 商品的功能、质量是影响顾客购买决策最基本的因素。（　　　）

　　A. 正确　　　　　B. 错误

748. 购买行为都有确定的购买目标，在购买目标的引导下，逐步实现购买行为。（　　　）

　　A. 正确　　　　　B. 错误

749. 顾客直接到药店购买特定品牌的感冒药，这类顾客属于半确定型购买。（　　　）

　　A. 正确　　　　　B. 错误

750. 老年顾客往往会选择购买回忆型商品，说明这类顾客的购买类型是理智型。（　　　）

　　A. 正确　　　　　B. 错误

751. 通过观察和试探，能够较快找出消费者真正的需求。（　　　）

　　A. 正确　　　　　B. 错误

752. 症状引申法是指根据对顾客实行的试探观察，从而灵活运用以上的各种策略方法。（　　　）

　　A. 正确　　　　　B. 错误

753. 人们购买私人轿车、穿名牌衣服、住高级酒店等，满足的是（　　　）。

　　A. 生理需要　　　B. 安全需要
　　C. 社交需要　　　D. 尊重需要

754. 马斯洛自我实现的需要是指（　　　）。

　　A. 个人追求安全、舒适、免于恐惧

　　B. 谋求自由与独立，得到别人重视或赞赏

　　C. 充分展现潜能与天赋，完成与自己能力相称的一切

　　D. 希望归属于某个群体，在所处的群体中占有一个位置与他人交流并得到关心与爱护

755. 一种购买行为往往包含多种购买动机，是表明购买动机的（　　　）。

　　A. 复杂性　　　　B. 指向性
　　C. 可隐蔽性　　　D. 冲突性

756. 顾客往往有多种购买动机且动机之间有时会相互冲突相互竞争，这表明购买动机的（　　　）。

　　A. 复杂性　　　　B. 指向性
　　C. 可隐蔽性　　　D. 冲突性

757. 顾客购买食品、饮料等行为属于（　　　）。

　　A. 生理性购买动机

　　B. 心理性购买动机

　　C. 安全性购买动机

　　D. 危险性购买动机

758. 在购买过程中，由人们的认识、情感、意志等心理过程引起的行为动机是（　　　）。

　　A. 生理性购买动机

　　B. 心理性购买动机

　　C. 社会性购买动机

　　D. 群体性购买动机

759. 人们购买商品时往往注重商品的颜色、款式、包装等外在因素，这属于（　　　）。

　　A. 求新购买动机　B. 求实购买动机
　　C. 求美购买动机　D. 求名购买动机

760. 年轻人购买手机时，喜欢购买最新款式的手机是属于（　　　）。

A. 求新购买动机 B. 求实购买动机

C. 求美购买动机 D. 求名购买动机

761. 顾客购买商品时选择去某个地方购买，属于购买决策中的（　　）。

A. 购买原因决策 B. 购买对象决策

C. 购买地点决策 D. 购买时间决策

762. 顾客根据自己的生活方式、购买习惯、使用频率、支付能力、市场供求状况及其他心理因素等实际情况来确定购买数量，属于购买决策中的（　　）。

A. 购买方式决策 B. 购买数量决策

C. 购买原因决策 D. 购买时间决策

763. 属于顾客购买物品第一个阶段的是（　　）。

A. 寻找信息 B. 认识需要

C. 评价方案 D. 作出决定

764. 在全新采购的情况下，购买过程的开始是（　　）。

A. 认识需要 B. 说明需要

C. 确定需要 D. 征求建议

765. 顾客购买商品时往往会偏好特定颜色的商品，这属于（　　）。

A. 个人因素 B. 家庭因素

C. 社会环境因素 D. 文化因素

766. 根据调查，刚入学学生选购的洗衣粉往往跟家里使用的洗衣粉是同一品牌，这是因为（　　）。

A. 个人因素 B. 家庭因素

C. 社会环境因素 D. 文化因素

767. 小明到药店买康泰克感冒药，到药店后，经药师推荐，买了999牌感冒冲剂，这说明购买行为的（　　）。

A. 自主性

B. 可变性

C. 受社会环境影响性

D. 指向性

768. 顾客到电器商场购买电器时，各品牌销售代表都向顾客介绍本品牌的优势，但顾客最终还是选择了自己喜欢的品牌，这说明购买行为的（　　）。

A. 自主性

B. 可变性

C. 受社会环境影响性

D. 指向性

769. 消费者在购买之前购买目标虽大体明确，但具体要求不明确，购买行为往往是经过挑选、比较之后实行的，这种购物类型属于（　　）。

A. 不确定型购买 B. 确定型购买

C. 半确定型购买 D. 冲动型购买

770. 女性顾客逛街时随性购买感兴趣的商品，这种购物类型属于（　　）。

A. 不确定型购买 B. 确定型购买

C. 半确定型购买 D. 冲动型购买

771. 小毅在购买牙膏、牙刷等生活必需品时的购买决策主要依据已往的经验和习惯，较少受广告宣传和时尚的影响，在购买过程中也很少受周围气氛、他人意见的影响，他的购买类型属于（　　）。

A. 习惯型 B. 冲动型

C. 疑虑型 D. 理智型

772. 顾客在购买商品时经常会挑选多人选择的产品，这种顾客购买类型属于（　　）。

A. 习惯型 B. 冲动型

C. 从众型 D. 理智型

773. 当发现顾客喜欢问哪些型号比较畅销，关注其别人买的是什么型号，喜欢去人多的地方，这类顾客属于（　　）。

A. 从众心理型 B. 认真专注型

C. 优柔寡断型 D. 小心谨慎型

774. "不爱说话，问什么只会点头或者'嗯'的回答你，喜欢自己观察"，这类顾客属于（　　）。

A. 优柔寡断型 B. 认真专注型

C. 沉默寡言型 D. 小心谨慎型

775. 销售代表引用过去成功的例子

说服消费者，这属于（　　　）。

A. 以理取胜法　　B. 投其所好法

C. 举例说明法　　D. 诱之以利法

776. 通过赠送礼品，满足消费者小的欲望从而着力渲染介绍药品的方法属于（　　　）。

A. 欲擒故纵法　　B. 投其所好法

C. 诱之以利法　　D. 以情动人法

777. 马斯洛需求层次论包括要（　　　）。

A. 生理需要　　　B. 安全需要

C. 心理需要　　　D. 社交需要

E. 自我实现需要

778. 顾客购买动机的特征有（　　　）。

A. 复杂性　　　　B. 指向性

C. 可隐蔽性　　　D. 冲突性

E. 转化性

779. 属于生理性购买动机行为是（　　　）。

A. 到饭店吃饭　　B. 购买普通衣服

C. 到医院看病　　D. 购买保障住房

E. 凭情绪购买商品

780. 消费者购买手机时经常会选择最多人购买的名牌手机，属于（　　　）。

A. 求新购买动机　B. 求异购买动机

C. 求美购买动机　D. 求名购买动机

E. 从众购买动机

781. 顾客购买决策的内容包括（　　　）。

A. 购买原因决策　B. 购买对象决策

C. 购买地点决策　D. 购买时间决策

E. 购买方式决策

782. 顾客购买决策的过程包括（　　　）。

A. 认识需要　　　B. 寻找信息

C. 挑选信息　　　D. 评价方案

E. 作出决定

783. 影响顾客购买决策的因素有（　　　）。

A. 个人因素　　　B. 家庭因素

C. 社会环境因素　D. 时间因素

E. 文化因素

784. 顾客购买行为的特点是（　　　）。

A. 购买行为目标的指向性

B. 购买行为与购买心理的相关性

C. 购买行为的自主性

D. 购买行为受社会环境制约性

E. 购买行为的可变性

785. 按消费者购买目标的选定程度区分有（　　　）。

A. 全确定型　　　　B. 半确定性

C. 不确定型　　　　D. 风险型

E. 选择型

786. 按照顾客在购买现场的情感反应分为（　　　）。

A. 忧郁型　　　　　B. 沉静型

C. 谦逊型　　　　　D. 健谈性

E. 反抗型

787. 下列哪些方面可以判断消费者是否是宣传说服的对象（　　　）。

A. 衣着　　　　　　B. 言谈

C. 举止　　　　　　D. 气质

E. 形体

788. 属于宣传说服的营销技巧方法（　　　）。

A. 举例说明法　　　B. 以理取胜法

C. 诱之以利法　　　D. 心理透视法

E. 欲擒故纵法

2.2.2　促销

789. 促销即促进销售，就是营销者向消费者传递有关本企业及产品的各种信息，说服或吸引消费者购买其产品，以达到扩大销售量的目的。（　　　）

A. 正确　　　　　　B. 错误

790. 促销分为人员促销和非人员促销两大类。（　　　）

A. 正确　　　　　　B. 错误

791. 促销组合和促销组合策略是同

一个概念，即如何确定促销预算及其在各种促销方法之间的分配。（　　）

    A. 正确　　　　　B. 错误

792. 在进行促销活动时往往都是对全部商品实施统一的促销计划。（　　）

    A. 正确　　　　　B. 错误

793. 在产品生命周期的不同阶段应该制定不同的促销计划。（　　）

    A. 正确　　　　　B. 错误

794. 医药市场指医药商品的全部消费群。（　　）

    A. 正确　　　　　B. 错误

795. 促销方式一般不宜组合使用。（　　）

    A. 正确　　　　　B. 错误

796. 促销费用预算是制定促销计划考虑的主要内容。（　　）

    A. 正确　　　　　B. 错误

797. 一个优秀的促销策划可使产品销量扩大，搞好与客户之间的关系，协调周围各方面的关系，使企业有一个良好的生存环境。（　　）

    A. 正确　　　　　B. 错误

798. 人员推销是指企业通过派出销售人员与一个或一个以上可能成为购买者的人交谈，作口头陈述，以推销商品，促进和扩大销售。（　　）

    A. 正确　　　　　B. 错误

799. 人员推销实际上是一种交际活动。推销员是公司的"外交官"，要求他们讲究必要的推销礼仪。（　　）

    A. 正确　　　　　B. 错误

800. 推销人员应根据顾客的特点来实施不同的销售方案。（　　）

    A. 正确　　　　　B. 错误

801. "猎犬法"就是医药商品销售人员雇佣他人寻找准顾客的一种方法。（　　）

    A. 正确　　　　　B. 错误

802. 交易会寻找法是利用各种交易会寻找准顾客的方法。（　　）

    A. 正确　　　　　B. 错误

803. 推销前应做好心理准备，不需要设计拜访对策，应随机应变。（　　）

    A. 正确　　　　　B. 错误

804. 销售拜访中，遵循"以客户为中心"，就是一切听客户的。（　　）

    A. 正确　　　　　B. 错误

805. 在药品包装被拆开，即使是商品质量出了问题，一般都不接受退货。（　　）

    A. 正确　　　　　B. 错误

806. 在一旦出现顾客异议，推销成功的几率是微乎其微。（　　）

    A. 正确　　　　　B. 错误

807. 待顾客热情主动的原则应该贯穿于整个顾客服务的过程。（　　）

    A. 正确　　　　　B. 错误

808. 当某种药品进入成长期，市场竞争程度呈上升趋势时，企业往往采用开拓性广告，引起消费者的选择性需求。（　　）

    A. 正确　　　　　B. 错误

809. 在推销过程中顾客的购买意向会通过其表情、体态、语言以及行为等流露出来，销售人员要善于察言观色，及时促成交易。（　　）

    A. 正确　　　　　B. 错误

810. 成交意味着推销活动的结束。（　　）

    A. 正确　　　　　B. 错误

811. 人员推销是一种通过与目标顾客的直接接触来推动销售的促销方法。（　　）

    A. 正确　　　　　B. 错误

812. 人员推销是一种最古老的推销方式。（　　）

    A. 正确　　　　　B. 错误

813. 评价销售人员的实际能力最重要的标准是其销售业绩。（　　）

　　A. 正确　　　　　B. 错误

814. POP 广告即售货点和购物广场所做的广告。（　　）

　　A. 正确　　　　　B. 错误

815. 并非所有的药品都可以在大众媒体上进行广告宣传。（　　）

　　A. 正确　　　　　B. 错误

816. 营业推广是厂商为了刺激消费者迅速购买而采取的一种长期措施，是最常用的促销手段。（　　）

　　A. 正确　　　　　B. 错误

817. 促销的目的是与顾客建立良好的关系。（　　）

　　A. 正确　　　　　B. 错误

818. 营业推广方式具有强烈的吸引力和诱惑力，能够唤起顾客的广泛关注，立即促成购买行为。（　　）

　　A. 正确　　　　　B. 错误

819. 医药公共关系的目标是树立良好组织形象。（　　）

　　A. 正确　　　　　B. 错误

820. 世界知名药厂拜尔，在市内与多家小学合作，建立"拜尔足球训练基地"，这就是一种广告活动。（　　）

　　A. 正确　　　　　B. 错误

821. 合适的促销可达到的目的（　　）。

　　A. 升级产品质量

　　B. 提供优质服务

　　C. 扩大销售

　　D. 促销一般没有明显的作用

822. 促销能够刺激需求体现在（　　）。

　　A. 将信息传递给顾客

　　B. 刺激消费者的购买动机

　　C. 建立信誉

　　D. 使消费者对产品产生责任感

823. 人员促销主要指（　　）。

　　A. 人员推销　　　　B. 网络宣传

　　C. 电视广告　　　　D. 公共关系

824. 以下属于人员促销的是（　　）。

　　A. 在电视台投放广告

　　B. 买一送一活动

　　C. 办积分卡

　　D. 委派业务员推销

825. 促销组合的概念是（　　）。

　　A. 指将人员推销、广告、营业推广、公共关系四种促销方法相互协调、补充的综合应用

　　B. 指将人员推销、广告、营业推广、公共关系四种促销方法选择应用、组合搭配的策略

　　C. 如何确定促销预算及其在各种促销方法之间的分配

　　D. 即促进销售

826. 促销组合策略是（　　）。

　　A. 指将人员推销、广告、营业推广、公共关系四种促销方法相互协调、补充的综合应用

　　B. 将信息传递给医生、用户和消费，引起他们的注意和兴趣的方法

　　C. 指将人员推销、广告、营业推广、公共关系四种促销方法选择应用、组合搭配的策略

　　D. 激发消费者的购买动机的策略

827. 社区药店在选择促销品种时应该紧紧围绕社区药店什么样的特点，选择促销品种（　　）。

　　A. 大健康

　　B. 健康、便利

　　C. 品质、便捷

　　D. 美丽、时尚、健康

828. 促销品种选择时，最适宜以经济、实惠为主题，采用低价策略吸引中低收入人群是哪一类药店（　　）。

　　A. 健康城　　　　B. 药妆店

C. 平价药店　　D. 店中店

829. 商品导入期促销计划的重点是（　　）。

A. 宣传品牌

B. 广告配合营业推广、公共关系

C. 降低促销费用

D. 广告宣传，主要是介绍性的报告

830. 当产品进入导入期，销售取得成功之后，开始进入（　　）。

A. 导入期　　　　B. 成熟期

C. 成长期　　　　D. 衰退期

831. 在小规模的本地医药市场，促销计划制定应以哪种促销方式为主（　　）。

A. 人员推销　　B. 广告

C. 公共关系　　D. 营业推广

832. 属于按医药消费对象划分的是（　　）。

A. 宏观市场　　　B. 中间市场

C. 城市市场　　　D. 国内市场

833. 属于人员促销的方式是(　　)。

A. 降价　　　　B. 捆绑销售

C. 促销员促销　　D. 买赠活动

834. 通过量感陈列及顾客的方便获取来刺激销售的促销方式是（　　）.

A. 试用促销　　B. 堆箱促销

C. 限时特价　　D. 限时购买

835. 根据竞争者的标准来确定自己的预算标准属于（　　）。

A. 竞争对等法　　B. 销售百分比法

C. 目标任务法　　D. 量入而出法

836. 以目前或预估的销货额为基准乘以一定的百分比作为促销费用是（　　）。

A. 竞争对等法　　B. 销售百分比法

C. 目标任务法　　D. 量入而出法

837. 以下属于主题式促销计划的是（　　）

A. 店铺开业

B. 与竞争对手对抗

C. 弥补业绩

D. 考虑淡旺季业绩差距

838. 以下属于年度促销计划的是（　　）。

A. 节令特性的融合

B. 周年庆

C. 社会特定事件

D. 商圈活动

839. 人员推销的基本要素不包括（　　）。

A. 推销员　　　B. 推销产品

C. 推销对象　　D. 推销时间

840. 人员推销的基本形式不包括（　　）。

A. 上门推销　　B. 展销会推销

C. 柜台推销　　D. 会议推销

841. 人员推销时能直接问的问题是（　　）。

A. 年龄　　　　B. 身份

C. 收入　　　　D. 需求

842. 属于人员推销的是（　　）。

A. 在电视台投放广告

B. 商场买一送一活动

C. 办会员或积分卡

D. 委派业务员推销

843. 特征 - 优势 - 利益法属于推销法则中的（　　）。

A. FAB 法则　　B. ABC 法则

C. AIDMA 法则　D. USP 法则

844. 销售人员在推销时语言上的技巧（　　）。

A. 引导顾客购买产品

B. 实话实说

C. 语言表达准确，尊重顾客

D. 激发消费者的购买动机

845. 医药企业在电视上做广告来寻找顾客方法是（　　）。

A. 逐户访问法　　B. 连锁介绍法

C. 委托助手法　　D. 广告开拓法

846. 医药商品销售人员依靠个人的知识、经验等来寻找顾客属于（　　）。

　　A. 个人观察法　　B. 广告开拓法

　　C. 逐户访问法　　D. 委托助手法

847. 逐户访问法的特点是（　　）。

　　A. 人员推销

　　B. 利用公共关系

　　C. 有人引荐

　　D. 上门探访的形式

848. 广告开拓法使用的广告形式有（　　）。

　　A. 被动式广告

　　B. 主动式广告

　　C. 电视广告、报纸杂志广告

　　D. 被动式广告和主动式广告

949. 属于与产品有关的物质准备是（　　）。

　　A. 产品说明书、产品检验合格证、产品生产许可证

　　B. 产品说明书、产品检验合格证、产品价目表

　　C. 产品说明书、产品价目表、购销合同书

　　D. 产品说明书、产品生产许可证、卫生许可证

850. 拜访客户前与推销员个人有关的物质准备有（　　）。

　　A. 专业知识　　　B. 购销合同

　　C. 工作证、名片　D. 产品说明书

851. 在拜访客户，进行产品介绍时，下列说法中不正确的是（　　）。

　　A. 任何产品都需要示范

　　B. 应该在使用中示范

　　C. 任何产品都应该戏剧性地示范

　　D. 要让客户也参加示范

852. 销售拜访的对象不应该是（　　）。

　　A. 医院院长

B. 药店经理

C. 批发站采购部经理

D. 药剂科主任

853. 不属于"三包"服务的是（　　）。

　　A. 包修　　　　　B. 包换

　　C. 包装　　　　　D. 包退

854. 下列叙述不正确的是（　　）。

　　A. 包装没有拆封时，只要确认是本店出售的就可以退换

　　B. 如果包装已被拆，且又是商品质量因素投诉，则可以考虑退换

　　C. 如果包装已被拆，且又是非质量因素则一般不予以退换

　　D. 一般情况下，货出门一概不负责，不给予退换

855. 顾客异议中的最多出现的异议是（　　）。

　　A. 需求异议　　　B. 价格异议

　　C. 权利异议　　　D. 时间异议

856. 推销人员常听到"我们一直使用某某牌的产品，质量不错的"，产生该异议的原因是（　　）。

　　A. 顾客本能自我保护

　　B. 对产品不了解

　　C. 缺乏购买能力

　　D. 已有稳定的采购渠道

857. 推销员在推销某钙片时，对顾客说，"国际明星杨紫琼是我们的形象代言人"，这属于（　　）。

　　A. 直接提示　　　B. 明星提示法

　　C. 联想提示　　　D. 联想提示法

858. 在推销过程中，最能引起顾客的兴趣，最终说服顾客的方法是（　　）。

　　A. 演示法　　　　B. 介绍法

　　C. 提示法　　　　D. 诱导法

859. 处理购买决定权异议时首要问题是（　　）。

　　A. 辨别真假决策者

B. 越级推销

C. 适当降价

D. 请顾客试用

860. 推销员处理顾客异议最基本的方法是（　　）。

  A. 真诚倾听法 B. 逐日核算法

  C. 肯定否定法 D. 问题引导法

861. 影响成交的众多因素中，关键因素是（　　）。

  A. 企业因素 B. 产品因素

  C. 顾客因素 D. 推销员因素

862. 推销人员在向顾客介绍商品时，顾客询问推销品的使用方法，这是成交信号中的（　　）。

  A. 语言信号 B. 表情信号

  C. 行为信号 D. 事态信号

863. 推销员对顾客说："这种止血贴您是要两盒还是三盒？"这种方法是（　　）。

  A. 请求成交法 B. 选择成交法

  C. 优惠成交法 D. 机会成交法

864. 利用人们对次要问题容易做出决定的心理，推销员通过引导顾客解决次要问题来促使成交实现方法是（　　）。

  A. 请求成交法 B. 假定成交法

  C. 小点成交法 D. 异议成交法

865. 人员推销是一种（　　）的沟通。

  A. 双向 B. 单向

  C. 单、双向 D. 多向

866. 人员推销的特点是（　　）。

  A. 费用低 B. 覆盖面广

  C. 反馈及时 D. 成功率低

867. 人员推销的缺点是（　　）。

  A. 费用高 B. 覆盖面广

  C. 反馈及时 D. 针对性强

868. 不属于销售人员在工作过程中的商业服务语的基本表达形式主要有（　　）。

  A. 叙述式 B. 提问式

  C. 否定式 D. 劝说式

869. 在销售过程中，不属于促销人员的辅助工作有（　　）。

  A. 整理商品 B. 添补商品

  C. 拆零商品 D. 送货

870. 企业最需要的销售人员类型是（　　）。

  A. 顾客导向型 B. 推销技巧型

  C. 倾力推销型 D. 解决问题型

871. 保护消费者对该种产品的记忆和连续购买，尤其是在产品进入旺销后十分重要属于哪种广告（　　）。

  A. 通知型 B. 说服型

  C. 大众型 D. 提醒型

872. 广告是一种市场信息的（　　）沟通形式。

  A. 单向 B. 双向

  C. 单、双向 D. 多向

873. 药店采用最多的广告形式是（　　）。

  A. 报纸 B. 广播

  C. 电视 D. POP

874. 不属于户外广告的是（　　）。

  A. 霓虹灯广告 B. 购物袋广告

  C. 交通车厢广告 D. 气球广告

875. 如果使用太多，或使用不当，顾客会怀疑此产品的品质及产品的品牌。此方式是（　　）。

  A. 人员推销 B. 公共关系

  C. 广告 D. 营业推广

876. 药店活动期间购买满药品 100 元，即可获赠印花一张，凑足 5 张可兑换价格 30 元的药品，此方式是（　　）。

  A. 人员推销 B. 公共关系

  C. 广告 D. 营业推广

877. 见效最快的促销手段是（　　）。

  A. 广告宣传 B. 人员推销

  C. 营业推广 D. 公共关系

878. 对那些好奇心较大的消费者影响较大，可刺激他们大量购买企业产品，达到扩大销售的目的的促销方式有（　　）。

　　A. 特价销售　　　B. 提供赠品

　　C. 赠送印花　　　D. 现金折扣

879. 吗丁啉公司为了提高销售人员的积极性，推出了"药品销售计划"：在中国各地的经销商，只要其销售额和团队规模达到一定的水平，就可获得公司奖励的一辆粉红轿车。此活动是（　　）。

　　A. 人员推销　　　B. 公共关系

　　C. 营业推广　　　D. 广告

880. 开展营业推广活动时，一方面要最大限度地发挥其见效快的优势，另一方面要（　　）。

　　A. 避免和减少对企业产品形象的不利影响

　　B. 尽可能延长促销的时间

　　C. 发挥它在促销中的主要作用

　　D. 只依靠营业推广去经营

881. 企业在从事营销活动中，利用各种传播手段与各方面公众沟通思想感情，建立良好的企业形象和营销活动环境，从而促进销售的一种活动属于（　　）

　　A. 人员推销　　　B. 公共关系

　　C. 销售促进　　　D. 广告

882. 某年，课堂内外杂志社和重庆药厂来到重庆市儿童福利院向全院近四百名孤儿及智障儿童捐赠了600本儿童优秀书籍、杂志和100套玩具，并成立了西部首个"麦当劳叔叔图书室"，用于丰富福利院孩子们的业余生活。此方式是（　　）。

　　A. 人员推销　　　B. 公共关系

　　C. 广告　　　　　D. 销售促进

883. 医药企业公关活动的出发点必须是（　　）。

　　A. 企业的利益　　B. 员工的利益

C. 企业的形象　　D. 消费者的利益

884. 以下哪种包括产品、价格、渠道、促销策略等出现的严重失误（　　）。

　　A. 环境危机　　　B. 经营危机

　　C. 行业危机　　　D. 信誉危机

885. 促销的作用有（　　）。

　　A. 提供信息

　　B. 刺激需求

　　C. 建立产品形象

　　D. 提供优质的产品

　　E. 有利于企业回款

886. 属于非人员促销的是（　　）。

　　A. 广告

　　B. 营业推广

　　C. 网络营销

　　D. 客服人员提供服务

　　E. 业务员进行推广

887. 促销组合中促销方法的综合运用是（　　）。

　　A. 人员推销　　　B. 广告

　　C. 营业推广　　　D. 公共关系

　　E. 更新产品

888. 适合作为社区药店促销品种的是（　　）。

　　A. 脑白金　　　　B. 黄金搭档

　　C. 美容养颜类　　D. 心脑血管药品

　　E. 居家保健品和类

889. 在产品生命周期的导入期阶段可选择的促销主要方式有（　　）。

　　A. 广告　　　　　B. 公关关系

　　C. 营业推广　　　D. 人员推销

　　E. 营业推广为主，辅以广告

890. 医药市场的特点有（　　）。

　　A. 呈现无弹性需求

　　B. 呈现季节需求

　　C. 指导需求

　　D. 受政策影响不大

　　E. 专业性强

891. 经常使用的促销方式有（　　）。

A. 人员促销

B. 会员价

C. 降价促销

D. 赠券促销或预存款促销

E. 限时特价或限时购买

892. 常用的促销预算方法有（   ）。

A. 销售百分比法 B. 量入而出法

C. 竞争对等法   D. 目标任务法

E. 人员促进法

893. 制定促销计划的步骤有（   ）。

A. 总结上次促销经验

B. 确定促销目标

C. 分析商品寿命周期

D. 了解市场状况

E. 预算促销费用

894. 人员推销的优点（   ）。

A. 人员推销是与消费者双向沟通的过程

B. 成本高

C. 比传统的广告、宣传更有针对性

D. 更具人性化，过程比较灵活

E. 特殊条件和环境下不宜使用

895. 人员推销使用的基本策略有（   ）。

A. 试探性策略   B. 服务性策略

C. 针对性策略   D. 诱导性策略

E. 推广性策略

896. 人员推销的作用是（   ）。

A. 人寻求客户

B. 便于与客户沟通信息

C. 销售产品

D. 引导消费

E. 开展服务

897. 寻找顾客的中心人物法是（   ）。

A. 利用名人的购买行为来影响其他顾客

B. 利用在行业内有广泛的人脉关系的人士来带动广大顾客

C. 雇佣有关人事来寻找顾客

D. 利用报刊杂志来进行宣传

E. 请求先有顾客来介绍准顾客

898. 运用资料查询法寻找顾客的是（   ）。

A. 利用国家有关的统计资料来寻找顾客

B. 利用行业内调查公布的统计资料来寻找顾客

C. 利用电视广告来寻找顾客

D. 利用互联网上的资料来寻找顾

E. 在电话黄页上查找顾客

899. 推销前应了解所销售的医药商品，主要包括商品的（   ）。

A. 特点   B. 功能

C. 价格   D. 包装

E. 广告范围

900. 同顾客洽谈的技巧有（   ）。

A. 你需要告诉顾客一些重要事

B. 你的拜访时间是短暂的

C. 使顾客没有任何可承担的义务

D. 要使用强有力的推销手段

E. 与顾客谈业务以外的事情

901. 三包服务是指（   ）。

A. 包修   B. 包换

C. 包装   D. 包退

E. 维修

902. 顾客产生价格异议的原因是（   ）。

A. 顾客主观上认为推销品的价格高

B. 顾客希望通过价格异议达到其他目标

C. 顾客无购买能力

D. 推销员的推销不力

E. 希望买到物有所值的东西

903. 为避免谈判分歧，应积极采用的谈判策略是（   ）。

A. 互惠互助政策

B. 以退为进政策

C. 目标分解政策

D. 强硬政策

E. 满足对方的特殊要求政策

904. 处理顾客异议的方法有（　　）。

A. 是，但是法

B. 问题引导法

C. 自食其果法

D. 高视角，全方位法

E. 介绍他人体会法

905. 促成交易的最好时机是（　　）。

A. 重大的推销障碍被处理后

B. 重要的产品异议被顾客接受

C. 顾客发出各种购买信号时

D. 重要的购买决策人出现时

E. 顾客主动问及商品的售后服务

906. 先假设顾客决定购买，只是有关具体问题还要继续商议的方法是（　　）。

A. 假定成交法　　B. 选择成交法

C. 请求成交法　　D. 异议成交法

E. 优惠成交法

907. 销售人员在工作过程中的商业服务语的基本表达形式主要有（　　）。

A. 叙述式　　　　B. 提问式

C. 否定式　　　　D. 劝说式

E. 议论式

908. 促销人员应该做到（　　）。

A. 语言亲切　　　B. 语气诚恳

C. 用语准确　　　D. 简洁生动

E. 热情大方

909. 销售人员在接待顾客时切忌（　　）。

A. 称谓不当　　　B. 行为失礼

C. 漫不经心　　　D. 冷眼旁观

E. 得理不饶人

910. 广告的优点是（　　）。

A. 形象生动　　　B. 覆盖面广

C. 传播速度快　　D. 针对性强

E. 费用高

911. 某一企业生产的处方药在实施广告策略时不适合采用的媒体形式是（　　）。

A. 专业医学杂志　B. 电视

C. 广播　　　　　D. 网络

E. 车厢广告

912. 营业推广中对推销人员的鼓励是（　　）。

A. 红利提成　　　B. 推销奖金

C. 推销竞赛　　　D. 旅游

E. 授予称号

913. 营业推广中对中间商的推广包括（　　）。

A. 促成消费者的购买行为

B. 扩大企业销售量

C. 增加企业营业额

D. 促销效果明显

E. 有时会降低产品的身价

914. 营业推广的主要作用（　　）。

A. 促成消费者的购买行为

B. 扩大企业销售量

C. 增加企业营业额

D. 促销效果明显

E. 有时会降低产品的身价

915. 医药公共关系的基本内容（　　）。

A. 强化医药公共关系意识

B. 增强医药企业的社会责任感

C. 提高企业的声誉

D. 以诚相待

E. 解决公关危机

916. 医药危机公关技巧主要包括（　　）。

A. 以显浅的文字诚实地公告发展情况

B. 主动、充分地告诉政府官员

C. 面对媒介与社会公众，保持真诚，及时互动

D. 寻找第三方的有力支持

E. 关心相关者，如内部公众和合作伙伴

2.2.3 渠道策略

917. 营销渠道的起点是生产者，终点是消费者（生活消费）和用户（生产消费）。（   ）

A. 正确　　　　B. 错误

918. 分销渠道是由供应商、制造商、中间商、消费者构成的。（   ）

A. 正确　　　　B. 错误

919. 确定企业所要达到的目标市场是渠道有效设计的起点。（   ）

A. 正确　　　　B. 错误

920. 分销渠道的选择必须考虑企业自身情况。（   ）

A. 正确　　　　B. 错误

921. 一个国家在市场方面的政策对企业的分销渠道影响不大。（   ）

A. 正确　　　　B. 错误

922. 直接渠道是生产资料销售的主渠道，间接渠道是消费品销售的主渠道。（   ）

A. 正确　　　　B. 错误

923. 分销渠道的宽度是指在产品分销过程中，所经过的中间环节的多少。（   ）

A. 正确　　　　B. 错误

924. 渠道的长度是指产品在流通过程中所经过的层级的多少。（   ）

A. 正确　　　　B. 错误

925. 当中间商是销售代理商时，生产者除了评估其经营时间的长短及其成长记录、清偿能力、合作态度、声望以外，还应评估其经销的其他产品大类的数量与性质、推销人员的素质与数量。（   ）

A. 正确　　　　B. 错误

926. 生产者只要提高对中间商的激励水平，销售量就会上升。（   ）

927. 评估中间商的主要标准是中间商的绩效。（   ）

A. 正确　　　　B. 错误

928. 互联网时代物流呈现出的特点是：各种设施在生产空间合理布置，合理控制库存，均衡生产，合理配置和使用物流机械，健全物流信息系统。（   ）

A. 正确　　　　B. 错误

929. 现代化的交通运输系统由铁路、水路、公路、航空、管道等部分组成。（   ）

A. 正确　　　　B. 错误

930. 库存管理就是对库存物资的管理，包括数量管理和质量管理，其主要目的是在保持物资数量或重量的前提下，保证其储存质量，维持其使用价值。（   ）

A. 正确　　　　B. 错误

931. 由于配送业务可实现生产企业的"零库存"，因此今后的发展可以做到消灭库存。（   ）

A. 正确　　　　B. 错误

932. 成本预测是成本决策的基础，但不是成本计划和成本控制的基础。（   ）

A. 正确　　　　B. 错误

933. 输送机是一种能对货物进行连续运送的搬运机械。（   ）

A. 正确　　　　B. 错误

934. 关于渠道叙述正确的是（   ）。

A. 厂家应严格依照经销商—批发商—销售终端的传统渠道进行销售

B. 渠道通常就是指经销商

C. 厂家只需重视招商即可，市场运营应全权交给经销商

D. 完全可以打破传统，直接在销售终端上下功夫

935. 关于渠道叙述不正确的是

（　　　）。

A. 渠道是最易混乱的部分之一

B. 渠道就是指产品由出厂到销售所走过的路径

C. 所谓渠道就是将生产出的产品，通过渠道成员快速、便捷地传递给最终消费者

D. 渠道是企业决胜市场最重要的"阵地"

936. 参与产品分销的主体中最重要的角色是（　　　）。

A. 生产者　　　　B. 中间商

C. 消费者　　　　D. 顾客

937. 生产资料分销渠道中最重要的类型是（　　　）。

A. 生产者→批发商→用户

B. 生产者→用户

C. 生产者→代理商→用户

D. 生产者→代理商→批发商→用户

938. 分销渠道设计的首要工作是（　　　）。

A. 确立分销渠道目标

B. 找出可选择的渠道方案

C. 分析消费者的服务需要

D. 对方案进行评估和选择

939. 渠道"生产者—批发商—零售商—消费者"称为（　　　）。

A. 一级渠道　　　B. 二级渠道

C. 三级渠道　　　D. 四级渠道

940. 影响渠道选择最核心因素（　　　）。

A. 产品的特性

B. 市场环境的变化

C. 现有渠道成员的特征

D. 组织者的特征

941. 技术性强、单价高、体积大的产品，可考虑的渠道是（　　　）。

A. 短而宽　　　　B. 短而窄

C. 长而宽　　　　D. 长而窄

942. 企业过去的渠道经验和现行的市场营销政策也会影响渠道的设计，这一影响因素属于（　　　）。

A. 顾客特性　　　B. 产品特性

C. 企业特性　　　D. 环境特性

943. 如果消费者人数众多，且分布分散、购买量小、购买频率高的产品，一般宜采取（　　　）。

A. 零渠道　　　　B. 一级渠道

C. 多级渠道　　　D. 窄渠道

944. 当生产量大且超过了企业自销能力的许可时，其渠道策略应为（　　　）。

A. 直接渠道　　　B. 间接渠道

C. 专营渠道　　　D. 都不是

945. 对于直接销售渠道描述错误的是（　　　）。

A. 生产者同用户接触多

B. 产销之间没有任何中间环节

C. 可使商品快速同用户见面

D. 不便于为用户提供特殊服务

946. 确定各层次配置同类型中间商数目属于（　　　）。

A. 直接渠道与间接渠道

B. 长渠道与短渠道

C. 宽渠道与窄渠道

D. 单渠道与多渠道

947. 营销渠道的宽度是指（　　　）。

A. 商品在整个流通过程中经过的流通环节或中间层次的多少

B. 渠道内每个层次上使用同种类型中间商数目的多少

C. 销售所覆盖的范围

D. 产品由出厂到销售之间的时间长短

948. 企业在纵向上配置不同类型中间商层次数属于（　　　）。

A. 直接渠道与间接渠道

B. 长渠道与短渠道

C. 宽渠道与窄渠道

D. 单渠道与多渠道

949. 适宜采用短渠道产品是（　　）。

A. 体温计　　　B. 感冒通

C. 验孕棒　　　D. 大型医疗器械

950. 在选择中间商时最关键因素是（　　）。

A. 市场覆盖范围

B. 分销商声誉

C. 分销商财务状况

D. 分销商促销能力

951. 分销商评估标准中最重要的是（　　）。

A. 销售能力　　　B. 库存状况

C. 合作态度　　　D. 经济效益

952. 企业对中间商基本激励水平的基础是（　　）。

A. 中间商的业绩　B. 企业实力

C. 交易关系组合　D. 市场形势

953. 生产者给执行了某种职能的中间商额外付酬而形成的势力是指（　　）。

A. 强制力　　　B. 奖赏力

C. 法定力　　　D. 专长力

954. 生产者对不合作的中间商威胁撤回某种资源或中止关系而形成的势力是指（　　）。

A. 强制力　　　B. 奖赏力

C. 法定力　　　D. 专长力

955. 解决渠道成员评价、激励不当这一问题的应对策略是（　　）。

A. 确立合理的评价和激励标准，加强规范管理和可持续的长期发展战略

B. 建立唯量论的评估目标

C. 像建设军队一样管理渠道成员

D. 以上都不正确

956. 企业物流系统构成的垂直结构，即通过（　　）的协调配合实现其总体功能。

A. 管理层、控制层和作业层

B. 物流系统规划、生产计划与控制和仓储运输作业

C. 信息流、实物流和资金流

D. 生产物流、供应物流、销售物流

957. 物流成本管理的中心环节是物流成本（　　）。

A. 预测　　　B. 核算

C. 控制　　　D. 分析

958. 公路运行路线以（　　）为计划方法。

A. 最短停站时间　B. 最短距离

C. 最大中转量　　D. 最大通过能力

959. 对运输服务商的选择标准是（　　）的均衡。

A. 时间与运费　B. 货损与支出

C. 质量与成本　D. 运距与时间

960. 某地区发生地震，急需采购一批救灾药物，最适合采用的库存控制模型是（　　）

A. 固定订货量系统

B. 固定间隔期系统

C. 随机型库存控制系统

D. 一次性订货系统

961. 在 ABC 分类中，存货的品种占总品种种类的 10% 左右，但价值占存货总价值的 70% 左右的物品为（　　）。

A. ABC 类库存　B. A 类库存

C. B 类库存　　D. C 类库存

962. 某药品公司按客户订单要求将各种药品配备齐全，送入发货点是配送的（　　）功能。

A. 集货　　　　B. 分货

C. 配货　　　　D. 配装

963. 配送的基本功能要素包括（　　）。

A. 集货、分拣、配货、配载、送货

B. 集中、分类和散发

C. 集货、分拣、配货、送货

D. 集货、分拣、配载、送货

964. 物流成本管理的前提是(　　)。

A. 市场机制　　　B. 公平竞争

C. 价格策略　　　D. 物流成本计算

965. 工业包装是以运输、保管为主要目的的包装。称为(　　)

A. 商业包装　　　B. 销售包装

C. 内包装　　　　D. 运输包装

966. 最常用的托盘装卸设备是(　　)。

A. 吊车　　　　　B. 铲车

C. 叉车　　　　　D. 传送带

967. 根据运输和储存的具体条件和作业的需要，在正确估计和评价(　　)的基础上，合理选择装卸搬运机械。

A. 物料的特点

B. 装卸搬运的使用效益

C. 装卸搬运机械类型

D. 装卸搬运机械生产厂家

968. 影响渠道服务产出水平的因素有(　　)。

A. 购买批量　　　B. 等候时间

C. 便利程度　　　D. 选择范围

E. 售后服务

969. 原料药的营销渠道模式(　　)。

A. 医药生产企业—医药生产企

B. 医药生产企业—医药代理商—医药生产企业

C. 医药生产企业—医药商业批发公司—医药生产企业

D. 医药生产企业—医药代理商—医药商业批发公司—医药生产企业

E. 医药生产企业—医药零售商—医药生产企业

970. OTC 药品营销渠道的模式(　　)。

A. 医药生产企业—零售药店—个人消费者

B. 医药生产企业—医药代理商—零售药店—消费者

C. 医药生产企业—医药代理商—医药商业批发公司—零售药店—消费者 D. 医药生产企业—医药商业批发公司—零售药店—消费者

E. 医药生产企业—消费者

971. 影响分销渠道设计的因素有(　　)。

A. 顾客特性　　　B. 产品特性

C. 竞争特性　　　D. 企业特性

E. 环境特性

972. 设计分销渠道考虑的影响因素有(　　)。

A. 顾客特性　　　B. 产品特性

C. 中间商特性　　D. 竞争特性

E. 企业特性

973. 企业可选择直接渠道的条件是(　　)。

A. 市场集中

B. 消费者或用户一次需求批量大

C. 中间商实力强、信誉高

D. 产品易腐易损，需求时效性强

E. 产品技术性强

974. 适合广泛性分销的产品(　　)。

A. 消费品中的选购品

B. 消费品中的便利品

C. 消费品中的特殊品

D. 工业品中的标准件

E. 工业品中的通用小工具

975. 短渠道的优点是(　　)。

A. 产品上市速度快

B. 节省流通费用

C. 市场信息反馈快

D. 产品市场渗透能力强、覆盖面广

E. 能杜绝假冒伪劣

976. 选择和评估中间商的要素有(　　)。

A. 分销商声誉　　B. 合作态度

C. 财务能力　　　D. 产品能力

E. 市场能力

977. 直接激励渠道成员的方式有（　　）。

A. 返利政策

B. 帮助经销商维护客户网

C. 促销活动

D. 经销商培训

E. 价格折扣

978. 当生产者对中间商激励过分时可导致（　　）。

A. 销售量提高　　B. 销售量降低

C. 销售量不变　　D. 利润减少

E. 利润提高

979. 按物流系统的作用可分类为（　　）。

A. 供应物流　　B. 销售物流

C. 生产物流　　D. 回收物流

E. 废弃物物流

980. 铁路运输的优点是（　　）。

A. 运行速度较快

B. 运行时间短

C. 载运量较大

D. 运输途中风险较小

E. 一般能保持终年正常运行

981. 仓储空间的评价要素有（　　）。

A. 仓储成本　　B. 作业时间

C. 空间效率　　D. 货品流量

E. 作业感觉

982. 药品物流配送中心规划目标主要包括（　　）。

A. 降低配送中心储运成本

B. 缩短物流作业周期

C. 提高配送服务品质

D. 扩大商品的销售额

E. 提高库存量

983. 药品流通企业物流成本的构成是（　　）。

A. 人工费用　　B. 营运费用

C. 仓储保管费用　D. 财务费用

E. 其他费用

984. 装卸搬运中，防止和消除无效作业的途径有（　　）。

A. 尽量减少装卸搬运次数

B. 避免对无效物质的装卸搬运

C. 避免过度包装

D. 尽量缩短搬运距离

E. 提高物料的活性指数

2.3 商务谈判

2.3.1 谈判技巧

985. 谈判中期僵局具有此消彼长、反复多变的特征。（　　）

A. 正确　　　　　B. 错误

986. 信息沟通障碍是指双方在交流彼此情况、观点、合作意向、交易条件等等的过程中所能遇到的由于主观原因造成的理解障碍。（　　）

A. 正确　　　　　B. 错误

987. 商务谈判是谈判双方或多方通过协商和采取协调性行动，寻求实现一定商业利益的策略性相互作用的过程。（　　）

A. 正确　　　　　B. 错误

988. 讲信用、相信对方、不轻诺等体现了商务谈判的诚信原则。（　　）

A. 正确　　　　　B. 错误

989. 谈判人员素质始终是谈判能否成功的重要因素，而且当双方合作的客观条件良好、共同利益较一致时人员素质高低往往是起决定作用的因素。（　　）

A. 正确　　　　　B. 错误

990. "按照国际通则，应当由贵方承担这项风险，您看如何？"这句话属于开放式问句。（　　）

A. 正确　　　　　B. 错误

991. 有效的退让，往往是最后一个可选择的策略。（　　）

A. 正确　　　　　B. 错误

992. 谈判开局阶段，一定要详细表

明自己的全部意图，有利于对方了解自己。（　　）

A. 正确　　　　　B. 错误

993. 讨价是指谈判过程中，一方首先报价后，另一方认为与自己所期望目标的差距太大，因而要求报价方重新考虑报价的行为。（　　）

A. 正确　　　　　B. 错误

994. 还价是指谈判过程中，一方首先报价后，另一方认为与自己所期望目标的差距太大，因而要求报价方重新考虑报价的行为。（　　）

A. 正确　　　　　B. 错误

995. 合同签定说明全部谈判工作结。（　　）

A. 正确　　　　　B. 错误

996. 以退为进策略就是我方放弃了某些利益以满足对方的利益。（　　）

A. 正确　　　　　B. 错误

997. 最优的谈判结果一定是在保证自方利益的同时，也兼顾到了对方的利益，最终实现谈判双方的共赢。（　　）

A. 正确　　　　　B. 错误

998. 谈判过程中因有关"价格、技术"出现的僵局，属于（　　）。

A. 谈判初期僵局　B. 谈判中期僵局

C. 谈判后期僵局　D. 执行期僵局

999. 在所有可能导致谈判僵局的谈判主题中，产生僵局率最高是（　　）。

A. 技术　　　　B. 违约责任

C. 价格　　　　D. 验收标准

1000. 形成僵局的主要原因是（　　）。

A. 合理要求的差距

B. 信息沟通的障碍

C. 立场观点的争执

D. 有意无意的强迫

1001. 在某种程度上导致谈判僵局的因素可归纳造成的原因为（　　）。

A. 信息沟通的障碍

B. 有意无意的强迫

C. 人员素质的低下

D. 立场观点的争执

1002. 谈判开始的过程，除了建立良好的谈判气氛外，还要（　　）。

A. 及时报价　　B. 知己知彼

C. 先发制人　　D. 后发制人

1003. 有关报价和讨价还价，较好的方式是（　　）。

A. 报价越高越好　B. 报价后先还价

C. 报价后先讨价　D. 还价越低越好

1004. 谈判过程中互相尊重、以礼相待，体现的商务谈判的原则是（　　）。

A. 合法　　　　B. 平等

C. 互利　　　　D. 求同

1005. 谈判中，在不损害自己利益的前提下，应尽可能地为谈判对手着想，主动为对方留有一定的利益，这是（　　）。

A. 礼敬对手　　B. 互惠互利

C. 平等协商　　D. 人与事分开

1006. 在谈判的策略技巧方面的不足或失误，是因为（　　）。

A. 合理要求的差距

B. 信息沟通的障碍

C. 立场观点的争执

D. 人员的素质低下

1007. 属于谈判人员应具备的能力素质有（　　）。

A. 正确价值观　B. 敬业精神

C. 判断能力　　D. 尊重他人

1008. 不利于促使讲话者保持积极的讲话状态的形式为（　　）。

A. 用赞赏的形式鼓励讲话者

B. 打断对方话题直接插入问题

C. 以"是"、"对"等表示肯定、理解

D. 把发言机会留给对方

1009. "贵方是选择离岸价还是到岸

价？"这个问句属于（　　）。

  A. 暗示式　　　B. 选择式

  C. 商量式　　　D. 启发式

1010. 在谈判时，会被看成是一种无事生非、有伤感情的做法是（　　）。

  A. 据理力争

  B. 釜底抽薪

  C. 没有客观准则

  D. 从对方的漏洞中借题发挥

1011. 如果测试合作成功所带来的利益要大于坚守原有立场而让谈判破裂所带来的好处，这种良策指（　　）。

  A. 有效的退让　　B. 寻找替代方案

  C. 据理力争　　　D. 釜底抽薪

1012. 谈判开局过程中首先要做到（　　）。

  A. 建立良好的谈判气氛

  B. 了解对方意图

  C. 表明己方意图

  D. 报价

1013. 在谈判中更能体现谈判人员个性和兴趣的要素是（　　）。

  A. 仪容　　　　B. 手势

  C. 气质　　　　D. 互相介绍

1014. 在谈判时从对价格评价角度看，还价方式有（　　）。

  A. 分析比价　　B. 分组

  C. 总体　　　　D. 逐项

1015. 在谈判时从对价格评价角度看，还价方式有（　　）。

  A. 报价　　　　B. 分组

  C. 总体　　　　D. 分析成本

1016. 在谈判时从每次还价项目多少看，还价方式有（　　）。

  A. 分析比价　　B. 报价

  C. 总体　　　　D. 分析成本

1017. 在谈判中从每次还价项目多少看，还价方式有（　　）。

  A. 分析比价　　B. 分组

  C. 分析成本　　D. 报价

1018. 谈判磋商过程中发现对手有特殊的需要，采用的策略是（　　）。

  A. 互惠互利

  B. 满足对方特殊需要

  C. 借题发挥

  D. 目标分解

1019. 在谈判的磋商阶段应从谈判双方的（　　）开始。

  A. 分歧　　　　B. 想象分歧

  C. 人为分歧　　D. 真正的分歧

1020. 协议的签定表明谈判进入的阶段是（　　）。

  A. 开局　　　　B. 报价还价

  C. 磋商　　　　D. 成交

1021. 谈判时成交阶段最明显的标志是（　　）。

  A. 满足了我方的需求

  B. 讨价顺利

  C. 气氛良好

  D. 签定协议

1022. 商务谈判中的主体应以（　　）为基础。

  A. 商业利益　　B. 价格

  C. 知己知彼　　D. 平等

1023. 商务谈判中的核心议题是（　　）。

  A. 礼仪　　　　B. 价格

  C. 知己知彼　　D. 平等

1024. 谈判僵局从狭义上分类，可分为（　　）。

  A. 协议期僵局　　B. 谈判初期僵局

  C. 执行期僵局　　D. 谈判中期僵局

  E. 价格僵局

1025. 谈判僵局中可能成为信息沟通障碍的是（　　）。

  A. 合理要求差距太大

  B. 双方文化背景的差异

  C. 受教育程度不同

D. 有意无意的强迫

E. 立场观点的争执

1026. 谈判成功的要素有（　　　）。

A. 对产品和服务进行有利的定位

B. 制定合理的高目标

C. 良好的利用信息

D. 充分了解自己所具备的优势

E. 充分了解自己的缺点

1027. 商务谈判的原则有（　　　）。

A. 知己知彼　　　B. 互惠互利

C. 平等协商　　　D. 人与事分开

E. 求同存异

1028. 谈判人员素质低下表现为（　　　）。

A. 作风方面

B. 知识经验不足

C. 策略技巧失误

D. 有意无意的强迫

E. 信息沟通问题

1029. 谈判中常用的回答方式有（　　　）。

A. 含混式回答　　B. 直接式回答

C. 转换式回答　　D. 反问式回答

E. 拒绝式回答

1030. 僵局处理中，釜底抽薪是指（　　　）。

A. 首选的一个良策

B. 随时可选择的一个策略

C. 最后一个可选择的策略

D. 从对方的漏洞中借题发挥

E. 一种有风险的策略

1031. 谈判开局时需要处理的是（　　　）。

A. 建立良好的谈判气氛

B. 了解对方意图

C. 表明本方意图

D. 报价

E. 签订合同

1032. 在谈判中从对价格评价角度看，还价方式有（　　　）。

A. 分析比价　　　B. 分组

C. 总体　　　　　D. 逐项

E. 分析成本

1033. 在谈判中从每次还价项目多少看，还价方式有（　　　）。

A. 分析比价　　　B. 分组

C. 总体　　　　　D. 逐项

E. 分析成本

1034. 在谈判磋商阶段，达到解决问题的谈判策略是（　　　）。

A. 各方各执己见　B. 互惠互利

C. 以退为进　　　D. 确定客观标准

E. 目标分解

1035. 双方协议的签定说明（　　　）。

A. 谈判进入到成交阶段

B. 全部谈判工作的结束

C. 谈判的结果具有了法律效力

D. 谈判的结果与协议有矛盾，也应以协议为准

E. 磋商阶段的结束

1036. 商务谈判注意事项是（　　　）。

A. 礼仪

B. 合理的报价

C. 了解对方的特殊需求

D. 明确的目标

E. 适合的环境

2.3.2　合同纠纷处理

1037. 如果双方当事人在自愿、平等的基础上订立了合同就一定不会产生合同纠纷。（　　　）

A. 正确　　　　　B. 错误

1038. 协商是指合同当事人在友好的基础上，通过相互协商解决纠纷，这是解决合同纠纷最佳的方式。（　　　）

A. 正确　　　　　B. 错误

1039. 通过协商方式解决合同纠纷的，如合同当事人达成一致意见并签订了和解协议，则视为达成一份新合同，

内容对双方均有约束力。（　　　）

    A. 正确　　　　　　B. 错误

1040. 主持调解的第三方只是说服劝导双方当事人互相谅解，达成调解协议，而不是做出裁决。（　　　）

    A. 正确　　　　　　B. 错误

1041. 调解是合同纠纷解决程序中必须经过的程序。（　　　）

    A. 正确　　　　　　B. 错误

1042. 调解程序启动后，当事人不能随时请求中止。（　　　）

    A. 正确　　　　　　B. 错误

1043. 合同纠纷的仲裁是指合同当事人根据合同中规定的仲裁条款或双方达成的仲裁协议向仲裁机构申请仲裁。（　　　）

    A. 正确　　　　　　B. 错误

1044. 提出仲裁申请是仲裁程序开始的首要手续。（　　　）

    A. 正确　　　　　　B. 错误

1045. 仲裁程序的最后一个环节是裁决。（　　　）

    A. 正确　　　　　　B. 错误

1046. 合同纠纷除通过协商、调节和仲裁等方法解决外，也可以通过向人民法院提起诉讼解决。（　　　）

    A. 正确　　　　　　B. 错误

1047. 关于合同纠纷叙述正确的是（　　　）。

    A. 合同纠纷是一种民事纠纷

    B. 合同纠纷可能是由于主观因素引起的

    C. 合同纠纷可能是由于客观因素引起的

    D. 以上都对

1048. 以下内容叙述不正确的是（　　　）。

    A. 合同纠纷，是指因合同的生效、解释、履行、变更、终止等行为而引起的合同当事人的所有争议

    B. 合同纠纷的范围涵盖了一项合同的从成立到终止的整个过程

    C. 合同纠纷都是由主观因素引起的

    D. 几乎每一个与合同有关的方面都会引起纠纷

1049. 协商解决是指（　　　）。

    A. 合同双方在有关机构的主持下通过谈判解决合同纠纷

    B. 合同当事人在友好的基础上，通过相互谈判解决合同纠纷

    C. 由仲裁机构来解决合同纠纷

    D. 由法院来解决合同纠纷

1050. 解决合同纠纷的最佳方式是（　　　）。

    A. 协商　　　　　　B. 调解

    C. 仲裁　　　　　　D. 以上都不是

1051. 采用双方自行协商方式解决合同纠纷的是（　　　）。

    A. 双方应在平等友好的基础上进行协商

    B. 目的是变更、解除、终止原订合同或弥补原合同条款的漏洞

    C. 可以节约人力、时间和金钱

    D. 以上都是

1052. 通过协商解决合同纠纷的优点是（　　　）。

    A. 减少不必要的经济损失

    B. 节约人力、时间和金钱

    C. 减轻仲裁机关和法院的工作压力

    D. 以上都是

1053. 合同纠纷的调解是指（　　　）。

    A. 合同当事人在友好的基础上，通过相互协商解决纠纷

    B. 合同当事人在第三方的主持下，就合同争议进行协商处理

    C. 合同当事人将争议提交法定的仲裁机构，由仲裁机构依据仲裁规则居间进行居中调解，并依法做出裁定

D. 由人民法院根据争议双方的请求、事实和法律，依法做出裁判来解决争议

1054. 以下内容叙述正确的是(　　)。

A. 经第三方调解达成的并由双方当事人签字或者盖章的调解协议，具有民事合同的性质，具有法律效力

B. 调解协议是合同当事人自行协商的结果，不具有法律效力

C. 调解中的第三方可以由某一方合同当事人自行指定

D. 调解人的意见对合同双方具有强制力

1055. 调解合同纠纷程序的第一步是(　　)。

A. 当事人确定调解人

B. 调解人介入

C. 调解的进行

D. 调解人制作调解书

1056. 关于调解叙述不正确的是(　　)。

A. 调解不是合同纠纷解决程序中必须经过的程序

B. 调解必须是双方当事人自愿的选择

C. 调解程序一旦启动，当事人不得随意中止或终结

D. 调解的方式应根据实际情况适当和灵活选择

1057. 第三方认为调解已无成功的可能性而宣布停止调解的是(　　)。

A. 调解程序可以终止

B. 双方当事人可继续自行调解

C. 调解程序进入新的阶段

D. 以上都不对

1058. 关于调解叙述正确的是(　　)。

A. 调解是合同纠纷解决程序中必须

经过的程序

B. 调解可以是双方当事人自愿的选择，也可以应一方当事人的要求启动

C. 调解程序一旦启动，当事人不得随意中止或终结

D. 调解的方式应根据实际情况适当和灵活选择

1059. 合同纠纷的仲裁是指(　　)。

A. 合同当事人在友好的基础上，通过相互协商解决纠纷

B. 合同当事人在第三方的主持下，由第三方做出纠纷的处理决定

C. 合同当事人将争议提交法定的仲裁机构，由仲裁机构进行居中调解，并依法做出裁定

D. 由人民法院根据争议双方的请求、事实和法律，依法做出裁判来解决争议

1060. 以下内容叙述正确的是(　　)。

A. 仲裁具有法律约束力，当事人双方必须遵照执行

B. 合同当事人应该在自愿的基础上达成仲裁协议

C. 与法律诉讼相比，仲裁具有经济性

D. 以上都是

1061. 合同纠纷仲裁程序不包括的是(　　)。

A. 提出仲裁申请　B. 组织仲裁庭

C. 当事人协商　　D. 做出裁决

1062. 以下内容叙述正确的是(　　)。

A. 仲裁是合同纠纷解决程序中必须经过的程序

B. 仲裁可以是双方当事人自愿的选择，也可以由仲裁机构主动做出

C. 与诉讼相比，仲裁程序更具有灵

活性

D. 法院也可以作为仲裁机构。

1063. 纠纷的仲裁程序包括（　　）。

A. 提出仲裁申请　B. 组织仲裁庭

C. 做出裁决　　　D. 以上都是

1064. 仲裁程序的第一个环节是
（　　）。

A. 提出仲裁申请　B. 组织仲裁庭

C. 案件审理　　　D. 做出裁决

1065. 以下内容叙述正确的是
（　　）。

A. 合同中可以事先约定合同纠纷的
管辖法院

B. 诉讼为两审终审制

C. 经济合同争议申请仲裁的期限是
2 年

D. 以上都对

1066. 无需双方协商一致，即可采取
的合同纠纷解决方式是（　　）。

A. 协商　　　　　B. 调解

C. 仲裁　　　　　D. 诉讼

1067. 不属于由客观原因导致合同纠
纷的是（　　）。

A. 不可抗力导致合同不能履行

B. 卖方由于商品价格上涨拒绝履行
合同

C. 买方反悔不愿履行合同

D. 合同一方违反合同规定将专有技
术转让给第三人

E. 由于战争原因导致合同不能履行

1068. 合同纠纷的解决方式包括
（　　）。

A. 协商　　　　　B. 调解

C. 仲裁　　　　　D. 诉讼

E. 投诉

1069. 协商解决合同纠纷优点是
（　　）。

A. 减少不必要的经济损失

B. 节约人力、时间和金钱

C. 减轻合同当事人的工作压力

D. 程序更为简洁，便于尽快解决
纠纷

E. 可以获得更多的补偿

1070. 合同纠纷调解的方式包括
（　　）。

A. 行政调解　　　B. 仲裁调解

C. 法院调解　　　D. 个人调解

E. 公司调解

1071. 调解程序可以终止的情况是
（　　）。

A. 第三方认为调解已无成功的可能
性而宣布停止调解

B. 双方当事人达成了和解协议或调
解协议

C. 双方当事人中任何一方不愿继续
调解

D. 双方当事人之外的第三人要求停
止调解

E. 双方当事人分歧较大

1072. 调解合同纠纷的程序包括
（　　）。

A. 当事人确定调解人

B. 调解人介入

C. 调解的进行

D. 调解人制作调解书

E. 终止合同

1073. 合同仲裁条款的内容包括
（　　）。

A. 仲裁地点　　　B. 仲裁机构

C. 仲裁费用负担　D. 仲裁程序适用

E. 仲裁效力

1074. 仲裁程序的环节包括（　　）。

A. 提出申请　　　B. 组织仲裁庭

C. 审理案件　　　D. 做出裁决

E. 案情说明

1075. 以下内容叙述正确的是
（　　）。

A. 仲裁是合同纠纷解决程序中必须

经过的程序

B. 仲裁应是双方当事人自愿的选择

C. 与诉讼相比，仲裁程序更具有灵活性

D. 法院不能作为仲裁机构。

E. 合同中没有约定仲裁条款的，不能申请仲裁

1076. 以下内容叙述正确的是（　　）。

A. 合同中不可以事先约定合同纠纷的管辖法院

B. 诉讼为两审终审制

C. 经济合同争议申请仲裁的期限是2年

D. 仲裁为一审终审制，对结果不服的可以提起诉讼。

E. 如果合同双方未能达成调解协议或仲裁协议，可以向法院提起诉讼

2.4 经济核算

2.4.1 本量利分析

1077. 本量利分析是用来研究售价、售量、成本的变动对利润产生影响程度的一种方法。（　　）

A. 正确　　　　　　B. 错误

1078. 在本量利分析中，变动成本总额与销量成反比。（　　）

A. 正确　　　　　　B. 错误

1079. 产品销售收入扣除变动成本后的余额称为毛利。（　　）

A. 正确　　　　　　B. 错误

1080. 销售保利点就是销售收入线与成本线的相交点。（　　）

A. 正确　　　　　　B. 错误

1081. 本量利分析叙述错误的是（　　）。

A. 利用本量利分析法，要在一定的假设条件下进行

B. 本量利分析法主要是用来研究利

润变动对成本的影响程度。

C. 本量利分析法能预测在不同的售量下，企业所获得的利润

D. 本量利分析，即成本—销量—利润分析。

1082. 本量利关系正确的公式是（　　）。

A. 销售收入＋变动成本＝固定成本＋利润

B. 销售收入＋变动成本＝固定成本－利润

C. 销售收入－变动成本＝固定成本－利润

D. 销售收入－变动成本＝固定成本＋利润

1083. 属于固定成本的是（　　）。

A. 销售成本　　　B. 折旧费

C. 销售人员奖金　D. 商品损耗费

1084. 属于变动成本的是（　　）。

A. 销售成本　　　B. 折旧费

C. 租赁费　　　　D. 保险费

1085. 某医药公司批发销售一药品，单价为50元，单位变动成本为30元，核定固定分配成本为10万元，则保本销售量为（　　）。

A. 5000件　　　　B. 4000件

C. 25万元　　　　D. 34万元

1086. 某医药公司销售的某药品单价40元，单位变动成本15元，核定固定分配成本为10万元，则单位贡献毛利为（　　）元。

A. 25　　　　　　B. 35

C. 4000　　　　　D. 5000

1087. 已知某医药公司销售某药品单价是85元，核定分配固定成本为10万元，预计销售能力达8万件，若该公司计划销售利润为150万，则单位成本必须控制在（　　）元。

A. 60　　　　　　B. 65

C. 70　　　　　　D. 75

1088. 某药店计划销售某药品的目标利润为 40 万元，预计核定固定成本为 23 万元，单位变动成本为 21 元，预计销售量为 20000 件，则药店应将产品价格定为（　　）元。

A. 21　　　　　　B. 31.5

C. 52.50　　　　D. 10.50

1089. 在一定假设条件下，利用本量利分析能够达到以下目的（　　）。

A. 能预测达到保本目的销售量

B. 能预测为达到某种利润水平的销售量

C. 能预测达到保本目的金额

D. 能预测为达到某种利润水平的金额

E. 能预测在不同售价下，企业所获得的利润

1090. 本量利分析的假设条件有（　　）。

A. 所有成本被划分为固定成本和变动成本

B. 单位售价不变

C. 固定成本总额不变

D. 变动成本总额与销量成正比

E. 固定成本总额与销量成正比

1091. 引起保本销售量变动的因素有（　　）。

A. 单价　　　　B. 单位变动成本

C. 目标销售量　D. 目标利润

E. 固定成本

1092. 本量利分析中，有关保利计算的叙述正确的是（　　）。

A. 保本点反映了收入大于成本的销售量水平。

B. 当销售量大于保本销售量，则收入总额大于成本总额

C. 当销售量大于保本销售量，则收入总额小于成本总额

D. 当销售量小于保本销售量，企业经营亏损

E. 当销售量小于保本销售量，企业经营获得利润

2.4.2　库存分析

1093. 库存量过大将导致产品成本提高，影响资金的时间价值和机会收益，但不影响企业流动资金。（　　）

A. 正确　　　　　B. 错误

1094. 为了保证企业正常销售业务和防止产品脱销的需要，商品的库存量越大越好。（　　）

A. 正确　　　　　B. 错误

1095. 商品合理储存时间必须从保证商品的安全减少损失为前提。（　　）

A. 正确　　　　　B. 错误

1096. 不同品种、规格、效期的商品库存比例不合理势必会造成商品积压。（　　）

A. 正确　　　　　B. 错误

1097. 合理库存药品平均储存天数 = 最高储存天数 + 1/2 进货间隔天数。（　　）

A. 正确　　　　　B. 错误

1098. 平均商品库存定额是零售商应该保持的商品库存量（　　）。

A. 正确　　　　　B. 错误

1099. 在备运时间不变，销售速度正常时，进货时的库存量就处于平均储备量状态。（　　）

A. 正确　　　　　B. 错误

1100. 库存商品 ABC 分类采用的指导思想是 40－60 原则。（　　）

A. 正确　　　　　B. 错误

1101. 当商品利润完全被变动储存费抵消时便意味着存货已经到了保本期。（　　）

A. 正确　　　　　B. 错误

1102. 保利储存期与计划利润无关。

（　　）

A. 正确　　　　　B. 错误

1103. 实施供应商管理库存，下游企业只需要帮助供应商制定计划，从而下游企业实现零库存，供应商的库存也大幅度减少。（　　）

A. 正确　　　　　B. 错误

1104. 传统药店经营的品种差异性很大，受季节、流行性疾病、风俗习惯等因素的影响，库存也要随之改变，难以适应销售波动。（　　）

A. 正确　　　　　B. 错误

1105. 库存量过小所产生的问题是（　　）。

A. 增加库存保管费用。

B. 造成服务水平下降。

C. 造成资金呆滞。

D. 使订货间隔期增长。

1106. 关于合理库存叙述正确的是（　　）。

A. 商品库存量越少越好

B. 进货周期越短越好

C. 商品储存时间越长越增加储存费用

D. 库存商品储存时间越短越好。

1107. 库存数量管理应该保证在满足需求的情况下，尽量少的库存。一般来说，需求量越大的商品则（　　）。

A. 库存数量越大

B. 库存数量越小

C. 库存商品越容易积压

D. 库存量越难控制

1108. 影响合理库存量的首要因素是（　　）。

A. 交通运输条件　B. 市场需求量

C. 库存管理水平　D. 仓库储存条件

1109. 储存时间过长，影响最小的医药商品是（　　）。

A. 针剂　　　　　B. 日化类产品

C. 医疗器械　　　D. 栓剂

1110. 直接受商品本身物理、化学、生物性能影响的是（　　）。

A. 商品的储存时间

B. 商品的库存数量

C. 商品的库存结构

D. 商品的采购周期

1111. 在确保合理储存数量的同时，还须考虑不同商品及其品种、规格储存中的（　　）。

A. 合理金额　　　B. 合理时间

C. 合理比例　　　D. 合理补货周期

1112. 储存结构合理化是指商品储存量中各类商品及同类商品中各种花色、品种、规格的商品合理的分配。其中储存结构取决于（　　）。

A. 销售金额　　　B. 产品毛利

C. 仓储费用　　　D. 销售结构

1113. 合理库存药品陈列天数，即营业现场所陈列备售的药品数量与（　　）之比。

A. 平均日销量　　B. 每月总销量

C. 每次进货量　　D. 交易次数

1114. 公式：合理库存药品平均储存天数 = （　　）+1/2 进货间隔天数

A. 最高储存天数　B. 最低储存天数

C. 进货在途天数　D. 商品陈列天数

1115. 防止商品脱销的警戒线是（　　）。

A. 最高库存量　　B. 最低库存量

C. 平均库存量　　D. 理论库存量

1116. 防止商品积压的警戒线是（　　）。

A. 最高库存量　　B. 最低库存量

C. 平均库存量　　D. 理论库存量

1117. 定量库存控制法提出订购请求的时点标准是，当（　　）下降到预定的订货点时，即提出订购请求。

A. 订货间隔周期　B. 平均储备量

C. 库存量　　　　D. 平均日销售量

1118. 定量订购库存控制法每次请购商品的批量（　　）。

A. 相同

B. 不相同

C. 不固定

D. 按平均日销量计算

1119. 库存商品进行 ABC 分类管理应该对（　　）商品有存储记录，当储存余额降至订购点时就可发出订购通知。

A. A 类　　　　　B. B 类

C. C 类　　　　　D. 全部

1120. ABC 分类管理的商品中，（　　）商品占库存商品总品种数的百分比为 60% － 80%，而占库存商品总金额的百分比为 5% － 15%。

A. A 类　　　　　B. B 类

C. C 类　　　　　D. 都不是

1121. 与保本储存期无关的要素是（　　）。

A. 毛利　　　　　B. 销售费用

C. 税金　　　　　D. 计划利润

1122. 设某种商品毛利额为 8000 元，销售费用＋税金为 2000 元，每日仓储＋每日利息共 60 元，则该种商品保本期为（　　）。

A. 80 天　　　　　B. 60 天

C. 50 天　　　　　D. 100 天

1123. 设某种商品毛利额为 10000 元，销售费用＋税金为 2600 元，目标利润为 2200 元，每日仓储＋每日利息为 104 元，则该种商品的保利期为（　　）。

A. 100 天　　　　　B. 50 天

C. 80 天　　　　　D. 90 天

1124. 商品保利储存期是指能实现企业预期利润目标的（　　）。

A. 最短储存期限　B. 最长储存期限

C. 安全期限　　　D. 平均库存天

1125. 供应商管理库存的实施评估中

评价的等级与量化数据中错误的是（　　）。

A. 优：90—100　B. 良：80—70

C. 中：70—60　　D. 差：60—0

1126. 不属于 VMI 供应商受益表现的是（　　）。

A. 减少分销商的定货偏差，减少退货

B. 以有效补货避免缺货

C. 将计划和定货工作转移给生产商，降低了运营费用；

D. 降低了库存；

1127. 以门店日均销量来作为库存上下限设定的主要依据则掩盖了（　　）变化的趋势。

A. 销售稳定的品种

B. 畅销品种

C. 滞销品种

D. 销售波动的品种

1128. 不适宜机械套用库存上下限进行管理的药品种类是（　　）。

A. 心脑血管药

B. 流行性疾病用药

C. 胃肠道用药

D. 糖尿病用药

1129. 库存管理在经营中的作用为（　　）。

A. 阻止商品脱销　B. 防止商品积压

C. 提高服务水平　D. 延长订货周期

E. 与商品质量无关

1130. 库存数量的调整应考虑因素为（　　）。

A. 库存管理成本

B. 进货周期

C. 产品销售的季节性

D. 高毛利商品可增加库存数量

E. 产品需求量

1131. 确定药品的合理储存时间应考虑的因素有（　　）

A. 药品销售时间

B. 药品的理化性质

C. 药品的毛利

D. 补货周期

E. 经济效益

1132. 储存的药品在总量中还应保持商品的（　　）的比例关系。

A. 不同品种　　B. 不同规格

C. 不同效期　　D. 不同功效

E. 不同批次

1133. 商品库存可采用天数定额法控制，其中"天数"是指（　　）。

A. 商品陈列天数　B. 进货在途天数

C. 最低储存天数　D. 销售准备天数

E. 保险天数

1134. 公式：库存数量定额 =（　　）×平均日销量

A. 天数定额

B. 最低储存天数 + 1/2 进货间隔天数

C. 最高储存天数

D. 保险天数

E. 销售准备天数

1135. 备运时间指自提出订购到收进所购商品并投入使用所需要的时间，主要包括以下几个方面（　　）。

A. 订购所需要的时间

B. 供货单位发运所需要的时间

C. 在途运输时间

D. 验收入库时间

E. 使用前整理加工的准备时间

1136. 库存商品进行 ABC 分类管理，其中 C 类商品特点是（　　）。

A. 品种大　　B. 用量多

C. 价格低　　D. 占有资金少

E. 风险性小

1137. 库存货品所产生的储存成本主要包括（　　）。

A. 存货资金占用费

B. 仓储费用

C. 保险费用

D. 存货残损霉变损失

E. 存货过期损失

1138. 以下内容叙述不正确的是（　　）。

A. 商品保利期是指能实现企业预期利润目标的最长储存期限

B. 商品保利储存期与计划利润无关

C. 按保本期来控制商品储存即能保证盈利

D. 商品保利储存期与毛利额有关

E. 商品每日储存费用越高则商品保利期越短

1139. 实施 VMI 分销商和消费者的受益表现在（　　）。

A. 供货速度提高

B. 减少缺货

C. 降低库存

D. 降低运营费用

E. 在恰当的时间，适量补货

1140. 影响门店"零"库存与配送中心的库存平衡关系的重要因素是（　　）。

A. 药品的销量

B. 供应商的物流服务水平

C. 采购时间

D. 库存偏差

E. 流动资金

2.4.3 经营预测与分析

1141. 预测是决策的基础，科学的判断和预测可以为经济决策提供依据。（　　）

A. 正确　　　　B. 错误

1142. 加权移动平均预测法的预测结果较简单移动平均预测法更精确。（　　）

A. 正确　　　　B. 错误

1143. 回归分析法是通过对历史资料进行分析，利用预测对象和影响因素之间的因果关系，建立回归方程模型求预

测值的一种定性预测方法。（　　）

A. 正确　　　　B. 错误

1144. 销售收入是指企业销售产品或者提供劳务等取得的收入。（　　）

A. 正确　　　　B. 错误

1145. 在销售额一定的情况下，营销费用越低，企业的效益就越好。（　　）

A. 正确　　　　B. 错误

1146. 在商品销售过程中，由于收款、发货过程中会发生实收销货款多于应收销货款即称之为短款。（　　）

A. 正确　　　　B. 错误

1147. 经营利润永远是经济活动中的行为目标，没有足够的利润企业就无法继续生存，没有足够的利润，企业就无法继续扩大发展。（　　）

A. 正确　　　　B. 错误

1148. 经营风险控制，是现代化企业经营管理构架中一项不可或缺的组成部分，是企业防范经营风险、保障商务安全的重要手段之一。（　　）

A. 正确　　　　B. 错误

1149. 当产品销售量发生变动时，固定成本总额占成本的比重越大，单位产品分摊的固定成本就越大，企业未来的经营收益就越少，经营风险就越小。（　　）

A. 正确　　　　B. 错误

1150. 零售业通过配送外包，充分利用第三方物流专业化的物流设备、设施和先进的信息管理系统，发挥其专业化运作和管理经验，从而降低成本。（　　）

A. 正确　　　　B. 错误

1151. 零售企业通过配送外包，有助于将有限的人力、财力集中于核心业务，突破企业内部资源约束，实现资源优化配置。（　　）

A. 正确　　　　B. 错误

1152. 着重从现象的数量方面进行预测，要求以较准确的数据来表述预测的

结果，是属于（　　）。

A. 定性预测　　　B. 定量预测

C. 静态预测　　　D. 动态预测

1153. 不是定性预测德尔菲法的特点（　　）。

A. 匿名性　　　　B. 反馈性

C. 淘汰性　　　　D. 收敛性

1154. 简单移动平均预测法中，认为近期统计值与远期统计值对预测期数值的影响是（　　）重要。

A. 不　　　　　　B. 同等

C. 前者　　　　　D. 后者

1155. 移动平均预测法只适合于对长期（　　）、短期有波动的资料进行近期预测。

A. 稳定　　　　　B. 不稳定

C. 递减　　　　　D. 增长

1156. 回归预测分析法是一种（　　）。

A. 并列关系　　　B. 因果关系

C. 递进关系　　　D. 选择关系

1157. 一元线性回归预测法，主要是找到一条倾向性的回归直线，使该直线到实际资料各点之间的偏差平方和为（　　），以该直线作为预测的依据。

A. 最大　　　　　B. 最小

C. 0　　　　　　 D. 1

1158. 确认销售收入一般采用（　　）。

A. 现金收付制　　B. 实收实付制

C. 权责发生制　　D. 预付制

1159. 销售额高而销售成本低，则销售利润率（　　）。

A. 低　　　　　　B. 高

C. 不变　　　　　D. 减少

1160. 企业在商品营销环节发生的各种费用，如运费、营销人员工资及出差费、广告费等称为（　　）。

A. 营业费用　　　B. 管理费用

C. 财务费用　　　D. 待摊费用

1161. 营业费用率是经营费用占（　　）的比例。

A. 商品数量　　　B. 商品销售额

C. 商品成本　　　D. 投资总额

1162. 差错率指标是指在经营过程中发生的长短款额所占商品销售额比例的（　　）。

A. 最低限额　　　B. 最高限额

C. 平均限额　　　D. 中间限额

1163. 在商品销售过程中，由于收款、发货过程中会发生实收销货款少于应收销货款即称之为（　　）。

A. 长款　　　　　B. 短款

C. 余款　　　　　D. 欠款

1164. 经营利润是企业利润的（　　）。

A. 唯一来源　　　B. 主要来源

C. 次要来源　　　D. 重要来源

1165. 经营利润率是指企业的经营利润与（　　）的比率。它是衡量企业经营效率的指标，反映了在不考虑非经营成本的情况下，企业管理者通过经营获取利润的能力。

A. 投资总额　　　B. 经营收入

C. 总利润　　　　D. 总资产

1166. 经营风险分析中财务因素分析一般比较注重（　　）。

A. 定量分析　　　B. 定性分析

C. 回归分析　　　D. 结构分析

1167. 经营风险分析中非财务因素分析一般比较注重（　　）。

A. 定量分析　　　B. 定性分析

C. 回归分析　　　D. 结构分析

1168. 经营风险分析中财务因素主要用来起到（　　）的作用。

A. 成因分析　　　B. 预警机制

C. 预测分析　　　D. 调查研究

1169. 在其他因素不变的情况下，市场对企业的产品需求越稳定，企业未来的经营收益就越稳定，经营风险就（　　）。

A. 越大　　　　　B. 越小

C. 不变　　　　　D. 为零

1170. 配送外包能使企业集中精力于（　　），加快产品流通速度，降低风险，节省费用。

A. 附加业务　　　B. 核心业务

C. 其他业务　　　D. 扩增业务

1171. 国内一个公认的划分是把独立与产、销之外的其他物流活动的承担者统称为（　　）。

A. 第一方物流　　　B. 第二方物流

C. 第三方物流　　　D. 第四方物流

1172. 外包型配送模式就是指交易双方或供需双方把自己需要完成的部分或全部配送业务，委托给（　　）专业性的配送企业来完成的一种配送运作模式。

A. 自营　　　　　B. 第一方

C. 第二方　　　　D. 第三方

1173. 第三方物流又叫（　　）。

A. 股权制物流　　　B. 合同制物流

C. 松散式物流　　　D. 自营式物流

1174. 市场预测的程序包括（　　）。

A. 明确预测目标

B. 收集和整理资料

C. 选择预测方法

D. 预测分析和修正

E. 编写预测报告

1175. 属于定量预测的有（　　）。

A. 移动平均预测法

B. 德尔菲法

C. 季节指数预测法

D. 经验判断法

E. 回归分析预测法

1176. 回归分析预测法有多种类型，依据相关关系中自变量的个数不同分类，可分为（　　）。

A. 一元回归分析预测法

B. 多元回归分析预测法

C. 线性回归预测法

D. 非线性回归预测法

E. 简单回归分析预测法

1177. 产品销售净收入是指扣除（　　）之后的销售净额。

A. 销售折让　　　B. 销售折扣

C. 销售退回　　　D. 销售补贴

E. 销售成本

1178. 下列属于期间费用的有(　　)。

A. 营业费用　　　B. 管理费用

C. 财务费用　　　D. 待摊费用

E. 预提费用

1179. 在进行指标核算时应该对规定的差错率从严控制，（　　）不得相互抵消，应该是其和与销售额的比例。

A. 长款　　　　　B. 短款

C. 借款　　　　　D. 还款

E. 欠款

1180. 影响经营利润率因素有哪些（　　）。

A. 销售数量

B. 单位产品平均售价

C. 单位产品销售成本

D. 控制管理费用的能力

E. 控制营销费用的能力

1181. 属于经营风险分析中财务因素的有（　　）

A. 采购风险

B. 资金结构风险

C. 存货变现风险

D. 应收账款变现风险

E. 法律风险

1182. 经营风险作为客观存在的经济现象，具有（　　）方面的特征。

A. 客观性　　　　B. 可避免性

C. 可预测性　　　D. 共生性

E. 主观性

1183. 第三方物流的作用有（　　）。

A. 集中精力于主业

B. 简化交易

C. 降低成本

D. 提高效率

E. 提高服务水平

1184. 第三方物流是通过与第一方或第二方的合作来提供其专业化的物流服务，它（　　），而是为客户提供物流代理服务。

A. 不拥有商品

B. 不参与商品的买卖

C. 不承担风险

D. 不受制约

E. 不签订合同

3. 药品保管养护

3.1 药品的稳定性

3.1.1 影响药品稳定性的因素

1185. 具有水解性的药物都不能制成水溶液制剂。（　　）

A. 正确　　　　　B. 错误

1186. 光线可使药品变质，其中紫外光线起主要作用。（　　）

A. 正确　　　　　B. 错误

1187. 湿度太小，易使某些含结晶水的药品如氯化钠等风化。（　　）

A. 正确　　　　　B. 错误

1188. 影响药品稳定性的内在因素不包括（　　）。

A. 药品的化学结构

B. 药品的组分

C. 药品的剂型

D. 贮存的温湿度

1189. 影响药品稳定性的内在因素是（　　）。

A. 药品的组分　　B. 微生物与昆虫

C. 贮存时间　　　D. 药品的包装

1190. 影响药品稳定性的外界因素不包括。（　　）

A. 药品的剂型　　B. 药品的包装

C. 空气　　　　　D. 贮存的时间

1191. 影响药品稳定性的外界因素是。（　　）

A. 药品的化学结构、空气和贮存时间

B. 药品的包装、空气和光线

C. 药品的剂型、空气和微生物与昆虫

D. 药品的组分、贮存的时间和贮存的温湿度

1192. 遇水易水解失效的药品有（　　）。

A. 甘油　　　　　B. 淀粉酶

C. 氯化钠　　　　D. 阿司匹林

1193. 吸湿后失去作用的剂型有（　　）。

A. 片剂　　　　　B. 胶囊剂

C. 泡腾片　　　　D. 栓剂

1194. 影响药品稳定性的内在因素有（　　）。

A. 药品的组分

B. 微生物与昆虫

C. 贮存时间

D. 药品的包装

E. 药品的化学结构

1195. 影响药品稳定性的外界因素有（　　）。

A. 空气　　　　　B. 光线

C. 贮存时间　　　D. 药品的包装

E. 微生物与昆虫　F. 贮存的温湿度

1196. 见光易变化的药物（　　）。

A. 硝酸银　　　　B. 阿托品

C. 乙醚　　　　　D. 双氧水

E. 肾上腺素

3.2　药品的保管养护

3.2.1　药品保管养护的基础知识

1197. 药品在库储存可以按储存条件分类储存，也可按药品性质分类储存。（　　）

A. 正确　　　　　B. 错误

1198. 国家药品标准高于企业药品标准。（　　）

A. 正确　　　　　B. 错误

1199. 药品在库养护是指药品在仓库保管过程中所进行的保养和维护工作。（　　）

A. 正确　　　　　B. 错误

1200. 药品出库验发是对销售的药品出库前进行检查，以保证其是在有效期内。（　　）。

A. 正确　　　　　B. 错误

1201. 阴凉库的温度是不高于20℃（　　）。

A. 正确　　　　　B. 错误

1202. 必须分开储存的药品（　　）。

A. 药品与非药品

B. 处方药与非处方药

C. 易串味药品与一般药品

D. 不同剂型药品

1203. 可以储存在同一库房的药品是（　　）。

A. 中成药与中药饮片

B. 麻醉药与一类精神药品

C. 第一类、第二类精神药品

D. 放射性药品与医疗毒性用药品

1204. 经营中药材、中药饮片的，应当有专用的库房和养护工作场所，直接收购地产中药材的应当设置（　　）。

A. 验收养护室　　B. 检验室

C. 分装室　　　　D. 中药样品室

1205. 180件药品验收抽样数为（　　）。

A. 6件　　　　　B. 5件

C. 4件　　　　　D. 3件

1206. 药品批发企业从事验收、养护工作的应当具有（　　）。

A. 执业药师资质

B. 具有药学或者医学、生物、化学等相关专业中专以上学历

C. 具有药学中级以上专业技术职称

D. 高中以上学历并从事药品工作满五年

1207. 药品在库养护应贯彻的原则（　　）。

A. 保证质量　　　B. 科学养护

C. 避免事故　　　D. 预防为主

1208. 药品出库前不需查核是否符合要求的内容是（　　）。

A. 购货单位　　　B. 生产厂商

C. 质量状况　　　D. 生产日期

1209. 企业应当对冷库、储运温湿度监测系统以及冷藏运输等设施设备进行使用前（　　）。

A. 检查　　　　　B. 记录

C. 验证　　　　　D. 保养

1210. 储存药品的仓库，库房相对湿度应保持在（　　）之间。

A. 40% ~70%　　　B. 35% ~75%

C. 35% ~65%　　　D. 40% ~65%

1211. 按照 GSP 的规定，在药品储存过程中，温湿度自动监测系统自动记录一次实时温湿度数据的间隔时间至少是（　　）。

A. 2 分钟　　　　B. 3 分钟

C. 30 分钟　　　　D. 一天二次

1212. "四号定位法"中 3 – 8 – 4 – 2 可以表示（　　）。

A. 3 号库房 8 区 4 段 2 货位

B. 3 号库房 8 货架 4 段 2 货位

C. 3 号库房 8 货架 4 段 2 格

D. 3 号库房 8 号货架 4 层 2 格

E. 3 号库房 8 号货架 4 层 2 货位

1213. 药品验收的依据是（　　）。

A. 药品标准

B. 药品说明书

C. 进口药品检验报告书

D. 进口药品注册证

E. 医药产品注册证

1214. 需要重点养护的品种是（　　）。

A. 生物制品

B. 有效期较短

C. 对储存条件有特殊要求

D. 液体制剂

E. 质量可疑的药品

1215. 药品出库验发的原则（　　）。

A. 先产先出　　　B. 先出先产

C. 先进先出　　　D. 按批号发货

E. 易变先出

1216. 调控库房温、湿度的方法包括（　　）。

A. 开闭空调　　　B. 开闭门窗

C. 开闭换气扇　　D. 使用温湿度计

E. 使用干燥剂

3.2.2　中药的储存于分类

1217. 动物类药材经济价值偏高，储存时宜采用带空调，并具有防潮、通风和熏仓防虫的条件。（　　）

A. 正确　　　　　B. 错误

1218. 对含糖、含黏液质较多的饮片，应置于湿润处储存。（　　）

A. 正确　　　　　B. 错误

1219. 中药片剂必须储藏于凉处。（　　）

A. 正确　　　　　B. 错误

1220. 名贵细料中药材存放环境的空气湿度要求是（　　）。

A. 50%　　　　　B. 60%

C. 70%　　　　　D. 80%

1221. 中药材的保管中最重要的是（　　）。

A. 防阳光、防霉变

B. 防虫蛀、防霉变

C. 防热、防虫蛀

D. 防风、防潮

1222. 在霉菌与害虫繁殖生长的旺季，对中药饮片的养护宜采用（　　）

A. 保湿养护法　　B. 密封养护法

C. 降温养护法　　D. 高温养护法

1223. 中药饮片库房室温和相对湿度应控制在（　　）。

A. 15℃以下，50%以下

B. 15℃以下，60%以下

C. 20℃以下，75%以下

D. 25℃以下，75%以下

1224. 不是中成药贮存中常见的变异现象的是（　　）。

A. 泛油　　　　B. 挥发

C. 霉变　　　　D. 酸败

1225. 一般中成药糖浆剂盛装容器为（　　），灌装后应密封，贮于室内阴凉处。

A. 安瓿瓶　　　B. 铝瓶

C. 棕色玻璃瓶　D. 塑料管

1226. 中药材中含挥发油较多的是（　　）。

A. 木香　　　　B. 党参

C. 肉桂　　　　D. 川芎

E. 丁香

1227. 因含淀粉多，切成饮片后应及时干燥，防止污染，置于通风、干燥处，并防虫蛀的药材包括（　　）。

A. 玫瑰　　　　B. 泽泻

C. 厚朴　　　　D. 山药

E. 葛根

1228. 下列内容叙述正确的是（　　）。

A. 糖浆剂应密封置阴凉处储存

B. 蜜丸应密闭置于阴凉处保存

C. 膏剂易挥发，应储存于低温、干燥又不通风处

D. 散剂必须用蜡纸包装

E. 颗粒剂一般用塑料包装

3.2.3　特殊管理药品的保管养护

1229. 麻醉药品与一类精神药品可放在同一专用库房内。（　　）

A. 正确　　　　　B. 错误

1230. 药品经营企业在药品出库时，对麻醉药品应建立双人核对制度。（　　）

A. 正确　　　　　B. 错误

1231. 精神药品应专库、专柜加锁，单独储存，不得与其他药品混放，并建立专用账目，专人登记。（　　）

A. 正确　　　　　B. 错误

1232. 医疗用毒性药品的验收、收货、发货均应由保管员独自开箱、收货、发货，并在单据上签名盖章。（　　）

A. 正确　　　　　B. 错误

1233. 放射性药品应严格实行专库（柜）、双人双锁保管，专账记录。（　　）

A. 正确　　　　　B. 错误

1234. 属于特殊管理的药品是指（　　）。

A. 麻醉药品、放射性药品、毒性药品、中药药品

B. 麻醉药品、放射性药品、毒性药品、生物药品

C. 生物制品、放射性药品、毒性药品、精神药品

D. 麻醉药品、放射性药品、精神药品、毒性药品

1235. 特殊药品管理制度中不正确的做法是（　　）。

A. 含麻醉药品的片剂、酊剂使用量不得超过3日常用量

B. 麻醉药品的处方需留存3年备查

C. 有处方权的医生才能有权使用麻醉药品

D. 含毒性、精神药品的处方需留存2年备查

1236. 麻醉药品标签上的标志应为（　　）。

A. 绿、白　　　　B. 蓝、白

C. 黑、白　　　　D. 红、黄

1237. 属于麻醉药品的药物是（　　）。

A. 地西泮　　　　B. 可待因

C. 巴比妥　　　　D. 艾司唑仑

1238. 储存精神药品的专用仓库应具有（　　）。

A. 检测和调节温湿度的设备

B. 相应的安全保卫措施

C. 两者均是

D. 两者均不是

1239. 精神药品标签上的标志应为（　　）。

A. 绿、白　　　　B. 蓝、白

C. 黑、白　　　　D. 红、黄

1240. 毒性药品的验收与保管叙述正确的是（　　）。

A. 一般可根据检验报告书或产品合格证验收

B. 验收时应拆开内包装查看

C. 应存放于贵重药品库

D. 验收应由专人进行并由领导签字

1241. 医疗用毒性药品标签上的标志应为（　　）。

A. 绿、白　　　　B. 蓝、白

C. 黑、白　　　　D. 红、黄

1242. 放射性药品应并避免拖拉或撞击并置放在（　　）。

A. 铁制容器内

B. 不锈钢制容器内

C. 铅制容器内

D. 铝合金制容器内

1243. 放射性药品标签上的标志应为（　　）。

A. 绿、白　　　　B. 蓝、白

C. 黑、白　　　　D. 红、黄

1244. 需要专库存放的药品是（　　）。

A. 麻醉药品

B. 一类精神药品

C. 医疗用毒性药品

D. 放射性药品

E. 二类精神药品

1245. 麻醉药品保管必须（　　）。

A. 双人验收入库、出库

B. 双人双锁专库保管

C. 专人专账

D. 出库时双人复核

E. 销毁时有药品监督管理部门到场监督

1246. 下列属于精神药品的是（　　）。

A. 地西泮　　　　B. 地芬诺酯

C. 巴比妥　　　　D. 艾司唑仑

E. 美沙酮

1247. 医疗用毒性药品叙述正确的有（　　）。

A. 连续使用能产生精神依赖性的药

B. 连续使用易产生身体依赖性，能成瘾癖的药物

C. 治疗剂量与中毒剂量相近的药物

D. 凭盖有医生所在医院公章的正式处方供应，每次处方剂量不得超过 2 日极量的药物

E. 停药后有戒断症状，对本人及社会均有危害的药物

1248. 放射性药物在保管时要做（　　）。

A. 严格实行专柜保管

B. 双人双锁保管

C. 专账记录

D. 应具有相适应的防护装置

E. 应放置在木制药品柜内

3.2.4 药品的重点养护

1249. 重点养护品种是指在规定储存条件下仍易变质的品种及有效期在三年内的一些品种。（　　）

A. 正确　　　　B. 错误

1250. 发现有问题的药品应当及时在计算机系统中锁定和记录，并通知质量管理部门处理。（　）

A. 正确　　　　B. 错误

1251. 对重点养护品种应建立档案，及时了解药品质量变化，酌情增加检查次数，一般每月检查（　）。

A. 1 次　　　　B. 2 次

C. 3 次　　　　D. 4 次

1252. 属于重点养护的品种是（　）。

A. 多潘立酮

B. 头孢拉定

C. 复方甘草片

D. 酒石酸美托洛尔

1253. 对于怕冻的重点养护品种，仓库保存温度应在（　）。

A. 10℃　　　　B. 5℃以上

C. 0℃以下　　　　D. 0℃以上

1254. 在重点养护品种中，若发现问题，应尽快通知质量管理机构，并悬挂（　）。

A. 红色标志　　　　B. 黄色标志

C. 绿色标志　　　　D. 蓝色标志

1255. 重点养护品种范围包括（　）。

A. 主营品种、首营品种

B. 近期内发生过质量问题的品种

C. 质量性状稳定的品种

D. 无特殊储存要求的品种

E. 储存时间较长的品种

1256. 重点养护品种需有计划抽样送检的包括（　）。

A. 易变质品种

B. 储存 2 年以上的品种

C. 不合格品

D. 近效期的品种

E. 首营品种

五、医药商品购销员（三级）技能操作习题

1. 药品推介

1.1　疾病的一般鉴别及药物作用机理

操作要求：

（1）答出疾病症状

（2）进行疾病的查证鉴别

（3）展示类似药品，进行作用比较，合理推荐（请推荐 4 个药品）

（4）介绍推荐药品作用机理

（5）介绍推荐药品用药注意事项

1.1.1　流行性感冒

操作条件：

药品：复方对乙酰氨基酚、利巴韦林、阿莫西林、复方氨酚烷胺、双黄连、正柴胡饮等。

操作内容：

请介绍流感的症状和一般鉴别，展示并推介合适的药品。

1.1.2　急性气管 – 支气管炎

操作条件：

药品：喷托维林、右美沙芬、氨溴索、阿莫西林、阿奇霉素、头孢他啶

操作内容：

请介绍急性气管 – 支气管炎的症状和一般鉴别，展示并推介合适的药品。

1.1.3　哮喘症

操作条件：

药品：沙丁胺醇、克伦特罗、氨茶碱、异丙托品、二丙酸培氯米松

操作内容：

请介绍哮喘症的症状和一般治疗方

法，展示并推介合适的药品。

1.1.4 单纯性胃炎

操作条件：

药品：山莨菪碱（654-2）、甲氧氯普胺、庆大霉素、诺氟沙星、口服补液盐等。

操作内容：

请介绍单纯性胃炎的症状和一般鉴别，展示并推介合适的药品。

1.1.5 消化性溃疡

操作条件：

药品：氢氧化铝、碳酸氢钠、铝碳酸镁咀嚼片（达喜）、雷尼替丁、法莫替丁、奥美拉唑、枸橼酸铋钾、硫糖铝等。

操作内容：

请介绍消化性溃疡的症状和一般鉴别，展示并推介合适的药品。

1.1.6 球菌性肺炎

操作条件：

药品：青霉素G、司帕沙星、头孢噻肟、头孢曲松、万古霉素、林可霉素、红霉素等。

操作内容：

请介绍肺炎球菌性肺炎的症状和一般鉴别，展示并推介合适的药品。

1.1.7 肺结核

操作条件：

药品：异烟肼、利福平、吡嗪酰胺、乙胺丁醇、对氨基水杨酸钠等。

操作内容：

请介绍肺结核的全身症状和呼吸系统症状，展示并推介合适的药品。

1.1.8 原发性高血压病

操作条件：

药品：卡托普利、氢氯噻嗪、普萘洛尔、哌唑嗪、硝苯地平、氯沙坦等。

操作内容：

请介绍高血压的症状和一般鉴别，展示并推介合适的药品。

1.1.9 心绞痛

操作条件：

药品：硝酸甘油、普萘洛尔（心得安）、硝苯地平（心痛定）、维拉帕米、速效救心丸等。

操作内容：

请介绍心绞痛的症状和一般鉴别，展示并推介合适的药品。

1.1.10 尿路感染（肾盂肾炎）

操作条件：

药品：阿托品、扑热息痛、庆大霉素、头孢噻肟钠、氨苄西林、诺氟沙星、环丙沙星、复方新诺明等。

操作内容：

请介绍肾盂肾炎（尿路感染）的症状和一般鉴别，展示并推介合适的药品。

1.1.11 慢性胃炎

操作条件：

药品：枸橼酸铋钾、阿莫西林、奥美拉唑、雷尼替丁、多潘立酮、硫糖铝、山莨菪碱、氢氧化铝凝胶等。

操作内容：

请介绍慢性胃炎的症状和一般鉴别，展示并推介合适的药品。

1.1.12 糖尿病

操作条件：

药品：胰岛素、格列苯脲、格列齐特、格列喹酮、二甲双胍、阿卡波糖

操作内容：

请介绍糖尿病的症状，展示并推介合适的药品。

1.1.13 慢性气管炎

操作条件：

药品：头孢克洛、溴己新、阿莫西林、盐酸氨溴索、氨茶碱、沙丁胺醇、特布他林等。

操作内容：

请介绍慢性支气管炎的症状和一般鉴别，展示并推介合适的药品。

1.1.14　普通感冒

操作条件：

药品：新康泰克（蓝色装）、酚麻美敏、日夜百服宁、复方氨酚葡锌、感冒退热冲剂、午时茶

操作内容：

请介绍感冒的症状和一般鉴别，展示并推介合适的药品。

1.1.15　急性细菌性痢疾

操作条件：

药品：诺氟沙星、氧氟沙星、庆大霉素、复方新诺明、黄连素、山莨菪碱、培菲康、白头翁汤等。

操作内容：

请介绍流感的症状和一般鉴别，展示并推介合适的药品。

1.1.16　急性膀胱炎

操作条件：

药品：复方新诺明、氧氟沙星、羟氨苄青霉素、头孢氨苄等。

操作内容：

请介绍急性膀胱炎的症状和一般鉴别，展示并推介合适的药品。

2. 药品营销

口试要求：

1. 根据题目内容进行分析；

2. 口齿清晰、语言描述有逻辑性、有行为肢体语言辅助；

3. 回答考评人员根据现场考评状况进行相关内容的提问。

2.1　销售促进

2.1.1　市场调研

背景资料：

小王是某大型医药企业市场部一名职员，最近，公司准备引进一新产品，在投放市场前公司要求市场部对此产品的市场前景进行调研并制定推广方案。接到这项工作后，小王开展了此项产品的调研工作，首先，小王制定了调研计划的流程：调研什么问题？调研所达到的目的和要求是什么？具体内容、程序如何？参加人员、时间安排等。按此流程进行调研完毕后，撰写了调研报告。调研报告呈送经理批示，经理看后并不十分满意，并要求小王重新进行调研。

操作内容：

根据背景资料请回答下列问题：（从市场调研方面进行分析）

1. 评价当事人的做法，并说明。

2. 说明市场调研的步骤。

3. 说明市场调研的方法。

4. 说明医药产品生命周期各阶段的特征及相应的策略。

5. 判断背景资料中产品处于哪个生命周期阶段。

2.1.2　客户购买心理分析

背景资料：

某大型药店开业半年了，经过店内销售人员的观察，发现来店购买药品的客户大致分为三类：第一类客户到药店后，通常会表现为说话底气不足，对药品总是左右进行比较，眼光总是盯着便宜的药品，甚至到药品促销专区购药；第二类客户一般穿着高档，说话口气大，比较果断，有时甚至直截了当点名要某种好药，第三类客户购买力一般，对药品知识的了解有限，在购买药品的时候看重药品的疗效，容易受到店员的影响。因此，店内销售人员总结：店员推荐药品，不能只是考虑价格，应该优先考虑顾客的需求。尤其在推荐药品时，应该事先对顾客进行分类，这是很必要的。

操作内容：

根据背景资料请回答下列问题：（从客户购买需求与心理进行分析）

1. 说明这三类客户各属于哪一类消费者；

2. 说明药店的消费主体属于哪一类型消费者；

3. 说明对第一类客户的推销方式；

4. 说明对第二类客户的推销方式；

5. 说明对第三类客户的推销。

2.1.3　客户开发

背景资料：

某化妆品公司新上市××中药祛痘系列产品，在大学校园进行产品宣传和推广。××中药祛痘系列产品采用多种名贵青草药精制而成，安全可靠，具有迅速消除粉刺、痤疮、暗疮、青春痘，不留印痕之功效，能有效修复痘疤、凹洞等受损皮肤，逐渐淡化原青春痘留下的痘斑、印痕。持续使用能去除面部过多油脂及深处污垢，促使毛孔分泌通畅。假设你在该公司的校园招聘中面试成功，成为该公司负责在本校园推销该中药祛痘系列产品的兼职推销人员。

操作内容：

根据背景资料请回答下列问题：（从药品销售促进方面进行分析）

1. 说明潜在客户的概念。

2. 产品销售的潜在客户需具备的条件。

3. 根据背景资料列举在该案例中可运用的寻找客户的方法。

4. 以上列举的寻找客户的方法中哪种方法最有效？请说明其优缺点。

5. 客户开发的策略有哪些。

2.1.4　大客户管理

背景资料：

某医药销售公司 2013 年累计实现了销售额 180 万元，现根据有关客户的资料，对客户甲，客户乙，客户丙进行基础分析后，做出有效的客户管理方案。

客户＼季度	第一季度	第二季度	第三季度	第四季度
甲	28	38	29	42
乙	8	10	7	8
丙	2	2	6	0

（资料时间为 2013 年 1 月 1 日至 2013 年 12 月 31 日。单位：万元）

操作内容：

根据背景资料请回答下列问题：（从客户有效管理方面进行分析）

1. 计算出客户甲，客户乙，客户丙的交易额占累计销售额的比重。

2. 根据 ABC 分析法，对客户进行等级分析。

3. 根据客户等级分析结果，对客户制定相应的有效管理方案。

4. 为了防止客户的流失，应从哪些方面进行控制。

5. 如何加强大客户管理。

2.1.5　产品演示与宣讲

背景资料：

××制药有限公司新品推广会

×××制药有限公司于 9 月 20 日下午在广州某大型连锁药店举办一期店长、药师、柜组长的产品培训班，主要是对×××制药有限公司全新推出的产品——新康泰克喉爽草本润喉软糖进行产品介绍和国庆节在该大型连锁药店的产品推广活动的宣讲。

如果你是×××制药有限公司驻广州医药代表，你将如何利用此次机会推广你公司的新康泰克喉爽草本润喉软糖？

有关资料：新康泰克喉爽草本润喉软糖

配料表：液体葡萄糖、蔗糖、水、葡萄糖、明胶、红花黄提取浓缩液、96% 乙醇、薄荷脑、桉叶素、亮蓝、百里香粉、d－苎烯、异松油烯。

口味：薄荷口味

规格：20 粒/盒

原产国：马来西亚

操作内容：

根据背景资料请回答下列问题：（从药品销售促进方面进行分析）

1. 本次推广活动属于医药行业群体销售中的何种形式。

2. 推广会上产品宣讲与演示通常需要做哪方面的准备。

3. 根据以上背景资料，你进行产品宣讲的内容主要有哪些。

4. 为了营造会场互动气氛，增加与会人员对产品的关注度，你将会考虑采取哪些有效措施。

5. 医药产品演示时需要注意哪几个方面。

2.1.6 促销技巧

背景资料：

某医药公司销售经理李某在制订药品销售方案时认为，在医药行业的药品销售过程中，无论在什么情况下，只要长期实行降价或为消费者打折让利，就可以保持公司的产品畅销无阻，实现利润的增长。你认为李经理的销售理念是否正确，这样制定出来的药品销售方案能否为公司带来经济效益。如不正确，请你为该医药公司的销售方案制定销售促进策略。

操作内容：

根据背景资料请回答下列问题：（从药品销售促进方面进行分析）

1. 评价当事人的做法，并说明。

2. 说明销售促进的概念及特点。

3. 对消费者营业推广的常见方式有哪些？

4. 对中间商营业推广的常见方式有哪些？

5. 对推销人员营业推广的常见方式有哪些？

2.1.7 客户档案管理

背景资料：

某当地知名药品经营企业，客户常年保持在一定水平，在没建立档案之前，企业吃了不少亏，在规范了顾客档案管理后，营销人员只要进入内部网络系统的顾客档案栏，就可以找到顾客的相关情况，做到心中有数，即省心，又省事。顾客信息直接来源于营销人员和市场部人员，并服务于企业管理。顾客档案也记录了一些顾客的需求和产品偏好，给营销人员的分析判断起到了一个很好的参考作用，同时也使销售人员能最大限度努力工作，通过各种渠道来满足顾客要求。

操作内容：

根据背景资料请回答下列问题：（从客户管理方面进行分析）

1. 客户档案建立的流程。

2. 客户档案建立结束工作的内容。

3. 客户档案建立的目标。

4. 客户档案分类。

5. 客户档案跟踪要注意哪些方面。

2.1.8 处理客户异议

背景资料：

小陶是上海新星医药企业的新业务员，在杭州地区负责销售该制药企业所生产的好立得口服液，该产品是一种针对流行性感冒的中成药，原来在杭州万寿堂平价大药房销售情况非常好，但最近半年该药品在此药店销售情况低迷。

小陶为了促进好立得口服液在此药店的销量，专门针对该药店制定了非常具有吸引力的销售策略，并专程到该药店拜访店经理。没想到该药店经理听完小陶的销售策略后摇头拒绝："你们这个产品质量不好，口服液瓶子里曾出现昆虫样物质而使顾客对我们药店产品质量产生质疑,对我们药店的信心大打折扣,直接影响了我们的销售业绩和企业形象。"小陶一脸狐疑的样子:"这怎么可能?我们的产品是管制口服液瓶包装,昆虫绝对不可能爬进去的。"该店经理摆摆手:"对不起,我很忙,一会儿还有客人要来,我们改天再讨论这个问题吧。"

操作内容:

根据背景资料请回答下列问题:(从顾客异议方面进行分析)

1. 评价当事人的做法,并说明。

2. 客户异议产生的原因。

3. 客户异议的类型。

4. 处理客户异议的原则。

5. 如果你是业务员小陶,你将如何处理这个问题。

2.2 商务谈判

2.2.1 谈判僵局的成因及处理

背景资料:

日本一家著名汽车公司刚刚在美国"登陆",急需找一个美国代理商来为其推销产品,以弥补他们不了解美国市场的缺陷。在日本公司准备与一家美国公司进行谈判的当天,日方谈判代表因为堵车迟到了,美方谈判代表抓住这件事紧紧不放,想以此为藉口获取更多的优惠条件。日方代表发现无路可退,于是站起来说:"我们十分抱歉耽误了您的时间,但是这绝非我们的本意,我们对美国的交通状况了解不足,导致了这个不愉快的结果,我希望我们不要再因为这个无所谓的问题耽误宝贵的时间了,如果因为这件事贵公司怀疑我们合作的诚意,那么我们只好结束这次谈判。我认为,我们所提出的优惠条件是不会在美国找不到合作伙伴的。"日方代表一席话让美方代表哑口无言,美国公司也不想失去一次赚钱的机会,于是谈判继续进行下去了。

操作内容:

根据背景资料请回答下列问题:(从谈判僵局形成的原因及僵局处理方面进行分析)

1. 评价美国公司谈判代表的做法,并说明。

2. 谈判僵局形成的原因。

3. 打破僵局的技巧。

4. 处理和避免谈判僵局的原则。

5. 本案例中谈判僵局的形成属于何种原因。

2.2.2 谈判技巧

背景资料:

被誉为某省医药行业领头羊的百城药业公司,在上世纪90年代,为了通过资产重组这一手段来响应政府号召,为进一步提高企业知名度和利润,打算建造一座省内最好的大输液流水线,但遇到了5000万人民币的资金困难。于是,百城公司的办公室主任杨晖找到了有一面之交的法国赛诺菲药业公司住上海代表希尔顿,当时该公司正在中国境内寻找合适的合作伙伴。

接待室里,杨晖直截了当地告诉希尔顿:"希尔顿,我们公司的重组缺乏5000万资金。"

"那就拖着吧,"希尔顿漠不关心地说,"等有了钱再重组也不迟。""这个我知道。"杨晖严肃地说。"但我的公司重组半途而废,受损失的将不是我一个人。"停顿了一下,杨晖接着说:"事实上,你的损失可能比我还要大。""什么?"希尔顿惊奇地问,"我不懂你这话是什么意思。"

"道理很简单,如果我的公司重组半途而废,那么你们公司在华的利润也就没了。你也知道我们的针剂车间几个重要产品的原辅料来自于你们公司。"

……

"怎么，5000 万？你是来要挟我的吗？"一度双方语言锋利。

这时杨晖的秘书小宋说了："没有人要挟你，我们只不过是来谈合作的。"

"可是，你是没有钱才停工的，怎么合作？"希尔顿有点儿急躁。

"我们公司是一家拥有几十年的历史优秀企业，长期以来在业内的信誉很好，职工的重组积极性、期望值都非常高。"这番推理果然击中了希尔顿，见他缄默不语，杨晖接着说"我倒是有一个两全其美的好办法，不知道你肯不肯合作。"

"什么办法？"

"你们不正在找在华的投资项目吗？我们把公司的重要车间，即与你们利润有关的大输液车间单独成立合资公司。"

至此，希尔顿表示可以考虑一下，并且最终答应了杨晖的 5000 万的条件，再后来形成了协议。这使百城药业公司度过了非常时期。

操作内容：

根据背景资料请回答下列问题：（从谈判技巧方面进行分析）

1. 评价该案例。

2. 在该案例中，杨晖主要使用了什么谈判策略？（请列举两个），并予以简述。

3. 在磋商阶段经常采用哪些谈判策略。

4. 背景资料中的谈判差点因为陷入僵局而导致谈判的失败，请结合背景资料的内容谈谈如何避免僵局的产生。

5. 如果你是百城药业公司的办公室主任，你会采取哪些措施处理僵局。

2.2.3 合同纠纷处理

背景资料：

2010 年 1 月 10 日，甲方（湖南某药店连锁有限公司）与乙方（常德某医药公司公司）签订了《药品购销合作协议》，并于 2010 年 2 月 1 日签订了回款补充协议。根据协议约定甲方应在每月 10 日前向乙方支付前一个月的药品货款。乙方则需在当年 12 月 10 日前按甲方全年向乙方回款额度的 2% 作为回款奖励给甲方。之后因为甲方没有按照协议约定每月 10 日前给乙方支付货款，其理由是公司资金周转有困难。当年 12 月 10 日，乙方也拒绝按协议约定向甲方支付回款奖励，甲方因此扣押了乙方当月货款，其中涉及金额达 10.26 万元。经过乙方多次催讨及协商，甲方仍然不支付。无奈，乙方只好委托律师进行处理。

操作内容：

根据背景资料请回答下列问题：（从合同纠纷的处理方式方面进行分析）

1. 分析本次合同纠纷产生的原因。

2. 列举合同纠纷的类型。

3. 合同纠纷处理的方法有哪些？并作具体说明。

4. 说明本次合同纠纷采用哪种处理方法更为合适。

5. 协商解决合同纠纷应注意哪些问题？

2.3 经济核算

2.3.1 经营业绩分析

背景资料：

某小规模连锁药房今年上半年经营情况与去年同期对比资料如下：

项目指标	2012 年 1－6 月	2011 年 1－6 月	变动率
销售收入	5752000	2202000	161.22%
营业费用	630000	225000	180.00%
营业费用率	10.95%	10.22%	
利润额	1070000	560000	91.07%
盈利率	18.60%	25.43%	

操作内容：

根据背景资料请回答下列问题：（从经营指标的变化和原因进行分析）

1. 进行药房现状分析。

2. 进行药房销售收入分析。

3. 进行药房营业费用分析。

4. 进行药房盈利率分析。

5. 进行药房经营业绩分析。

2.3.2 ABC库存分析法

背景资料：

某医药公司库存药品种类繁多，大致分为以下三类：一是类似灵芝、虫草、麝香等贵重中药材；二是一般药品比如抗感染药、解热镇痛抗炎药等；三是介于两者之间的药品，比如循环系统用药、神经系统用药等。试用ABC库存分析法分析应如何对这些药品进行控制。

操作内容：

根据背景资料请回答下列问题：（从ABC库存分析法进行分析）

1. 三类药品分别属于A、B、C哪一类。

2. A、B、C类库存商品分别占品种数和总金额的百分比是多少。

3. 对A类库存药品应如何控制。

4. 对B类库存药品应如何控制。

5. 对C类库存药品应如何控制。

2.3.3 医药商品串货处理

背景资料：

某地药监局在对A药店监督检查时发现，该药店经营的某种胶囊外包装产品序列号、电话防伪查询标识被人为刮掉。而药品包装左侧明确提示：药品包装防伪标识和产品序列号不全均为假药。执法人员当场查封了尚未销售的该种药品。经调查，A药店的药品是从厂家销售员处购进的，由销售员从外省B药店"窜货"而来。厂家销售药品时，每个省有一个固定的产品序列号，该销售员为了达到在本省销售的目的，自行把药品外包装上的产品序列号、电话防伪标识抠掉后，将药品销售给A药店，并为其出具了B药店的销售发票。

对于A药店销售"抠号"药品行为如何处理，执法人员产生了分歧：

有人认为，A药店的行为应按销售假药进行处罚，理由是厂家已明确提示产品序列号、防伪标识没有或不全为假药；有人认为应按劣药进行处罚，此行为违反了《药品管理法》第49条第三款第（六）项的规定；有人认为，应按从非法渠道购进药品进行处罚，因为发票是由B药店开具的，而B药店并不具备药品批发资格。

操作内容：

根据背景资料请回答下列问题：（从商品串货方面进行分析）

1. 本案中存在几个违法行为？并简要说明。

2. 简要介绍什么是串货。

3. 串货的种类有几种。

4. 简要分析串货的原因。

5. 怎样控制和减少串货现象。

第三部分

参考答案

一、医药商品购销员基本要求习题参考答案

编号	答案	编号	答案	编号	答案	编号	答案	编号	答案
1	A	2	A	3	A	4	B	5	A
6	A	7	B	8	B	9	A	10	A
11	B	12	A	13	A	14	A	15	B
16	B	17	B	18	B	19	A	20	D
21	A	22	A	23	C	24	A	25	A
26	C	27	A	28	B	29	C	30	A
31	B	32	B	33	D	34	A	35	C
36	C	37	B	38	D	39	A	40	A
41	B	42	D	43	A	44	C	45	C
46	B	47	C	48	C	49	C	50	D
51	C	52	A	53	B	54	D	55	C
56	B	57	A	58	B	59	C	60	B
61	C	62	C	63	D	64	A	65	C
66	B	67	B	68	C	69	B	70	B
71	B	72	C	73	B	74	B	75	C
76	C	77	A	78	A	79	D	80	B
81	A	82	A	83	A	84	A	85	B
86	D	87	D	88	C	89	A	90	D
91	D	92	A	93	B	94	B	95	C
96	ABCD	97	AC	98	ABC	99	BCE	100	ABCE
101	A	102	A	103	B	104	A	105	B
106	B	107	C	108	D	109	D	110	B
111	A	112	D	113	BCD	114	ABE	115	ABCD
116	ABCD	117	A	118	A	119	C	120	A
121	D	122	D	123	A	124	C	125	A
126	A	127	A	128	A	129	A	130	B
131	B	132	D	133	A	134	A	135	C
136	B	137	A	138	A	139	A	140	A
141	C	142	C	143	A	144	C	145	A
146	B	147	A	148	B	149	C	150	D
151	A	152	A	153	C	154	B	155	A
156	C	157	A	158	B	159	B	160	C
161	A	162	A	163	D	164	B	165	C
166	ABCE	167	BCDE	168	CDE	169	A	170	A
171	A	172	A	173	C	174	D	175	ABD
176	ABCD	177	B	178	A	179	C	180	A
181	B	182	A	183	ABCD	184	BCDE	185	A
186	B	187	B	188	D	189	D	190	B

编号	答案	编号	答案	编号	答案	编号	答案	编号	答案
191	BE	192	AB	193	A	194	B	195	A
196	B	197	D	198	C	199	D	200	C
201	D	202	ABD	203	ABD	204	ABCDE	205	B
206	B	207	B	208	A	209	B	210	A
211	A	212	B	213	B	214	A	215	B
216	C	217	D	218	C	219	B	220	C
221	C	222	D	223	D	224	D	225	B
226	C	227	D	228	B	229	ABCDE	230	ABE
231	ABE	232	ABCDE	233	ACE	234	AB	235	ADE
236	ABC	237	A	238	B	239	A	240	B
241	A	242	B	243	B	244	B	245	C
246	C	247	C	248	D	249	C	250	C
251	A	252	C	253	B	254	CD	255	ABC
256	BD	257	AC	258	BCDE	259	ABD	260	BCD

二、医药商品购销员四级（中级）理论知识参考答案

1. 顾客服务

编号	答案	编号	答案	编号	答案	编号	答案	编号	答案
1	A	2	B	3	A	4	B	5	A
6	B	7	B	8	D	9	B	10	B
11	C	12	B	13	A	14	C	15	D
16	C	17	D	18	B	19	C	20	B
21	C	22	B	23	C	24	C	25	B
26	A	27	B	28	A				

2. 药品介绍

编号	答案	编号	答案	编号	答案	编号	答案	编号	答案
29	B	30	A	31	B	32	B	33	B
34	D	35	C	36	B	37	B	38	C
39	C	40	D	41	A	42	B	43	A
44	C	45	B	46	A	47	A	48	A
49	D	50	D	51	B	52	D	53	A

编号	答案	编号	答案	编号	答案	编号	答案	编号	答案
54	B	55	C	56	C	57	A	58	B
59	B	60	C	61	B	62	A	63	B
64	B	65	D	66	C	67	A	68	A
69	A	70	C	71	B	72	B	73	C
74	B	75	B	76	D	77	B	78	A
79	A	80	B	81	C	82	C	83	D
84	C	85	A	86	A	87	B	88	A
89	A	90	B	91	A	92	B	93	B
94	D	95	C	96	B	97	D	98	A
99	C	100	A	101	B	102	C	103	C
104	D	105	D	106	C	107	B	108	D
109	A	110	A	111	A	112	A	113	C
114	A	115	C	116	A	117	C	118	B
119	A	120	A	121	D	122	B	123	B
124	A	125	A	126	B	127	A	128	A
129	A	130	D	131	B	132	A	133	B
134	D	135	A	136	D	137	B	138	B
139	A	140	B	141	A	142	B	143	D
144	C	145	C	146	C	147	D	148	D
149	B	150	B	151	A	152	B	153	C
154	C	155	C	156	A	157	B	158	A
159	B	160	D	161	A	162	B	163	A
164	D	165	A	166	B	167	C	168	A
169	A	170	B	171	A	172	A	173	D
174	B	175	A	176	A	177	C	178	C
179	B	180	A	181	A	182	A	183	B
184	B	185	B	186	A	187	A	188	A
189	D	190	A	191	C	192	C	193	B
194	D	195	C	196	D	197	A	198	B
199	A	200	A	201	A	202	B	203	A
204	A	205	A	206	B	207	C	208	A
209	B	210	C	211	B	212	A	213	B
214	B	215	A	216	B	217	A	218	B
219	A	220	D	221	D	222	B	223	D
224	A	225	D	226	B	227	D	228	B
229	B	230	A	231	B	232	A	233	B
234	D	235	A	236	D	237	A	238	A
239	B	240	A	241	A	242	A	243	B
244	A	245	A	246	B	247	A	248	D
249	B	250	B	251	B	252	B	253	B
254	B	255	A	256	A	257	C	258	A

编号	答案	编号	答案	编号	答案	编号	答案	编号	答案
259	C	260	C	261	D	262	D	263	C
264	C	265	C	266	A	267	A	268	C
269	A	270	A	271	C	272	B	273	D
274	A	275	C	276	B	277	B	278	A
279	A	280	C	281	B	282	D	283	A
284	C	285	A	286	C	287	B	288	D
289	B	290	C	291	A	292	D	293	B
294	A	295	A	296	A	297	B	298	C
299	A	300	A	301	A	302	B	303	D
304	A	305	B	306	D	307	A	308	C
309	A	310	B	311	A	312	A	313	C
314	A	315	A	316	A	317	A	318	B
319	A	320	C	321	A	322	C	323	A
324	C	325	B	326	A	327	A	328	B
329	A	330	B	331	B	332	B	333	A
334	D	335	A	336	D	337	A	338	A
339	B	340	D	341	B	342	B	343	A
344	C	345	B	346	A	347	D	348	A
349	C	350	B	351	A	352	B	353	B
354	A	355	A	356	A	357	D	358	C
359	B	360	A	361	B	362	A	363	B
364	A	365	A	366	B	367	C	368	D
369	C	370	A	371	C	372	D	373	A
374	A	375	D	376	A	377	C	378	D
379	A	380	C	381	A	382	A	383	C
384	B	385	D	386	B	387	B	388	D
389	B	390	A	391	B	392	A	393	C
394	B	395	C	396	D	397	B	398	B
399	A	400	B	401	B	402	C	403	C
404	B	405	B	406	C	407	C	408	A
409	B	410	A	411	B	412	C	413	B
414	A	415	A	416	B	417	A	418	B
419	B	420	A	421	B	422	C	423	C
424	B	425	D	426	C	427	A	428	B
429	A	430	B	431	C	432	A	433	C
434	D	435	B	436	A	437	D	438	B
439	A	440	C	441	A	442	B	443	A
444	D	445	D	446	B	447	A	448	D
449	A	450	B	451	B	452	A	453	C
454	D	455	B	456	A	457	D	458	B
459	A	460	C	461	B	462	A	463	A

编号	答案	编号	答案	编号	答案	编号	答案	编号	答案
464	D	465	D	466	A	467	A	468	D
469	A	470	A	471	A	472	A	473	D
474	B	475	C	476	C	477	A	478	B
479	A	480	B	481	D	482	B	483	D
484	C	485	A	486	C	487	B	488	B
489	B	490	B	491	B	492	A	493	A
494	D	495	C	496	B	497	B	498	C
499	D	500	D	501	A	502	C	503	C
504	C	505	A	506	D	507	C	508	C

3. 药品购销

编号	答案	编号	答案	编号	答案	编号	答案	编号	答案
509	A	510	A	511	A	512	A	513	B
514	A	515	A	516	B	517	C	518	D
519	C	520	A	521	C	522	A	523	A
524	C	525	D	526	B	527	C	528	A
529	D	530	A	531	C	532	D	533	A
534	C	535	D	536	D	537	A	538	A
539	A	540	A	541	A	542	A	543	A
544	A	545	A	546	C	547	D	548	D
549	D	550	D	551	C	552	D	553	C
554	C	555	D	556	D	557	D	558	A
559	B	560	B	561	A	562	A	563	D
564	A	565	C	566	D	567	A	568	D
569	A	570	A	571	B	572	A	573	B
574	B	575	B	576	B	577	A	578	AA
579	A	580	A	581	C	582	B	583	A
584	B	585	A	586	B	587	C	588	D
589	A	590	C	591	D	592	C	593	C
594	C	595	D	596	B	597	D	598	D
599	D	600	D	601	C	602	C	603	B
604	C	605	C	606	D	607	D	608	D
609	A	610	B	611	C	612	B	613	B
614	B	615	A	616	B	617	B	618	C
619	D	620	D	621	D	622	A	623	A
624	A	625	C	626	A	627	A	628	C
629	B	630	A	631	A	632	A	633	A
634	D	635	C	636	A	637	B	638	D
639	C	640	A	641	B	642	D	643	B
644	D	645	A	646	B	647	D	648	A

编号	答案	编号	答案	编号	答案	编号	答案	编号	答案
649	B	650	A	651	A	652	B	653	A
654	A	655	B	656	C	657	D	658	A
659	D	660	C	661	A	662	D	663	B
664	C	665	B	666	C	667	D	668	D
669	A	670	B	671	A	672	A	673	D
674	A	675	C	676	D	677	A	678	A
679	A	680	A	681	A	682	B	683	A
684	D	685	B	686	C	687	B	688	A
689	C	690	A	691	B	692	D	693	D
694	D	695	C	696	C	697	A	698	B
699	A	700	B	701	B	702	C	703	D
704	C	705	B	706	D	707	D	708	A
709	D	710	B	711	A	712	D	713	A
714	A	715	B	716	A	717	C	718	D
719	C	720	D	721	C	722	B	723	D
724	B								

4. 药品保管养护

编号	答案	编号	答案	编号	答案	编号	答案	编号	答案
725	B	726	A	727	B	728	A	729	B
730	B	731	A	732	B	733	A	734	B
735	A	736	A	737	B	738	A	739	A
740	B	741	A	742	A	743	B	744	B
745	A	746	A	747	B	748	D	749	A
750	C	751	B	752	B	753	A	754	D
755	B	756	B	757	C	758	D	759	C
760	C	761	B	762	B	763	B	764	D
765	C	766	A	767	D	768	B	769	C
770	C	771	B	772	A	773	C	774	B
775	D	776	B	777	C	778	D	779	C
780	D	781	B	782	D	783	A	784	C
785	C	786	A	787	A	788	B	789	B
790	C	791	D	792	B	793	D	794	A
795	C	796	A	797	D	798	A	799	B
800	A	801	D	802	A	803	C	804	B
805	D	806	B	807	C	808	B	809	A
810	C	811	A	812	D	813	B	814	D
815	C	816	A	817	A	818	A	819	A
820	A	821	A	822	A	823	D	824	A
825	B	826	C	827	C	828	C	829	D

编号	答案	编号	答案	编号	答案	编号	答案	编号	答案
830	C	831	C	832	D	833	D	834	A
835	B	836	A	837	C	838	A	839	A
840	A	841	B	842	A	843	A	844	A
845	D	846	A	847	C	848	B	849	D
850	C	851	B	852	D	853	D	854	A
855	D	856	B	857	A	858	B	859	B
860	A	861	C	862	D	863	B	864	A
865	D	866	B	867	A	868	C	869	A
870	B	871	A	872	B	873	B	874	A
875	B	876	A	877	D	878	D	879	B
880	A	881	B	882	A	883	D	884	B
885	C	886	B	887	D	888	A	889	B
890	C	891	A	892	B				

5. 经济核算

编号	答案	编号	答案	编号	答案	编号	答案	编号	答案
893	A	894	A	895	B	896	B	897	B
898	B	899	B	900	C	901	C	902	A
903	A	904	B	905	C	906	D	907	A
908	D	909	D	910	B	911	B	912	D
913	D	914	C	915	D	916	C	917	B
918	C	919	B	920	A	921	B	922	A
923	A	924	B	925	B	926	B	927	B
928	B	929	B	930	B	931	B	932	B
933	B	934	C	935	D	936	C	937	A
938	D	939	A	940	A	941	D	942	C
943	A	944	D	945	D	946	D	947	C
948	C	949	B	950	D	951	A	952	A
953	D	954	B	955	B	956	C	957	C
958	A	959	D	960	A	961	C	962	D
963	A	964	C	965	A	966	D	967	D
968	D	969	A	970	B	971	A	972	B
973	B	974	A	975	B	976	A	977	D
978	A	979	A	980	D	981	A	982	A
983	D	984	D	985	A	986	B	987	D
988	A	989	D	990	B	991	A	992	D

三、医药商品购销员四级（中级）技能操作参考答案

1. 药品介绍

1.1　常用药品的作用、用途、不良反应及注意事项

1.1.1　小儿感冒发热的用药介绍

	评价要素	参考答案
1	根据疾病取出合适的药品	对乙酰氨基酚口服溶液（百服咛）、小儿氨酚黄那敏颗粒（护彤）、小儿氨酚烷胺颗粒（优卡丹）、小儿感冒颗粒、小儿清感灵片、香苏正胃丸。 注：药品没有放回原处降低一档评级。多拿一个药品扣一分。
2	选择题	（1）C　（2）ABDE　（3）B　（4）A　（5）C　（6）BE　（7）A　（8）B
3	简答题	（1）儿童感冒发热无论体温是多少就使用"解热镇痛抗炎药"的作法是不正确的，患儿腋下体温不超过38.5℃时，应让儿童好好休息，多喝开水，适当补充维生素C，当体温大于38.5℃时，应选用"解热镇痛抗炎药"，并关注病因。 （2）小儿高热时不选用复方阿司匹林，因复方阿司匹林会因迅速降温引起大量出汗出现虚脱，易出现毒性反应，6岁以下儿童须慎用，3月龄以下婴儿禁用。

1.1.2　急/慢性支气管炎的用药介绍

	评价要素	参考答案
1	根据疾病取出合适的药品	头孢拉定、氨茶碱、氧氟沙星、盐酸氨溴索、异丙托溴铵、沙丁胺醇。 注：药品没有放回原处降低一档评级。多拿一个药品扣一分。
2	选择题	（1）ADE　　（2）C　　（3）ABCDE　　（4）B　　（5）B （6）B　　（7）C　　（8）C
3	简答题	（1）起病急，先有上呼吸道感染症状。 （2）开始干咳无痰，1~2天后痰量渐多，咳嗽加剧，初为白色黏稠样，后为黏液脓性，偶有痰中带血，可延续2~3周才消失。 （3）全身症状轻，可有发热，38℃左右，3~5天降至正常。 （4）严重时出现气急和喘鸣。 （5）迁延不愈可演变为慢性支气管炎。

1.1.3　肺炎球菌肺炎的用药介绍

	评价要素	参考答案
1	根据疾病取出合适的药品	阿莫西林、头孢唑啉、头孢拉定、琥乙红霉素、克林霉素、左氧氟沙星。 注：药品没有放回原处降低一档评级。多拿一个药品扣一分。
2	选择题	（1）C　（2）ABCD　（3）D　（4）D　（5）ABCDE （6）C　（7）E　　（8）ABC

续表

评价要素		参考答案
3	简答题	（1）诱因：受寒、淋雨、醉酒、过度劳累、精神创伤。 （2）全身症状：起病急，高热，寒战，发热常呈稽留型，伴周身酸痛、乏力等。 （3）呼吸系统症状：咳嗽频繁，初为干咳或少量黏液痰，2~3天后常咳出黏稠的铁锈色痰或血性痰，第4~5天转为黏液性脓痰；胸痛随咳嗽和呼吸加重，病侧卧位可减轻，少数下叶肺炎有下胸部或上腹部疼痛，个别可放射至肩部；呼吸困难，如病变广泛可有气急。

1.1.4 急性胃肠炎的用药介绍

评价要素		参考答案
1	根据疾病取出合适的药品	藿香正气丸、蒙脱石散剂、硫酸庆大霉素缓释片（瑞贝克）、山莨菪碱、多潘立酮、甲氧氯普胺。 注：药品没有放回原处降低一档评级。多拿一个药品扣一分。
2	选择题	（1）A　（2）ABC　（3）A　（4）C　（5）C　（6）ABC （7）C　（8）ABD
3	简答题	（1）病因：大多因饮食不当摄入致病微生物及其毒素引起的。其他的理化因素有：生冷刺激性饮食、药物因素、乙醇、咖啡浓茶等。 （2）消化道症状：恶心呕吐、腹痛腹泻、水样大便。 （3）其他症状：可伴有不同程度发热，或因频繁上吐下泻导致脱水、休克。

1.1.5 消化性溃疡的用药介绍

评价要素		参考答案
1	根据疾病取出合适的药品	复方氢氧化铝、雷尼替丁、法莫替丁、奥美拉唑、硫糖铝、枸橼酸铋钾。 注：药品没有放回原处降低一档评级。多拿一个药品扣一分。
2	选择题	（1）ABD　（2）B　（3）AD　（4）A　（5）C　（6）C （7）D　（8）BCDE
3	简答题	（1）饥饿样不适，灼烧样痛，亦可为胀痛、刺痛，可被碱性药物或进食后缓解。 （2）胃溃疡疼痛大多在餐后0.5~2小时发生。 （3）十二指肠溃疡疼痛在餐后2~4小时发生，持续到下次餐后缓解。 （4）可有反酸、嗳气、恶心、呕吐等症状。

1.1.6 消化系统常见疾病的用药介绍

评价要素		参考答案
1	根据疾病取出合适的药品	枸橼酸铋钾、胃复安、葵花牌胃康灵胶囊、奥美拉唑肠溶胶囊、多潘立酮、猴菇菌片。 注：药品没有放回原处降低一档评级。多拿一个药品扣一分。
2	选择题	（1）A　（2）BC　（3）A　（4）E　（5）D　（6）C （7）B　（8）B

评价要素		参考答案
3	简答题	(1) 胃溃疡的症状：饥饿样不适，灼烧样痛，亦可为胀痛、刺痛，可被碱性药物或进食缓解；上腹疼痛，多出现在餐后0.5~2h，并伴有反酸，嗳气，恶心，呕吐等症状。 (2) 功能性消化不良的症状：上腹饱胀、不适、嗳气、反酸和上腹疼痛。且患者常有神经官能症，但X及胃镜检查无溃疡表现 (3) 表现有时与溃疡病相似，但疼痛无典型节律性，碱性药物不能缓解。典型者疼痛与进食油腻饮食有关，部位在右上腹，可向右肩背放射。

1.1.7 原发性高血压的用药介绍

评价要素		参考答案
1	根据疾病取出合适的药品	吲达帕胺、卡托普利、氨氯地平、氯沙坦、美托洛尔、哌唑嗪。 注：药品没有放回原处降低一档评级。多拿一个药品扣一分。
2	选择题	(1) AE　　(2) C　　(3) B　　(4) D　　(5) D (6) C　　(7) ABE　　(8) D
3	简答题	(1) 起病缓慢，病程长。早期多无症状，偶于体检时发现血压升高。情绪紧张时可有血压升高，休息可缓解。 (2) 一般表现：头痛、头晕、头胀，头部沉重或颈项板紧感。头痛多发于早晨，部位为前额、枕部或颞部。

1.1.8 心绞痛的用药介绍

评价要素		参考答案
1	根据疾病取出合适的药品	硝酸甘油，硝酸异山梨醇酯，硝苯地平，普萘洛尔，复方丹参滴丸，维拉帕米。 注：药品没有放回原处降低一档评级。多拿一个药品扣一分。
2	选择题	(1) B　(2) ABCD　(3) B　(4) C　(5) C (6) B　(7) C　(8) A
3	简答题	(1) 稳定型心绞痛的典型发作诱因：常见于体力劳动与情绪激动后，其次为饱餐、寒冷、吸烟、心动过速等。 (2) 症状：多为压榨性、窒息性或闷胀性、有时伴有濒死的恐惧感而不是锐痛或刺痛，主要发生在胸骨中段或上段之后，可波及心前区，疼痛范围如手掌大小、界线含糊、常放射至左肩内侧达无名指与小指，或至颈、咽、喉部。 (3) 持续时间：一般为3~5分钟，很小超过15分钟。 (4) 缓解方式：立即停止原有活动或舌下含服硝酸甘油可缓解。

1.1.9 泌尿道感染的用药介绍

评价要素		参考答案
1	根据疾病取出合适的药品	复方磺胺甲噁唑、氧氟沙星、头孢曲松、头孢哌酮、呋喃妥因、阿莫西林。 注：药品没有放回原处降低一档评级。多拿一个药品扣一分。
2	选择题	(1) A　　(2) C　　(3) A　(4) C　(5) A　(6) A (7) D　　(8) ABCDE

评价要素		参考答案
3	简答题	(1) 主要表现为尿频、尿急、尿痛等膀胱刺激症状。 (2) 排尿时小腹有明显不适，膀胱区有压痛，可有腰痛，但无肾区叩痛。 (3) 血尿为主，尿液检查有红、白细胞。 (4) 尿液细菌培养阳性。

1.1.10 糖尿病的用药介绍

评价要素		参考答案
1	根据疾病取出合适的药品	胰岛素注射液、消渴丸、二甲双胍、格列齐特、格列本脲、阿卡波糖。 注：药品没有放回原处降低一档评级。多拿一个药品扣一分。
2	选择题	(1) A (2) ABCE (3) A (4) ABDE (5) A (6) C (7) B (8) D
3	简答题	(1) 糖尿病常见症状："三多一少"：多饮、多食、多尿和体重减轻或消瘦、乏力。 (2) 其他症状：皮肤瘙痒、四肢酸痛、麻木、腰痛、性欲减退、阳痿不育、月经失调、便秘等。 (3) 糖尿病酮症酸中毒：原有糖尿病症状加重，呼吸深而大，呼气有烂苹果样味，血糖显著升高、血酮体升高、尿糖和尿酮体强阳性。 (4) 酮体包括：乙酰乙酸、β-羟丁酸及丙酮。

1.1.11 皮肤疾病的用药介绍

评价要素		参考答案
1	根据疾病取出合适的药品	5%硫磺炉甘石洗剂、2%龙胆紫液、阿昔洛韦软膏、克霉唑软膏、红霉素软膏、林可霉素利多卡因凝胶。 注：药品没有放回原处降低一档评级。多拿一个药品扣一分。
2	选择题	(1) B (2) ABCD (3) C (4) B (5) D (6) A (7) D (8) A
3	简答题	(1) 皮损好发于口周、鼻腔等部位。 (2) 皮疹以簇集性水疱为特征，疱液清，壁薄易破。 (3) 伴有全身症状：发热、周身不适、局部淋巴结肿大。 (4) 有自限性，可复发。

1.1.12 过敏性鼻炎的用药介绍

评价要素		参考答案
1	根据疾病取出合适的药品	苯海拉明，氯苯那敏，赛庚啶，酮替芬，西替利嗪，氯雷他定。 注：药品没有放回原处降低一档评级。多拿一个药品扣一分。
2	选择题	(1) BE (2) D (3) A (4) A (5) B (6) D (7) D (8) D

续表

	评价要素	参考答案
3	简答题	常见症状: (1) 眼睛发红发痒及流泪。 (2) 鼻痒,鼻涕多,多为清水涕,打喷嚏。 (3) 继发感染时为脓涕;鼻塞,耳闷;经口呼吸。 常见的并发症: (4) 失眠;鼻窦炎;中耳炎;鼻出血。

2. 药品购销

2.1 客户服务

2.1.1 咨询接待及处理投诉

1. 正确写出咨询接待的步骤

1)倾听顾客咨询。2)重复并确认顾客咨询的问题。3)解决顾客咨询的问题。4)填写"顾客咨询处理记录"。

2. 正确写出咨询接待注意事项

1)不要和顾客争论。2)注意倾听,做好记录。3)抓住顾客所提问题重点。4)认真、耐心给予解决。5)提供咨询服务的同时,抓住时机促成交易。

3. 正确设计《顾客咨询处理表》

顾客咨询处理表

日期:(填表之日)

日期	咨询内容	顾客姓名	顾客住址、电话	接待人	处理意见	处理结果	备注

4. 正确写出处理顾客投诉的基本原则

1)独立权威性。2)及时准确性。3)客观真实性。4)协调合理性。

5. 写出背景资料中处理该事件的基本步骤

1)诚恳地倾听、记录顾客的投诉内容,尽量不和顾客进行辩解。2)对该事件给顾客带来不便表示道歉,并感谢顾客向药店反映情况。3)该事件的责任应由本药店承担。4)提出解决方案。5)将处理过程和结果记录好,并向上级主管部门反映该情况,必要时向供货商反映药品存在的问题。

2.1.2 药品退换货处理程序

1. 写出退换货药品检查过程

1)外观质量。2)药品包装。3)药品批号。4)购货发票。5)确定是本公司出售。

2. 写出正确记录台账过程的要求

1)记录过程完整。2)销售退回药品台账。3)记录在售后服务中。4)字迹清晰,不得涂改。5)记录规范,正确。

3. 写出退换货处理的步骤

1)验证药品。2)正确填写《药品销售退货单》。3)开出红票。4)顾客签名。5)热情送别。

4. 商品退换遵循的基本原则

1)包装没有拆封时,只要确认是本店出售的就可以退换。2)如果包装已被拆,确因商品质量因素投诉,则可以考虑退换。3)非质量因素则一般不予以退换。4)在提供咨询服务的同时,抓住时机促成交易。

2.2 药品购销实务

2.2.1 进行首营品种的审核

1. 正确取出并写出主要的首营药品审核资料

1）药品生产批件或药品注册标准。2）药品检验报告书。3）价格批文。4）药品使用说明书。5）药品样本。

2. 正确取出并写出主要的供货方资料

1）药品经营（生产）许可证。2）营业执照。3）GMP/GSP 认证证书。4）法人委托书。5）销售人员身份证复印件。

3. 正确填制《首次经营药品审批表》

首次经营药品审批表

药品编号	通用品（商品名）	规格	生产企业	证照编号（含 GMP）
	氯雷他定片（开瑞坦）	10mg×6	先灵葆雅	

药品的药理作用、不良反应、注意事项等情况：
药理作用：是一种强力长效的抗组胺药，用于急性或慢性荨麻疹，过敏性鼻炎及其他过敏性皮肤病。
不良反应：个别患者出现荨麻疹、乏力头痛口干等反应。
注意事项：两岁以下儿童、孕妇及哺乳期妇女慎用.

批准文号		质量标准	中国药典	
有效期限	2012 年 04 月 30 日	包装标识		
储存条件	密闭避光	收购实价	10.20	
零售价	16.20	批发价	12.30	
申请原因		市场销售呈现上升趋势，市场前景优。		
采购员意见		同意		
质管部意见				
物价部门意见				
总经理意见				

日期：（填表之日）

2.2.2 执行购销合同

1. 写出执行药品购销合同的程序

1）开单。2）商品交货。3）货款结算。4）清查索赔。5）购销记录。

2. 写出填写购进记录表要求及购进记录保存时间

1）记录真实完整。2）记录要求实事求是。3）要认真填写，不得涂改。4）记录要妥善保管。5）记录必须保存至超过有效期一年，但不得少于三年。

3. 根据背景资料填写《药品购进记录表》

药品购进记录表

购货日期	药品名称	剂型	规格	批号	计量单位	购进数量	生产企业	有效期至	供货单位	购进人员
2011/11/3	新复方大青叶片	片剂	24 片 * 20	20100506	盒	20	山东润华药业	2013/05	利群医药公司	签名
2011/11/3	藿香正气水	水剂	10ml * 10	20110827	盒	10	齐鲁药厂	2013/08	利群医药公司	签名
2011/11/3	牛磺酸颗粒	颗粒剂	0.4g * 12	20100515	盒	6	北京首尔药厂	2012/05	利群医药公司	签名

续表

购货日期	药品名称	剂型	规格	批号	计量单位	购进数量	生产企业	有效期至	供货单位	购进人员
2011/11/3	盐酸西替利嗪片（西可韦）	片剂	10mg×12	20100710	盒	5	苏州东瑞制药有限公司	2012/07	利群医药公司	签名
2011/11/3	布洛芬缓释胶囊（芬必得）	胶囊剂	300mg×20	20111015	盒	10	中美天津史克制药有限公司	2012/10	利群医药公司	签名
2011/11/3	复方酮康唑软膏	软膏剂	7g	20100212	盒	20	青岛国风药业有限公司	2012/02	利群医药公司	签名

2.2.3 客户拜访

1. 访谈前的准备工作

1）准备整理本企业相关资料（产品、证书、企业信誉资料等）。2）准备和整理客户第一手资料（姓名、性格、职务、嗜好等）。3）确定拜访方式（面谈、电话、邮件、信函等）。4）确定拜访时间（双方适合的时间）。5）拟定拜访计划（知己知彼，百战不殆）。

2. 拜访时注意事项

1）说好第一句话，给客户提供恰当好处的利益（找到说话的契机）。2）多倾听，注意察言观色（多听、多了解情况，视线接触；姿势；手势；面部表情；行动；语速；空间距离等）。3）让客户自我感觉好（让客户感到他在帮助你，非他莫属）。4）注意销售者的态度（遵循顾客是上帝的销售理念）。5）尽可能地满足客户需求。（最大空间的进行销售成功的可能性）。

3. 根据提供的背景资料，填制《客户拜访计划表》（表格必须填满内容）。

客户拜访计划表

销售员：李斌　　　　　　　　　　　　　　　　　日期：（填表之日）

序号	企业名称	拜访对象	职务	拜访目的	预期达到的目标	参加人数
1	复兴大药房有限公司	万敏	经理			

日程安排								

出发		离开		交通工具	访谈对象	职务	时间统计	
地点	时间	地点	时间				路途时间	访谈时间
								15分钟
					合计			

注：根据自己的学习及工作经验进行填制此表。

2.2.4 建立客户档案

1. 如何确定客户

1）客户有购买力。2）客户有需求。3）企业（产品）有优势。4）从潜在客户中挖掘现实顾客。

2. 正确演示客户培育的过程

1）拜访前的准备工作。2）接近客户，讲解示范。3）处理障碍，相互沟通。4）缔结。5）拜访后总结，跟踪和维持。

3. 根据提供的资料正确填制《客户档案记录表》（表格必须填满内容）。

顾客档案记录表

姓名：王 刚	年龄：68 岁		性别：男	建档日期：（填表之日）
住址：华亭路 65 号 222 室		疾病性质：高血压		联系方式：66666666
所购药品名称：		规格：	单价：	数量：
首次购买药品时间：		再次购买时间：		
提供健康指导：		医药咨询服务：		
顾客的要求： 定期上门测量血压；定期反馈用药情况；送药上门。				
				记录人：

注：根据自己推荐的降压药品进行填制此表。

2.2.5 编制销售计划

1. 分析现状并确定销售目标

1）产品市场的规模大（广州市场零售药店眼科外用制剂年销售约 1.8 亿元，市场容量大。）。2）竞争对手多（与曼秀雷敦、正大福瑞达、日本的中新强力珍珠滴眼液等品牌竞争。）。3）产品有特点。具有竞品所没有的"防治假性近视"等产品独特功能。4）消费者特点。学生、白领阶层、上网一族等。5）销售渠道：以 OTC 为主。6）宏观环境：上海、北京、广州等一类城市经济发达，消费者购买力比较强。

2、制定销售策略

1）产品定位：中成药制剂，具有"防治假性近视"、"消除眼疲劳"、"预防视力下降"等产品独特功能。2）围绕核心消费者（学生），并扩大消费群体，可延伸至白领阶层、上网一族等重点消费人群。3）通过主题活动针对学生进行"防治假性近视"、"预防视力下降"产品功能宣传；对白领阶层、上网一族则侧重"消除眼疲劳"、"预防视力下降"产品功能宣传。4）通过对零售药店从业人员的产品教育进行终端拦截，促进单店品种销售机会。5）在零售药店终端针对最终消费者进行营业推广（如：主题推广、附送赠品、特价销售等等）。

3、编制销售计划

1）销售目标（要量化）。2）销售对象。3）销售方式。4）销售费用（列举费用项目）。5）销售利润。6）市场占有率。7）人员及物料准备。

2.2.6 药品调价操作

1. 根据所给调价通知单填写药品变价单，确认新售价变更账面库存金额。

同济大药房商品变价单

货号	品名规格	单位	库存数量	原售单价（元）	新售单价（元）	加或减	单位差价（元）	增加金额							减少金额						
								万	千	百	十	元	角	分	万	千	百	十	元	角	分
4431222	同仁堂乌鸡白凤丸（10 丸）	盒	35	10.50	8.00	－	2.50									¥	8	7	5	0	

续表

货号	品名规格	单位	库存数量	原售单价（元）	新售单价（元）	加或减	单位差价（元）	增加金额							减少金额						
								万	千	百	十	元	角	分	万	千	百	十	元	角	分
4 4 2 4 0 0	哈药牌钙铁锌口服液 10ML ＊12 支	盒	30	19.80	14.90	－	4.90									¥	1	4	7	0	0
合计																¥	2	3	4	5	0

制单人： 日期：2013 年 12 月 17 日

2. 根据商品变价单内容填写《商品标价签》。

3. 填制商品标价签应注意事项

1）价格调高时，应将原价格标签去掉，以免顾客产生抗拒心理。2）价格调低时，可将现价打在原价格标签上，使顾客进行价格对比后促进交易。3）一个商品货位上不能同时出现两个不同价格的标签，以免引起争议。4）标签价格应清晰，以免造成不必要的争议。5）促销期过后应及时更换价格标签，以免造成经济损失。

2.3 经济核算

2.3.1 应收、应付账款的处理

1. 预防债务发生的方法。

1）考察客户信用度（收集多方资料对客户信用度进行分析）。2）确定信用限度额（对客户，唯有在所确定金额限度内的信贷，才是安全的；也只有在这

一范围内的信贷，才能保证客户业务活动的正常开展）。

3）客户信用调查方法（金融机构；专业资信调查机构；客户或行业组织；内部调查；个人调查；对企业调查；（选两种））。4）确定信用度的方法（销售额测定法；周转资产分割法；流动比率法；净资产分割法；综合判断法）（选两种）。

2. 收账技巧

1）借助行政干预手段。2）借助金融机构监督职能。3）利用经济抗衡手段。4）中断合作关系手段。

3. 收账策略

1）"强硬型"债务人的策略。2）"合作型"债务人的策略。3）"感情型"债务人的策略。4）"固执型"债务人的策略。

2.3.2 盘点操作

1. 写出盘点前的准备工作

1）进行环境整理。2）进行商品整理。3）进行单据整理。4）准备好盘点工具。

2. 写出盘点流程

1）清点药品。2）核对出库记录。3）核对销售记录。4）正确填制盘点表。

3. 正确填制《商品盘点表》

商品盘点表

部门：开心人大药房　　　　　年　　月　　日　　　　　货架编号：

货号	品名	规格	数量	零售价（元）	金额（元）	复点	抽点	差异
A0001	xxx	25mg/片	12	128.00	1536	13	13	+1
B0002	yyy	50mg/片	15	26.60	399	14	/	−1
C0003	zzz	100mg/片	50	25.00	1250	50	50	0
小计					3185			

抽点：张力　　　　　复点：陈民　　　　　初点：王梅

2.3.3 营业利润额指标计算

1. 根据资料一，写出公式并计算毛利、毛利率、销售扣率

毛利 = 商品销售收入 − 商品销售成本 = 210000 − 176400 = 33600 元

毛利率 =（毛利/商品销售额）= 33600/210000 = 16%

销售扣率 =（进价/零售价）× 100% = 5/8 = 62.5%

2. 根据资料二，写出公式并计算流转税、城建税、教育附加费、企业所得税

流转税 = 销售收入 × 流转税率 = 210000 × 4% = 8400 元

城建税 = 流转税 × 7% = 8400 × 7% = 588 元

教育附加费 = 流转税 × 3% = 8400 × 3% = 252 元

企业所得税 =（销售收入 − 流转税）× 0.5% =（210000 − 8400）× 0.5% = 1008 元

3. 根据资料三，写出公式并计算税金总额、费用、营业利润。

税金总额 = 流转税 + 城建税 + 教育附加税 + 企业所得税 = 8400 + 588 + 252 + 1008 = 10248 元

费用 = 销售费用 × 费用率 = 210000 × 10% = 21000 元

营业利润 = 毛利 − 费用 − 税金总额 = 33600 − 21000 − 10248 = 2452 元

3. 药品验收与养护

3.1 药品的日常养护

3.1.1 药品的验收及入库

1. 药品验收的依据

1）国产药品

• 药品国家标准：《中国药典》和《国家药品标准》。

• 企业药品标准：药品生产企业的内部标准。

• 企业药品标准要求不能低于法定药品标准。

2）进口药品

•《进口药品检验报告书》或《医药产品注册证》和《进口药品注册证》。

3）药品购销合同

2. 药品验收的方法、场所和时限

1）验收方法：逐批验收。2）验收场所：在符合要求的规定场所（待验区）验收。3）验收时限：在规定的时限内完成（一般为当天）。

3. 写出药品验收的内容。

1）数量点收。2）内、外包装的检查、核对标签和说明书。3）药品出厂检验报告或产品合格证的检查。4）药品外观性状的检查。5）进口药品、外用药品、中药材中药饮片、首营品种、销后退回药品等有特殊要求的药品验收。

4. 填写《药品验收记录表》（要求：记录项目齐全；不得打"√"；品名与供货单位不用简称）

药品验收记录表

日期	供货企业	生产企业	药品名称	规格	数量	生产批号	有效期	验收结论	验收员
2012/5/4	华谊医药公司	上海施贵宝制药有限公司	双分伪麻片/美扑伪麻片	日片×8 夜片×4	20	1105561	2014/04	合格	（签名）
2012/5/4	华谊医药公司	深圳市制药厂	复方磷酸可待因溶液	120ml	10	20110827	2014/07	合格	（签名）
2012/5/4	华谊医药公司	上海先灵葆雅制药有限公司	氯雷他定片	10mg×6	6	11ERXF1005	2014/05/05	合格	（签名）
2012/5/4	华谊医药公司	苏州东瑞制药有限公司	盐酸西替利嗪片	10mg×12	5	1012022	2012/12	近效期	（签名）
2012/5/4	华谊医药公司	中美天津史克制药有限公司	布洛芬缓释胶囊	300mg×20	10	10110054	2013/10	合格	（签名）
2012/5/4	华谊医药公司	上海宝龙药业有限公司	复方酮康唑软膏	7g	20	110301	2013/02	近效期	（签名）

3.1.2 药品日常养护及档案填写

1. 药品在库养护原则及养护人员任务。

1）养护原则："预防为主"。

2）养护人员任务：①安全储存、减低消耗。②科学养护、保证质量。③收发迅速、避免事故。

2. 药品养护室设施要求

1）药品批发和零售连锁企业应在仓库设置验收养护室。2）养护室面积大型企业不小于 50 ㎡，中型企业不小于 40 ㎡，小型企业不小于 20 ㎡。3）养护室应配备仪器：千分之一天平、澄明度检测仪、标准比色液等。4）养护室必要设备：防潮、防尘设备。

3. 药品养护注意事项

1）养护员应具高中及以上文化程度，并经岗位培训考核合格后方可上岗。2）养护员应进行健康检查，并建立继续教育档案。3）养护员应定期接受企业组织的继续教育，并建立继续教育档案。4）所有养护设备应做好使用记录，并定期检查和保养。

4. 填写《药品养护检查记录表》（要求：记录项目齐全；不得打"√"；品名与供货单位不用简称）

药品养护检查记录表

序号	货位	通用名	商品名	规格	生产企业	批号	有效期至	单位	数量	质量状况	处理结果	备注
1	4－2－4－3	双分伪麻片/美扑伪麻片	日夜百服咛	日片×8夜片×4	上海施贵宝制药有限公司	201104561	2014/03	盒	20	正常		
2	3－3－5－5	复方磷酸可待因溶液	联邦止咳露	120ml	深圳市制药厂	20110427	201403	瓶	10	正常		
3	4－3－2－5	氯雷他定片	开瑞坦	10mg×6	上海先灵葆雅制药有限公司	2011ERXF1405	20140505	盒	6	正常		
4	4－3－2－6	盐酸西替利嗪片	西可韦	10mg×12	苏州东瑞制药有限公司	20110312022	201402	盒	5	正常		
5	4－2－4－4	布洛芬缓释胶囊	芬必得	300mg×20	中美天津史克制药有限公司	20100854	201207	盒	10	近效期	催销	
6	1－3－5－3	复方酮康唑软膏		7g	上海宝龙药业有限公司	20110301	201402	瓶	20	正常		

3.2 不合格药品、退货药品的处理

3.2.1 到效期药品的判定和处理

1. 药品有效期？药品的有效期是如何制定的？

1）药品有效期是指药品在一定储存条件下能够保证质量的期限。2）药品有效期是根据药品稳定性不同，并通过药品稳定性实验研究和留样观察。合理制定。

2. 药品清单中哪些药品需填报效期药品催销表？为什么？

1）盐酸西替利嗪片（西可韦），有效期不满一年。2）布洛芬缓释胶囊（芬必得），有效期不满一年。3）复方酮康唑软膏，有效期不满一年。

3. 药品清单中哪些药品已到期？如何处理？

1）氯雷他定片。2）已超出有效期。3）禁止出库，上报质量管理部门，存入不合格库，进行报废处理。

4. 填写《不合格药品明细表》

不合格药品明细表

序号	日期	药品名称	规格	数量	生产企业	生产批号	有效期	不合格原因	处理结果
1	2012.6.06	氯雷他定片	10mg＊6	6	上海先灵葆雅制药有限公司	09ERXF0505	2012－05－05	已过效期	上报质管部门，报废

审核人 ＊＊＊ 　　　　填报人 ＊＊＊ 　　　　填报日期 ＊＊＊＊＊＊＊

3.2.2 包装不合格药品的判定与处理

1. 写出药品包装原因导致药品不合格的类型。

1）包装变形或破损。2）药品包装的标签和所附说明书上应有的项目缺项。3）药品的每件包装中缺产品合格证。4）进口药品其包装的标签没以中文注明药品的名称、主要成分以及注册证号，没有中文说明书。5）中药材及中药饮片没有包装，没有质量合格的标志。6）中药材的包装上没有标明品名、产地、供货单位；中药饮片的包装上没有标明品名、生产企业、生产日期等。7）实施批准文号管理的中药材和中药饮片，在包装上没有标明批准文号。

2. 包装不合格药品的处理。

1）不合格药品经质量管理部门确认，存放在不合格品库（区），并有明显的标志。2）如果是供应方原因，向供应方提出赔偿交涉或退货，并填写"退货通知单"。3）如果是储存过程中造成的，填写"不合格药品确认表"和"不合格药品报损审批表"。分析药品不合格原因，对事故责任人进行教育和处理，同时制定预防措施。4）由专职人员集中定期销毁。5）不合格药品的确认、报告、报损、销毁应有完善的手续和记录。

3. 填写《不合格药品确认报告表》（要求：记录项目齐全；不得打"√"；品名与供货单位不用简称）

不合格药品确认报告表

药品名称	急支糖浆		规格	200ml	数量	10
生产企业	太极集团涪陵制药厂			供货企业	华谊医药公司	
生产批号	20110827	有效期		201407	金额（元）	131.00
不合格原因	包装不合格		保管员：※※※ 年 月 日			
确认意见	同意报损		质量员：※※ 年 月 日			

3.2.3 变质药品的判定与处理

1. 写出由于药品质量导致药品不合格的类型

1）药品变质。2）药品超过有效期。3）药品被污染。4）其他原因不符合药品标准

2. 包装不合格药品的处理。

1）不合格药品经质量管理部门确认，存放在不合格品库（区），并有明显的标志。2）如果是供应方原因，向供应方提出赔偿交涉或退货，并填写"退货通知单"。3）如果是储存过程中造成的，填写"不合格药品确认表"和"不合格药品报损审批表"。分析药品不合格原因，对事故责任人进行教育和处理，同时制定预防措施。4）由专职人员集中定期销毁。5）不合格药品的确认、报告、报损、销毁应有完善的手续和记录。

3. 填写《报损药品销毁单》（要求：记录项目齐全；不得打"√"；品名与供货单位不用简称）

报损药品销毁单

填报日期： 年 月 日

品名规格	急支糖浆 200ml			批号		20110827
数量	10			来源		华谊医药公司
判定依据	霉变、酸败等			检验单号		******
提出销毁人	***	日期	******	销毁方法		焚烧、掩埋等
批准销毁人	***	销毁地点	***			
销毁人	***				销毁日期	******
监督人	***				销毁地点	******
备注						
品名规格	急支糖浆 200ml			批号		20110827
数量	10			来源		华谊医药公司
判定依据	霉变、酸败等			检验单号		******
提出销毁人	***	日期	******	销毁方法		焚烧、掩埋等
批准销毁人	***	销毁地点	***			
销毁人	***				销毁日期	******
监督人	***				销毁地点	******
备注						

四、医药商品购销员三级（高级）理论知识参考答案

1. 药品推介

编号	答案	编号	答案	编号	答案	编号	答案	编号	答案
1	B	2	B	3	A	4	A	5	D
6	B	7	C	8	D	9	C	10	B
11	C	12	C	13	BDE	14	BCD	15	ABE
16	ABCE	17	A	18	B	19	A	20	A
21	B	22	D	23	B	24	A	25	D
26	C	27	B	28	A	29	D	30	C
31	B	32	BC	33	AB	34	AE	35	CE
36	ACD	37	A	38	A	39	B	40	B
41	C	42	D	43	A	44	C	45	A
46	ABDE	47	ABCD	48	AC	49	A	50	B
51	B	52	B	53	B	54	A	55	D
56	D	57	A	58	C	59	B	60	C
61	BC	62	ACE	63	AB	64	BCD	65	B
66	A	67	A	68	C	69	B	70	A
71	C	72	C	73	A	74	BCDE	75	BC

编号	答案	编号	答案	编号	答案	编号	答案	编号	答案
76	ABD	77	B	78	A	79	B	80	A
81	A	82	A	83	C	84	B	85	A
86	C	87	C	88	D	89	BDE	90	ABE
91	BCDE	92	AB	93	B	94	B	95	C
96	C	97	C	98	A	99	ACD	100	ACE
101	A	102	B	103	D	104	ABDE	105	B
106	A	107	A	108	B	109	A	110	C
111	D	112	B	113	D	114	ACD	115	BD
116	BCE	117	B	118	A	119	A	120	B
121	C	122	B	123	C	124	B	125	A
126	CE	127	A B E	128	DE	129	A	130	B
131	B	132	D	133	C	134	B	135	C
136	C	137	D	138	ACD	139	ACE	140	AC
141	A	142	B	143	B	144	A	145	A
146	D	147	B	148	C	149	A	150	C
151	B	152	D	153	A C E	154	ABC	155	ACDE
156	AE	157	A	158	A	159	A	160	A
161	C	162	D	163	C	164	D	165	C
166	ACE	167	BDE	168	ABCD	169	A	170	B
171	B	172	B	173	B	174	B	175	D
176	B	177	C	178	D	179	C	180	B
181	C	182	A	183	A	184	C D	185	CDE
186	ABE	187	BCD	188	ABCE	189	A	190	A
191	B	192	D	193	A	194	C	195	A
196	D	197	B	198	ABCE	199	ACDE	200	ABD
201	B	202	B	203	B	204	A	205	C
206	D	207	ABC	208	ABCD	209	A	210	B
211	A	212	D	213	D	214	B	215	BC
216	BCDE	217	B	218	B	219	C	220	A
221	A	222	B	223	ABE	224	ACE	225	B
226	B	227	A	228	A	229	A	230	A
231	B	232	D	233	B	234	D	235	A
236	B	237	A	238	D	239	B	240	D
241	B	242	D	243	AB	244	ABDE	245	ABDE
246	BCD	247	BCD	248	ACD	249	A	250	A
251	B	252	A	253	B	254	A	255	B
256	B	257	A	258	B	259	A	260	D
261	B	262	D	263	A	264	A	265	C
266	D	267	A	268	A	269	D	270	A
271	B	272	A	273	BCD	274	ABDE	275	ABC
276	BE	277	ABCE	278	ABCD	279	ABE	280	AB

编号	答案	编号	答案	编号	答案	编号	答案	编号	答案
281	A	282	A	283	A	284	B	285	A
286	D	287	A	288	A	289	C	290	D
291	B	292	A	293	B	294	A	295	B
296	ABCE	297	BE	298	CD	299	CD	300	ABCE
301	A	302	A	303	B	304	C	305	C
306	B	307	B	308	C	309	B	310	ABCD
311	ACDE	312	ABC	313	B	314	A	315	A
316	A	317	B	318	C	319	B	320	A
321	B	322	A	323	D	324	C	325	ABCD
326	ACD	327	ABCE	328	BE	329	A	330	B
331	A	332	D	333	C	334	A	335	A
336	C	337	D	338	ACD	339	ABCD	340	CE
341	B	342	A	343	B	344	C	345	B
346	C	347	A	348	D	349	A	350	ABD
351	AB	352	ACE	353	B	354	A	355	A
356	A	357	D	358	A	359	C	360	B
361	D	362	B	363	C	364	B	365	ABC
366	ACDE	367	BCDE	368	AC	369	A	370	A
371	B	372	A	373	B	374	A	375	A
376	C	377	C	378	A	379	C	380	B
381	B	382	D	383	B	384	D	385	B
386	C	387	ACE	388	CE	389	BD	390	AC
391	ABDE	392	BC	393	A	394	B	395	B
396	A	397	B	398	D	399	A	400	A
401	B	402	C	403	D	404	D	405	A
406	B	407	C	408	ABCE	409	CD	410	ABC
411	CDE	412	ACE	413	A	414	B	415	B
416	A	417	B	418	D	419	ABC	420	ABC
421	B	422	B	423	D	424	C	425	A
426	B	427	CD	428	DE	429	B	430	A
431	A	432	ACE	433	A	434	A	435	B
436	B	437	A	438	B	439	ACE	440	AD
441	B	442	A	443	B	444	D	445	C
446	A	447	C	448	B	449	A	450	BDE
451	AB	452	ABCD	453	B	454	A	455	B
456	A	457	D	458	B	459	B	460	D
461	C	462	D	463	B	464	D	465	ABC
466	BDE	467	ABC	468	CE	469	B	470	A
471	A	472	A	473	D	474	A	475	BCDE
476	ABCD	477	B	478	B	479	D	480	BCD

编号	答案	编号	答案	编号	答案	编号	答案	编号	答案
481	A	482	A	483	B	484	A	485	B
486	A	487	A	488	B	489	D	490	A
491	B	492	B	493	BCDE	494	ACD	495	ABCD
496	BCDE	497	A	498	B	499	A	500	B
501	B	502	A	503	B	504	A	505	B
506	C	507	D	508	B	509	B	510	A
511	A	512	B	513	A	514	C	515	D
516	B	517	A	518	B	519	B	520	C
521	AD	522	BC	523	DE	524	BCDE	525	ABE
526	ACDE	527	ACDE	528	ACDE	529	A	530	A
531	B	532	B	533	A	534	A	535	D
536	C	537	D	538	C	539	A	540	C
541	A	542	C	543	A	544	BCDE	545	ABCD
546	ACE	547	ABCD	548	ABCD	549	A	550	B
551	A	552	C	553	D	554	C	555	A
556	C	557	B	558	ABC	559	ACE	560	ABDE
561	A	562	C	563	C	564	ABCD	565	B
566	C	567	D	568	CD	569	A	570	C
571	D	572	ABCD	573	A	574	B	575	A
576	A	577	A	578	A	579	D	580	B
581	A	582	C	583	A	584	D	585	C
586	C	587	B	588	ABCD	589	BCE	590	ABDE
591	ABCD	592	ABCD	593	A	594	A	595	B
596	B	597	C	598	A	599	A	600	C
601	D	602	D	603	C	604	A	605	ACD
606	BC	607	ABCD	608	BCDE	609	A	610	A
611	A	612	B	613	A	614	A	615	B
616	B	617	B	618	C	619	B	620	C
621	A	622	C	623	A	624	ABC	625	ABC
626	ABCE	627	BE	628	ACDE				

2. 药品营销

编号	答案	编号	答案	编号	答案	编号	答案	编号	答案
629	A	630	A	631	B	632	B	633	A
634	B	635	A	636	A	637	A	638	B
639	B	640	B	641	A	642	B	643	A
644	B	645	A	646	B	647	A	648	B
649	B	650	B	651	C	652	C	653	B
654	B	655	C	656	B	657	B	658	B

编号	答案	编号	答案	编号	答案	编号	答案	编号	答案
659	A	660	D	661	A	662	D	663	A
664	B	665	C	666	B	667	D	668	D
669	C	670	A	671	B	672	B	673	A
674	D	675	B	676	C	677	A	678	C
679	A	680	C	681	A	682	A	683	B
684	B	685	C	686	C	687	D	688	D
689	BC	690	ABCD	691	AB	692	ABD	693	ABCDE
694	ABCD	695	AD	696	C	697	ABCDE	698	ABCDE
699	ABC	700	ABCD	701	ABCDE	702	ABCDE	703	BCD
704	ABCD	705	ACDE	706	BCE	707	ABD	708	BCDE
709	A	710	B	711	B	712	B	713	A
714	B	715	B	716	A	717	B	718	D
719	B	720	A	721	D	722	B	723	D
724	B	725	D	726	B	727	B	728	A
729	C	730	C	731	D	732	C	733	ABCDE
734	AB	735	CDE	736	BCDE	737	ABCDE	738	ABCDE
739	ABCD	740	BCD	741	A	742	A	743	A
744	B	745	B	746	A	747	A	748	A
749	B	750	B	751	B	752	B	753	D
754	C	755	A	756	D	757	A	758	B
759	C	760	A	761	C	762	B	763	B
764	A	765	A	766	B	767	B	768	A
769	C	770	A	771	A	772	C	773	A
774	C	775	C	776	C	777	ABDE	778	ABCDE
779	ABCD	780	DE	781	ABCDE	782	ABDE	783	ABCE
784	ABCDE	785	ABC	786	BCDE	787	ABCDE	788	ABCE
789	A	790	A	791	B	792	B	793	A
794	A	795	B	796	A	797	A	798	A
799	A	800	A	801	A	803	A	803	B
804	B	805	B	806	B	807	A	808	A
809	A	810	B	811	A	812	A	813	A
814	A	815	A	816	B	817	B	818	A
819	A	820	B	821	C	822	B	823	A
824	D	825	A	826	C	827	B	828	C
829	D	830	C	831	A	832	B	833	C
834	B	835	A	836	B	837	A	838	A
839	D	840	B	841	D	842	D	843	A
844	D	845	D	846	A	847	D	848	D

续表

编号	答案	编号	答案	编号	答案	编号	答案	编号	答案
849	B	850	C	851	B	852	A	853	C
854	D	854	B	856	D	857	B	858	A
859	A	860	A	861	C	862	A	863	B
864	C	865	A	866	C	867	A	868	C
869	D	870	D	871	D	872	A	873	D
874	B	875	D	876	D	877	C	878	C
879	C	880	A	881	B	882	B	883	D
884	B	885	ABC	886	ABC	887	ABCD	888	ABCDE
889	ABC	890	ABCE	891	ABCDE	892	ABCD	893	ABCDE
894	ACD	895	ACD	896	ABCDE	897	AB	898	ABE
899	ABC	900	ABC	901	ABD	902	ABCE	903	ABCE
904	ABCDE	905	ABCDE	906	AB	907	ABD	908	ABCDE
909	ABCDE	910	ABC	911	BCDE	912	ABCDE	913	BCDE
914	ABC	915	ABCD	916	ABCDE	917	A	918	B
919	A	920	A	921	B	922	A	923	B
924	A	925	A	926	B	927	A	928	A
929	A	930	A	931	B	932	B	933	A
934	D	935	B	936	B	937	B	938	B
939	B	940	A	941	B	942	C	943	C
944	B	945	D	946	C	947	B	948	B
949	D	950	A	951	D	952	C	953	B
954	A	954	A	956	A	957	C	958	B
959	C	960	D	961	B	962	C	963	A
964	D	965	D	966	C	967	B	968	ABCDE
969	ABCD	970	ABCDE	971	ABCDE	972	ABCDE	973	ABDE
974	BDE	975	ABC	976	ABDE	977	ACE	978	AD
979	ABCDE	980	ACDE	981	ABCDE	982	ABC	983	ABDE
984	ABCD	985	A	986	B	987	A	988	A
989	A	990	B	991	B	992	B	993	A
994	B	995	A	996	B	997	A	998	B
999	C	1000	C	1001	C	1002	B	1003	C
1004	B	1005	B	1006	D	1007	C	1008	B
1009	B	1010	D	1011	A	1012	A	1013	D
1014	A	1015	D	1016	C	1017	B	1018	B
1019	C	1020	D	1021	D	1022	A	1023	B
1024	BD	1025	BC	1026	ABCDE	1027	ABCDE	1028	ABCDE
1029	ACDE	1030	CE	1031	ABC	1032	AE	1033	BCD
1034	BCDE	1035	ABCDE	1036	ABCDE	1037	B	1038	A
1039	A	1040	A	1041	B	1042	B	1043	A

续表

编号	答案	编号	答案	编号	答案	编号	答案	编号	答案
1044	A	1045	A	1046	A	1047	D	1048	C
1049	B	1050	A	1051	D	1052	D	1053	B
1054	A	1055	A	1056	C	1057	A	1058	D
1059	C	1060	D	1061	C	1062	C	1063	D
1064	A	1065	D	1066	D	1067	BCD	1068	ABCD
1069	ABD	1070	ABC	1071	ABC	1072	ABCD	1073	ABCDE
1074	ABCD	1075	BCD	1076	BCDE	1077	A	1078	B
1079	B	1080	B	1081	B	1082	D	1083	B
1084	A	1085	A	1086	A	1087	B	1088	D
1089	ABCDE	1090	ABCD	1091	ABE	1092	BD	1093	B
1094	B	1095	A	1096	B	1097	B	1098	A
1099	B	1100	B	1101	A	1102	B	1103	A
1104	A	1105	B	1106	C	1107	A	1108	B
1109	C	1110	A	1111	C	1112	D	1113	A
1114	B	1115	B	1116	A	1117	C	1118	A
1119	B	1120	C	1121	D	1122	D	1123	B
1124	B	1125	A	1126	C	1127	D	1128	B
1129	ABC	1130	ABCDE	1131	ABDE	1132	ABCD	1133	ABDE
1134	AB	1135	ABCDE	1136	ABCDE	1137	ABCDE	1138	BCE
1139	ABCDE	1140	AC	1141	A	1142	A	1143	B
1144	A	1145	A	1146	B	1147	A	1148	A
1149	B	1150	A	1151	A	1152	B	1153	C
1154	C	1155	A	1156	B	1157	B	1158	C
1159	B	1160	A	1161	B	1162	B	1163	B
1164	B	1165	B	1166	A	1167	B	1168	B
1169	B	1170	A	1171	C	1172	D	1173	B
1174	ABCDE	1175	ACE	1176	AB	1177	ABC	1178	ABC
1179	AB	1180	ABCDE	1181	ABCD	1182	ABCD	1183	ABCDE
1184	AB								

3. 药品保管养护

编号	答案	编号	答案	编号	答案	编号	答案	编号	答案
1185	B	1186	A	1187	B	1188	D	1189	A
1190	A	1191	B	1192	D	1193	C	1194	AE
1195	ABCDE	1196	ACDE	1197	A	1198	B	1199	A
1200	B	1201	A	1202	A	1203	B	1204	D
1205	A	1206	B	1207	D	1208	D	1209	C

编号	答案	编号	答案	编号	答案	编号	答案	编号	答案
1210	B	1211	C	1212	AC	1213	ACDEF	1214	BC
1215	ACF	1216	ABCE	1217	A	1218	B	1219	B
1220	C	1221	B	1222	B	1223	D	1224	A
1225	C	1226	ACDE	1227	BDE	1228	ABCE	1229	A
1230	A	1231	A	1232	B	1233	A	1234	D
1235	C	1236	B	1237	B	1238	C	1239	A
1240	A	1241	C	1242	C	1243	D	1244	ABCD
1245	ABCDE	1246	ACD	1247	CDF	1248	ABCD	1249	A
1250	A	1251	A	1252	B	1253	D	1254	B
1255	ABE	1256	ABD						

五、医药商品购销员三级（高级）技能操作参考答案

1. 药品推介

1.1 疾病一般鉴别及药物作用机理

1.1.1 流行性感冒

评价要素		参考答案
1	主要临床表现	1）鼻塞、流涕、喷嚏。 2）咽部充血、干痒作痛、声嘶、干咳。 3）畏寒、高热、乏力、食欲减退。 4）头痛、全身酸痛等。
2	类似疾病鉴别	1）普通感冒：起病较缓，全身症状较轻，上呼吸道症状明显。 2）流行性脑脊髓膜炎：有明显季节性，且儿童多见。早期有剧烈头痛，颈强直等脑膜刺激征症状。 3）麻疹：初期症状与本病相似，注意当地流行情况。起病后 2～3 天后颊黏膜出现科氏斑，3～5 天出现红色皮疹。 4）钩端螺旋体病：有明显的腓肠肌疼痛，眼结膜充血、腹股沟淋巴结肿大等特征。
3	药品展示与推荐	1）复方对乙酰氨基酚：用于发热、头痛、全身肌肉酸痛者。 2）利巴韦林：抗病毒药。 3）阿莫西林：属于青霉素类抗菌药物，用于合并细菌感染的流感患者。 4）复方氨酚烷胺：用于感冒和流行性感冒。 5）双黄连适用于风热感冒。 6）正柴胡饮适用于风寒感冒。

评价要素		参考答案
4	药品作用机理	1）复方对乙酰氨基酚：主要成分为对乙酰氨基酚，其作用为抑制环氧化酶，抑制前列腺素的合成，具有解热镇痛的作用。 2）利巴韦林：干扰病毒复制，广谱抗病毒药，对流感病毒、呼吸道合胞病毒有抑制作用。 3）阿莫西林：作用于细菌细胞膜上的青霉素结合蛋白，合成有缺陷的细胞壁，菌体内的高渗透压使细菌细胞变形，细菌自溶死亡。 4）复方氨酚烷胺成分：对乙酰氨基酚、金刚烷胺、人工牛黄、咖啡因、马来酸氯苯那敏。 对乙酰氨基酚：抑制环氧化酶，抑制前列腺素的合成，具有解热镇痛的作用。 5）金刚烷胺：能阻止亚洲甲Ⅱ型病毒穿入与脱壳，故对该病毒所致流感有防治作用。 人工牛黄：有清热、解毒作用。 咖啡因：中枢兴奋药，能对抗氯苯那敏的嗜睡作用，收缩颅血管缓解头痛。 6）马来酸氯苯那敏：H_1 受体阻断药，能缓解流涕、打喷嚏、流眼泪等过敏症状。 7）双黄连：宣肺清热、辛凉解表。 8）柴胡饮：辛温解表、宣肺散寒。
5	用药注意事项	1）感冒不用抗菌药物，如合并细菌感染可用青霉素、头孢菌素、喹诺酮类等药物。对青霉素过敏的患者慎用阿莫西林。 2）服用含有解热镇痛药物时应禁酒，否则易造成肝损害。 3）服用双黄连等中成药期间忌烟、酒、辛辣、油腻食物，不宜服用滋补性中药。 4）服用复方氨酚烷胺时，因含有抗过敏成分而不宜从事驾车、高空作业或操作精密仪器。 5）孕妇禁用利巴韦林，贫血患者慎用。

1.1.2 急性气管–支气管炎

评价要素		参考答案
1	主要临床表现	1）咳嗽、咳痰。 2）早期为干咳，痰量逐渐增加。 3）低热、乏力，38℃左右。 4）气急、喘鸣。
2	类似疾病鉴别	1）流行性感冒：有流行病史，高热、肌肉酸痛等全身症状重。 2）慢性支气管炎：慢性咳嗽、咳痰、喘息为主要症状，伴有呼吸困难。 3）肺炎：发病前有诱因，起病急，以高热为主，咳铁锈色痰。 4）百日咳：初期症状与本病相似，起病 7～10 日后有特征性轻咳。
3	药品展示与推荐	1）镇咳药：喷托维林：适用于上呼吸道引起的无痰性干咳。右美沙芬：适用于无痰性干咳及剧烈频繁的咳嗽。 2）祛痰药：氨溴索适用于痰液黏稠、咳出困难的急慢性呼吸道疾病。 3）β–内酰胺类：阿莫西林适用于 G^+ 菌引起的呼吸道感染。头孢他定治疗敏感菌引起的严重呼吸道感染。 4）大环内酯类：阿奇霉素用于敏感菌引起的呼吸道感染。
4	药品作用机理	1）喷托维林、右美沙芬：对咳嗽中枢有选择性抑制作用，无成瘾性、无呼吸抑制作用。 2）氨溴索：能刺激呼吸道界面活性剂形成及调节浆液性与黏液性的分泌，降低痰液及纤毛黏力，使痰易咳出。 3）头孢他定、阿莫西林：抑制细菌细胞壁的合成，适用于 G^+ 菌引起的呼吸道感染。 4）阿奇霉素：抑制细菌蛋白质的合成，用于敏感菌引起的呼吸道感染。

评价要素		参考答案
5	用药注意事项	1）喷托维林、右美沙芬：本病不宜单用镇咳药，注意胃肠道反应及过敏。痰多患者、有精神病史者、哮喘患者慎用。 2）氨溴索注意胃肠道反应，胃溃疡、青光眼患者、哺乳期及妊娠期妇女慎用。 3）阿莫西林可出现过敏反应，用药前问过敏史。头孢他定过敏者禁用，可出现胃肠道反应。 4）用祛痰药促进痰液排出，有利于控制感染。

1.1.3 哮喘症

评价要素		参考答案
1	主要临床表现	1）发作性呼吸困难。 2）喘鸣。 3）咳嗽。 4）咳痰。
2	类似疾病鉴别	1）支气管扩张：有慢性咳嗽和咳痰症状，但痰液常呈脓性，且量多，多伴有咯血。X线碘油造影可以确诊。 2）肺结核：有咳嗽和咳痰，但同时伴有结核毒性症状，如面颊潮红、午后低热等。痰菌检查可找到抗酸杆菌。胸部X线见到结核病灶。 3）慢性支气管炎：慢性咳嗽，白色黏液或浆液泡沫痰，偶带血丝。喘息、呼吸困难。 4）肺气肿：桶状胸、呼吸运动减弱、语颤减弱、肺部叩诊过清音等。
3	药品展示与推荐	1）沙丁胺醇、克仑特罗：减轻支气管痉挛、呼吸道黏膜水肿、渗出和充血。 2）氨茶碱：有利于支气管扩张，产生平喘作用。 3）异丙托品：使支气管平滑肌松弛，产生平喘作用。 4）二丙酸培氯米松：气雾吸入对支气管哮喘有良好疗效，无吸收作用，故不抑制肾上腺皮质功能，用于哮喘持续状态或危重病例。
4	药品作用机理	1）沙丁胺醇、克仑特罗：能激动 β_2 肾上腺素受体，激活气道平滑肌细胞膜上的腺苷酸环化酶，后者又催化细胞内 cAMP 的合成，使肌细胞膜电位稳定，呼吸道扩张。使肥大细胞和嗜碱性白细胞内的 cAMP 水平提高，对其细胞膜有稳定作用，可抑制组胺、5－HT、白三烯等过敏介质的释放，减轻支气管痉挛、呼吸道黏膜水肿、渗出和充血。 2）氨茶碱：茶碱类药物，抑制磷酸二酯酶，阻止 cAMP 水解，提高细胞内 cAMP 的浓度；为腺苷受体阻滞剂，能对抗内源性腺苷引起的支气管收缩。有促进内源性儿茶酚胺释放的作用。有利于支气管的扩张，产生平喘作用。 3）异丙托品：抗胆碱药，可阻断支气管平滑肌上的 M 胆碱受体，降低哮喘病人的迷走张力，使支气管平滑肌松弛。 4）二丙酸培氯米松：糖皮质激素类药，能抑制变态反应的多个环节，具有抗过敏、抗炎、增强儿茶酚胺对腺苷酸环化酶的激活作用，降低气道的反应性等。能抑制多种参与哮喘发作的炎症细胞。抑制炎症介质的形成。
5	用药注意事项	1）沙丁胺醇、克仑特罗：常见的不良反应为手指震颤。 2）氨茶碱：口服刺激胃肠道，引起恶心，呕吐等。肌注引起局部红肿、疼痛，反复静注可致静脉炎，注射速度过快可引起心悸、心律失常，甚至血压骤降，惊厥和猝死。还有中枢兴奋作用。 3）异丙托品：副作用小，少数病人有口苦、口干等现象。 4）二丙酸培氯米松：长期使用本品可产生口腔咽喉霉菌感染及声嘶。

1.1.4 单纯性胃炎

评价要素		参考答案
1	主要临床表现	1）上腹部或脐周压痛，呈阵发性加重或持续性钝痛。少数病人出现剧痛。 2）厌食、恶心、呕吐、少数病人呕吐物中带血丝或呈咖啡色。 3）常出现发热、中下腹绞痛。 4）腹泻、脱水、大便发黑或大便隐血试验阳性。
2	类似疾病鉴别	1）急性胆囊炎：右上腹持续性剧痛或绞痛，阵发性加重，可放射到右肩部。 2）急性胰腺炎：突发性上腹部疼痛，重者呈刀割样疼痛，伴持续性腹胀、恶心、呕吐。 3）空腔脏器穿孔：起病急骤，全腹剧烈疼痛，有压痛与反跳痛、腹肌紧张呈板样，叩诊肝浊音界缩小或消失。 4）肠梗阻：呈持续性腹痛，阵发性加剧，伴剧烈呕吐，肛门停止排便排气。早期腹部有高亢的肠鸣音或气过水声，晚期减弱或消失。
3	药品展示与推荐	1）解痉止痛药： 山莨菪碱：类似阿托品。用于胃肠道等痉挛引起的绞痛。过量有类似阿托品样中毒症状。 2）止吐药： 甲氧氯普胺：中枢性镇吐和胃肠道兴奋作用。 3）氨基糖苷类抗生素： 庆大霉素：口服不吸收，用于肠道感染，但仍可能出现耳毒性、肾毒性。 4）喹诺酮类抗生素： 诺氟沙星：肠道、泌尿道血药浓度高，用于肠道、泌尿道感染。未成年人禁用。 5）维持水、电解质及酸碱平衡药： 口服补液盐：用于治疗急性腹泻导致的轻、中度脱水。价廉易得，方便高效，其纠正脱水的速度优于静脉滴注。
4	药品作用机理	1）甲氧氯普胺：阻断中枢的催吐化学感受器上的多巴胺受体从而发挥了止吐作用。 2）山莨菪碱：阻断M胆碱受体，解除平滑肌的痉挛。 3）口服补液盐：调节细胞外的渗透压和容量，参与酸碱平衡的调节，维持神经肌肉功能。 4）诺氟沙星：能抑制细菌DNA的合成和复制，而起杀菌作用。 5）庆大霉素：与细菌核糖体30S亚单位结合，抑制细菌蛋白质的合成。
5	用药注意事项	1）山莨菪碱（654-2）：颅内压升高、脑出血急性期及青光眼患者禁用。 2）甲氧氯普胺：①主要不良反应是镇静。②大剂量或长期应用，可能产生锥体外系反应。③禁用于癫痫患者。 3）庆大霉素：庆大霉素与同类药物不能联用，避免增加耳肾毒性；有抑制呼吸作用，不得静脉推注。 4）诺氟沙星：对本品过敏者禁用；胃溃疡、孕妇、严重肾功能不全者慎用。 5）口服补液盐：当脱水得到纠正和腹泻停止后，立即停服，以防发生高钠血症。

1.1.5 消化性溃疡

评价要素		参考答案
1	主要临床表现	1）上腹部反复发作的规律性疼痛，可为饥饿样不适感，针刺样疼痛、烧灼样疼痛等，少数人为剧烈绞痛。 2）胃溃疡多在餐后半小时疼痛；十二指肠溃疡多在饥饿或夜间疼痛，进餐后缓解。 3）消化道症状：如反酸、嗳气、恶心、呕吐、流涎。 4）全身症状：如失眠、健忘、神经衰弱、心悸、脉缓、心动过速、多汗等自主神经紊乱等症状。可有消瘦、贫血、营养不良等症状。

续表

评价要素		参考答案
2	类似疾病鉴别	1）功能性消化不良：多见年轻女性，上腹饱胀、不适、嗳气、反酸、上腹疼痛等。 2）慢性胆囊炎：疼痛无节律性，碱性药物不能缓解。 3）慢性胃、十二指肠炎：必须靠胃镜和X线检查鉴别。 4）胃黏膜脱垂：上腹疼痛无典型节律性，制酸剂不能缓解，确诊靠X线检查或胃镜检查。 5）胃癌：疼痛无规律，不被进食缓解，食欲不振、厌油、消瘦贫血、粪便隐血等。
3	药品展示与推荐	1）制酸剂：如铝碳酸镁、乐得胃等，胃溃疡在餐后1/2~1小时服；十二指肠溃疡在二餐之间服。 2）胃黏膜保护剂：硫糖铝、枸橼酸铋钾等，适合治疗胃溃疡。 3）抑制胃酸分泌药：首选雷尼替丁，如未改善可换做法莫替丁；质子泵抑制剂：如奥美拉唑、兰索拉唑、泮托拉唑。 4）抗菌药：如甲硝唑、阿莫西林、痢特灵等
4	药品作用机理	1）抗酸药口服后中和过多的胃酸，解除胃酸的侵蚀和对溃疡面的刺激，降低胃蛋白酶分解胃壁蛋白的活性。 2）雷尼替丁及法莫替丁为H_2受体拮抗剂，可减少胃酸分泌。 3）硫糖铝及枸橼酸铋钾为胃黏膜保护剂，可屏蔽胃黏膜与胃酸的接触、促进胃黏膜修复。 4）奥美拉唑：通过抑制H^+，K^+-ATP酶（质子泵），抑制胃酸分泌。
5	用药注意事项	1）铝盐（氢氧化铝、铝碳酸镁）可导致便秘；碳酸氢钠可导致胃肠胀气、急性胃穿孔、碱血症等。 2）枸橼酸铋钾和H_2受体拮抗剂（雷尼替丁、法莫替丁）服药前后半小时不能喝牛奶和碳酸饮料；铋盐（枸橼酸铋钾）服用后大便成灰黑色；H_2受体拮抗剂可导致嗜睡、头晕。 3）质子泵抑制剂（奥美拉唑）疗程不可过长、剂量不宜过大。 4）胃酸正常者不可滥用抑酸药，以免引起胃内菌群失调。

1.1.6 球菌性肺炎

评价要素		参考答案
1	主要临床表现	1）起病多急骤，高热、寒战、全身肌肉酸痛，体温通常在数小时内升至39~40℃，高峰在下午或傍晚，或呈稽留热，脉率加快。 2）可有患侧胸部疼痛，放射到肩部或腹部，咳嗽或深呼吸时加剧。痰少，可带血或呈铁锈色。 3）胃纳锐减，偶有恶心、呕吐、腹痛或腹泻，易被误诊为急腹症。 4）重症感染时可伴休克、急性呼吸窘迫综合征及神经精神症状，累及脑膜时有颈抵抗及出现病理性反射。
2	类似疾病鉴别	1）干酪性肺炎：属于浸润性肺结核病，临床表现与肺炎链球菌肺炎相似，X线检查亦有肺实变；但结核病常有午后潮热、乏力、盗汗、体重下降等结核中毒症状，痰中容易找到结核菌。 2）其他病原体引起的肺炎：葡萄球菌肺炎和克雷伯杆菌肺炎的临床表现均较严重。病毒和支原体肺炎一般病情较轻，白细胞常无明显增加。 3）急性肺脓肿：早期临床表现与肺炎链球菌肺炎相似，但随着病程的发展，咳出大量脓臭痰为肺脓肿的特征。X线检查显示脓腔和液平面，较易鉴别。 4）肺癌：少数周围型肺癌的X线影像颇似肺部炎症，但一般不发热或仅有低热，周围血白细胞计数不高，痰脱落细胞可发现癌细胞。
3	药品展示与推荐	1）首选青霉素G，用药途径及剂量视病情轻重及有无并发症而定。 2）对青霉素过敏者，可使用红霉素或林可霉素。 3）多重耐药菌株感染的重症者可用万古霉素等。 4）喹诺酮类：新一代喹诺酮类药物（司帕沙星等）是青霉素耐药菌株的常选用的药物。 5）头孢类：头孢噻肟或头孢曲松对大多数耐药菌株有效。

评价要素		参考答案
4	药品作用机理	1）青霉素 G：抑制敏感细菌细胞壁粘肽的合成，造成细胞壁缺损，失去渗透屏障作用，导致菌体肿胀、变形而使细菌死亡，为繁殖期杀菌药。 2）氟喹诺酮类：抑制 DNA 螺旋酶作用，阻碍 DNA 合成而导致细菌死亡。 3）万古霉素：是通过抑制细胞壁中磷脂和多肽的生成来干扰细胞壁的合成，从而杀灭细菌。 4）头孢菌素作用机理同青霉素。 5）大环内酯类：作用于细菌的 50S 亚基，而影响蛋白质的合成。
5	用药注意事项	1）青霉素 G 和头孢菌素类药应进行皮试，剂量随病情而定。 2）氟喹诺酮类药物儿童禁用，影响软骨发育。 3）对于高度耐药菌，需要首选万古霉素，但其不良反应较为严重。 4）大环内酯类药物应空腹服用（酯化物宜饭后服），常见胃肠道反应。

1.1.7 肺结核

评价要素		参考答案
1	主要临床表现	1）肺结核的全身症状：午后低热、乏力、食欲减退、消瘦、盗汗。 2）肺结核的呼吸系统症状：剧烈干咳、咳痰，痰呈黏液脓性、1/3 患者有不同程度咯血。 3）胸痛、发热持续不退。
2	类似疾病鉴别	1）流行性感冒：有流行病史，高热、肌肉酸痛等全身症状重。 2）过敏性鼻炎：反复发作，局限鼻腔、咽喉症状少，有过敏史或季节性。 3）麻疹：初期症状与本病相似，注意当地流行情况。起病后 2～3 天后颊黏膜出现科氏斑，3～5 天出现红色皮疹。 4）百日咳：初期症状与本病相似，起病 7～10 天后有特征性轻咳。
3	药品展示与推荐	1）对乙酰氨基酚：适用于体温高时的对症治疗。 2）枸橼酸喷托维林或复方可待因糖浆（两者之一）：适用剧烈干咳者。 3）罗通定（又名颅痛定）：用于胸痛患者。 4）麻黄根每次 15 克，水煎服：用于盗汗。 5）脑垂体后叶素 5～10U 缓慢静注或止血环酸、氨甲苯酸（口服或静滴）用于咯血。 6）标准化疗：2HSP/16HP。 7）短程化疗：2REZ/4HR。 8）间歇化疗：INH、RFP、PZA、EMB 二次用药不超过 3 天，每周用药 2～3 次。 9）顿服用药：将 INH 日剂量三次改为一次顿服。 （答出 4 种以上药品特点：两个对症，两个对因）
4	药品作用机理	1）异烟肼（INH，H）：一般认为：INH 能抑制结核杆菌菌壁成份分枝菌酸的合成，从而使结核杆菌丧失多种能力（增殖能力、疏水性）而死亡。 2）利福平（RFP，R）：能与分枝杆菌和其他微生物的 DNA 依赖性的 RNA 多聚酶形成稳定结合，阻抑该酶的活性，从而抑制细菌 RNA 的合成。 3）乙胺丁醇（EMB，E）：干扰细菌 RNA 的合成而抑制细菌的生长。 4）吡嗪酰胺（PZA，Z）：进入含有结核杆菌的巨噬细胞内，并渗入结核菌体内，在菌体内的酰胺酶作用下，使其转化为吡嗪酸而发挥抗菌作用。化学结构与烟酰胺相似，可干扰脱氢酶而阻止脱氢作用，使细菌对氧的利用作用发生障碍，而影响细菌的正常代谢，造成死亡。 5）对氨基水杨酸钠（PAS，P）能竞争性拮抗对氨基苯甲酸，影响结核菌的叶酸代谢。

续表

评价要素		参考答案
5	用药注意事项	1）异烟肼：周围神经炎，偶有肝功能异常。 2）利福平：（1）酒精中毒、肝功能损害者慎用。婴儿、3个月以上孕妇和哺乳期妇女慎用。（2）利福平可能引起白细胞和血小板减少，并导致齿龈出血和感染、伤口愈合延迟等。（3）服药后尿、唾液、汗液等排泄物均可显橘红色。 3）乙胺丁醇：视神经炎，偶有变态反应。 4）吡嗪酰胺：（1）交叉过敏，对乙硫异烟胺、异烟肼、烟酸或其他化学结构相似的药物过敏患者可对本品过敏。（2）糖尿病、痛风或严重肝功能减退者慎用。（3）疗程中血尿酸常增高，可引起急性痛风发作，须进行血清尿酸测定。 5）对氨基水杨酸钠：（1）交叉过敏反应，对其他水杨酸类或其他含对氨基苯基团（如磺胺药）过敏的患者对本品亦可呈过敏。（2）下列情况应慎用：充血性心力衰竭、胃溃疡、葡萄糖－6－磷酸脱氢酶（G6PD）缺乏症、严重肝功能损害、严重肾功能损害。

1.1.8 原发性高血压病

评价要素		参考答案
1	主要临床表现	1）起病缓慢、病程长，早期多无症状，因体检测量血压后才发现。 2）一般表现：头晕、头痛、心悸、血压升高等。 3）靶器官受损：累及心、脑、肾、血管。 4）特殊类型：恶性高血压、高血压危象等。
2	类似疾病鉴别	1）原发性高血压大多原因不明，无明确而独立的病因。 （1）高血压的诊断：在非药物状态下，2次以上非同日测得收缩压≥140mmHg和（或）舒张压≥90mmHg可以诊断为高血压。 （2）高血压的分类： | 类别 | 收缩压 mmHg | 舒张压 mmHg | |---|---|---| | 1级高血压 | 140～159 | 90～99 | | 2级高血压 | 160～179 | 100～109 | | 3级高血压 | ≥180 | ≥110 | | 单纯收缩期高血压 | ≥140 | <90 | 2）继发性高血压：本身有明确而独立的病因，血压升高只是某些疾病的一种临床表现。如肾性高血压、妊娠高血压、嗜铬细胞瘤。 3）按病程进展可将高血压分为：缓进型高血压、恶性高血压、高血压危象等。
3	药品展示与推荐	1）氢氯噻嗪：适用于充血性心力衰竭、老年高血压单纯收缩期高血压。 2）普萘洛尔：适用于心绞痛、心肌梗死后、快速型心律失常、充血性心衰、妊娠高血压。 3）哌唑嗪：适用于伴有前列腺增生、高血脂的高血压患者。 4）硝苯地平：适合老年高血压、妊娠、单纯收缩期高血压、心绞痛等。 5）卡托普利：适用于伴有心衰、心梗后、糖尿病的患者。 6）氯沙坦：适用于伴有糖尿病、ACEI所致咳嗽的高血压患者。
4	药品作用机理	1）氢氯噻嗪：属于噻嗪类利尿剂，降低细胞外容量和心排血量及利钠作用降压。 2）普萘洛尔：属于β受体阻断剂，通过减慢心率、降低心肌收缩力、减少心排量、抑制肾素释放而降压。 3）哌唑嗪：阻滞突触后α_1受体，对抗去甲肾上腺素的血管收缩作用降压。 4）硝苯地平：属于钙拮抗剂，阻止钙离子进入平滑肌细胞、抑制血管平滑肌收缩、降低心收缩力而降压。 5）卡托普利：属于血管紧张素转换酶抑制剂，抑制血管紧张素Ⅱ生成，抑制缓激肽水解而降压。 6）氯沙坦：抑制血管紧张素Ⅱ受体，阻断血管紧张素Ⅱ的收缩血管作用。

评价要素	参考答案
5 用药注意事项	1）氢氯噻嗪：糖尿病、高脂血症者慎用、痛风患者禁用。 2）普萘洛尔：禁用于严重房室传导阻滞、哮喘。 3）哌唑嗪：痛风患者慎用，可能出现体位性低血压。 4）硝苯地平：对本品过敏、低血压、心衰禁用。 5）卡托普利：饭前1小时服药，白细胞减少者、孕妇禁用。 6）氯沙坦：血容量不足的病人，可能发生症状性低血压，使用前应纠正情况。孕妇禁用。

1.1.9 心绞痛

评价要素	参考答案
1 主要临床表现	1）疼痛部位。大部分心绞痛位于前胸偏左，也可以是颈前部疼痛。范围可小如一拳，也可大成一片，遍及全胸。 2）疼痛性质。心绞痛是一种钝痛，伴压迫感，憋闷、阻塞、紧缩、发热等不适。程度可轻可重，重度发作可伴大汗，濒死感。 3）持续时间。发作由轻到重，后逐渐缓解，仅持续3~5分钟。如超过15分钟，该立刻就医，以免发展成心肌梗死。 4）诱发因素。常见诱因多为体力活动。如伴寒冷、饱餐、酗酒、吸烟和不良精神因素刺激等因素更易诱发。
2 类似疾病鉴别	1）食管疾病：食管疼痛较心绞痛更常放射到背部。 2）肺、纵膈疾病：疼痛突然发生并在休息时出现，呼吸急促或困难。 3）胆绞痛：突然发病，疼痛剧烈且固定性，持续2~4h，然后可自行消失，在发作间期无任何症状；右上腹最痛。 4）神经、肌肉和骨骼的原因：恒久疼痛，并易导致感觉障碍。 5）功能性或神经性胸痛：可位于心尖部，为持续时间达数小时的隐痛，常加重或转变为1~2秒的乳腺下尖锐刀刺样痛，也可伴有胸前区的压痛。多发生在情绪紧张和疲劳时，与运动关系不大。 6）非冠状动脉粥样硬化的心脏及血管疾病：起病突然，位置偏左而非在胸部正中，常辐射到颈部等。
3 药品展示与推荐	1）硝酸甘油：适用于各型心绞痛的预防和治疗。尤其对稳定型心绞痛作用最明显。 2）普萘洛尔（心得安）：可用于稳定型心绞痛、变异型心绞痛和心肌梗死。 3）硝苯地平（心痛定）：对冠状动脉痉挛所致的变异型心绞痛最有效，尤其对伴高血压的患者适用。 4）维拉帕米：有抗心律失常作用，因此特别适用伴有心律失常的患者。 速效救心丸是由川芎、冰片等制成的滴丸型中成药，用量小、起效快、服用方便。
4 药品作用机理	1）硝酸甘油：松弛血管平滑肌。其可扩张静脉、动脉和冠状血管，尤其以扩张静脉血管作用为显著。 2）普萘洛尔（心得安）：阻断心脏 β_1 受体，减少心肌耗氧量；增加心肌缺血区供血。 3）硝苯地平（心痛定）：降低心肌耗氧量、扩张冠脉血管、保护缺血心肌细胞及抑制血小板聚集。 4）维拉帕米：减少钙离子内流，延长房室结的有效不应期，减慢传导，可降低慢性房颤和房扑病人的心室率；减少阵发性室上性心动过速发作的频率。松弛血管平滑肌，减轻后负荷，可改善左室舒张功能。 5、速效救心丸：行气活血，祛瘀止痛，增加冠脉血流量，缓解心绞痛。

评价要素		参考答案
5	用药注意事项	1）硝酸甘油：①出现面部潮红、心率加快、直立性低血压、眼压升高等症状。②连续用药 2～3 周可出现耐受性，停药 1～2 周后，耐受性可消失。③应舌下含服，不能口服。 2）普萘洛尔：冠心病患者使用本品不宜骤停，否则可出现心绞痛、心肌梗死或室性心动过速。 3）硝苯地平：主要不良反应是头痛，随着机体对药物的适应而消失。 4）维拉帕米：低血压、心源性休克、Ⅱ或Ⅲ度房室传导阻滞、洋地黄中毒、严重充血性心力衰竭、病态窦房结综合征、阵发性心动过速和预激综合征等患者及妊娠妇女禁用。 5）速效救心丸为应急用药，不可多吃、滥吃。

1.1.10　尿路感染（肾盂肾炎）

评价要素		参考答案
1	主要临床表现	1）间断反应出现尿路刺激症状。 2）伴有乏力、食欲不振、腰酸痛。 3）高热或寒战。 4）晚期出现头晕、头痛、恶心、呕吐等。 5）尿急、多尿、尿频。
2	类似疾病鉴别	1）急性膀胱炎：约占尿感的 60%，表现为尿频、尿急、尿痛等膀胱刺激症，伴有耻骨联合不适，一般无全身感染。尿常规常有白细胞尿，约 30% 伴有血尿。 2）全身感染性疾病：泌尿系统局部症状不明显而全身急性感染症状突出者，易误诊为流感、痢疾、伤寒、败血症等发热性疾病，须详细询问病史，腰点压痛，并作尿沉渣和细菌检查，以资区别。 3）尿道综合征：多发青壮年女性，有明显尿道刺激症状，但多次检查无细菌尿，可予鉴别。 4）前列腺炎：男性患者常有尿路刺激症，容易和下尿路感染混淆，但通过指检、前列腺液化验或经 B 超检查可证实。
3	药品展示与推荐	1）阿托品：适用膀胱刺激明显者。 2）扑热息痛：发高热者酌情考虑。 3）复方新诺明或诺氟沙星/环丙沙星：轻症口服治疗 14 天，72 小时未见效果可更换药物。 4）庆大霉素或头孢噻肟钠：较严重者肌注或静脉注射，退热 72 小时后改用口服。 5）氨苄西林：重症未排除革兰阳性球菌感染者，与庆大霉素合用。
4	药品作用机理	1）阿托品：松弛内脏平滑肌，解除膀胱痉挛缓解刺激。 2）扑热息痛：抑制前列腺素合成，降低发热者体温。 3）复方新诺：主要成分是磺胺甲噁唑，广谱抗菌药，抑制细菌生长繁殖。 4）诺氟沙星、环丙沙星：喹诺酮类药物，抑制 DNA 回旋酶杀灭革兰阴性菌。 5）庆大霉素：氨基糖苷类抗生素，与细菌核糖体 30S 亚基结合，阻断细菌蛋白质合成，主要用于治疗革兰阴性菌引起的感染。 6）头孢噻肟钠：第三代头孢菌素，干扰细菌细胞壁合成，对革兰阴性菌的作用强。 7）氨苄西林：广谱半合成青霉素，干扰细菌细胞壁合成，抗菌谱与青霉素相似。
5	用药注意事项	1）阿托品：常有口干、眩晕，皮肤潮红、心率加快、兴奋等不良反应。青光眼及前列腺肥大病人禁用。 2）扑热息痛：有肝毒性，不宜长时间大剂量服用，用药期间勿饮酒或含酒精的饮料。 3）复方新诺：易出现结晶尿、血尿等，服药期间应多饮水。肝功能不全不宜用。 4）诺氟沙星、环丙沙星：常见胃肠道反应，孕妇、未成年人禁用。 5）庆大霉素：有肾毒性、耳毒性。抑制呼吸，大剂量使用会导致水肿。肾功能不全者慎用。 6）头孢噻肟钠：对 β - 内酰胺类药物过敏者禁用，肾功能减退者应在减少剂量情况下慎用；有胃肠道疾病或肾功能减退者慎用。与氨基糖苷类不可同瓶滴注。 7）氨苄西林：过敏反应较为多见，青霉素过敏者不能使用。

1.1.11 慢性胃炎

评价要素		参考答案
1	主要临床表现	1）病程迁延，发作期和缓解期交替出现，症状轻重与胃粘膜病变程度并不一致。 2）多数病人无明显症状，部分可有上腹隐痛、饱胀不适、嗳气、反酸等非特异性消化道症状，进餐后更甚。 3）少数伴黏膜糜烂者可有明显上腹痛，并可发生少量出血。 4）胃窦炎消化道症状明显时，似消化性溃疡；胃体炎主要因自身免疫反应，可出现明显畏食、贫血和体重减轻。
2	类似疾病鉴别	1）消化性溃疡：疼痛多发生在进食后0.5~1小时或空腹痛，上腹部体征为局限性压痛点，胃镜检查或X线钡餐可确诊。 2）胃癌：早期症状与萎缩性胃炎相似，如：低烧、消化不良、贫血等，但病情恶化快，短期内即可出现体重明显下降，粪便隐血试验持续阳性，上腹部可能触及肿块，X线钡餐与胃镜检查可作诊断依据。 3）胃神经官能症：常有嗳气、呕吐、食欲不振及上腹部无规律性疼痛或不适等，但发作与精神紧张、情绪激动有关，常伴有头疼、失眠、多梦、健忘等神经衰弱症状，胃镜检查未发现胃器质性病变。 4）慢性胆囊炎：表现为上腹部饱胀不适、厌食油腻和嗳气等消化不良的症状以及右上腹和肩背部隐痛，多数病人曾有胆绞痛病史。
3	药品展示与推荐	1）氢氧化铝凝胶：用于胆汁反流者。 2）奥美拉唑：联合其他药如：阿莫西林、甲硝唑、克拉霉素、铋剂等，根除HP（幽门螺杆菌），适用于HP检测阳性者。 3）硫糖铝：适用于胆汁反流者。 4）多潘立酮：促胃动力剂，针对饱胀不适、恶心呕吐者。 5）山莨菪碱：针对腹痛明显者。 6）雷尼替丁：缓解胃酸过多引起的胃痛、烧心、反酸。
4	药品作用机理	1）枸橼酸铋钾：在胃中酸性条件下形成氧化铋胶体保护膜，促进溃疡愈合，促进黏膜合成前列腺素，并能杀灭HP。 2）奥美拉唑：质子泵抑制剂，在胃壁细胞分泌小管中，使钠钾ATP酶失活，并且抑制HP。 3）山莨菪碱：M受体阻断剂，松弛胃肠道平滑肌，解除绞痛。 4）雷尼替丁：阻断胃壁细胞的H_2受体，抑制胃酸分泌。 5）枸橼酸铋钾：形成保护层覆盖在溃疡面上，促进黏膜再生和愈合；同时抗幽门螺杆菌。 6）阿莫西林：抑制细胞壁合成，导致菌体肿胀、变形而使细菌死亡，为繁殖期杀菌药。 7）多潘立酮：外周多巴胺受体拮抗剂。增强胃蠕动，促进排空，抑制恶心呕吐。
5	用药注意事项	1）奥美拉唑：肝肾功能不全者慎用，孕妇、儿童、胃部恶性肿瘤者禁用。 2）硫糖铝：要空腹服，不宜与多酶片合用，连续用药不得超过8周。 3）枸橼酸铋钾：不可与高蛋白饮食（牛奶）、抗酸药等同服，大便灰黑色。 4）多潘立酮：胃肠道出血、机械性肠梗阻患者禁用，1岁以下婴儿、孕妇慎用。 5）雷尼替丁：降低维生素B_{12}的吸收，产期使用，可导致B_{12}的缺乏。 6）阿莫西林：对青霉素过敏者禁用，用前应做皮试。

1.1.12 糖尿病

评价要素		参考答案
1	主要临床表现	1）多饮、多尿、多食和消瘦。 2）重症者可发生酮症酸中毒等急性并发症或血管、神经病变等慢性并发症低热、乏力。 3）1型糖尿病多为青少年，起病急、病情重，"三多一少"症状明显。 4）2型糖尿病多为中年以上，肥胖、病情稳定，"三多一少"症状不明显。

评价要素	参考答案
2 类似疾病鉴别	1）糖尿病的鉴别： （1）血糖升高、尿糖阳性：症状加上随机血糖≥11.1mmol/L，或空腹血糖≥7.8mmol/L可诊断为糖尿病。 （2）耐糖量降低：空腹口服葡萄糖75g，2h血糖大于11.1mmol/L。 （3）血浆胰岛素和血清C-肽测定：主要用于糖尿病的诊断和分型。 （4）糖化血红蛋白：反应糖尿病血糖控制水平的标准。 2）并不是所有的"三多一少"都是糖尿病，还有可能是其他疾病： （1）"多尿"的症状也可能是前列腺炎：前列腺炎患者的常见症状为尿频，夜尿增多，同时伴随尿急、尿痛、尿不尽等尿道刺激征。这容易与早期症状并不明显的糖尿病混淆。 （2）多食和体重下降也可能是甲亢所引发：甲亢患者的常见症状为食欲亢进、消瘦、体重下降、疲乏无力、心慌、怕热、多汗及情绪易激动、性情急躁、失眠、眼球突出、手舌颤抖、甲状腺肿或肿大、女性可有月经失调甚至闭经。 （3）吃得多也可能是肢端肥大症所导致：肢端肥大症多发于青春期后，最早表现大多为手足厚大，面貌粗陋，头痛疲乏，糖尿病症群，腰背酸痛等症状，患者常诉鞋帽手套变小，必须时常更换。同时伴情绪暴躁、头痛、失眠、神经紧张、肌肉酸痛等表现。 （4）尿崩症也会引起多饮、多尿：该病有明显的烦渴、多饮、多尿，此症状类似于糖尿病，但有以下几点可与之鉴别：①该病尿多而比重低，糖尿病尿多而比重高；②尿崩症患者尿中无糖，血糖亦正常。 （5）慢性肝、肾疾病也会引起糖代谢紊乱：慢性肝病患者因肝脏贮存糖原的能力减弱，糖异生及胰岛素灭活减弱，会影响血糖的调节。慢性肾脏疾病主要由于胰岛素在肾脏中灭活减弱，以及有尿毒症时胰岛素受体不敏感而影响糖代谢；还可因肾小管对葡萄糖吸收功能障碍而出现肾性糖尿。
3 药品展示与推荐	1）胰岛素：发生酮症酸中毒、高渗性昏迷、乳酸性酸中毒时，胰岛素是抢救的关键；合并严重感染和高热时、消耗性疾病、外科手术、妊娠和分娩者需要使用胰岛素。急症时多用静滴或肌注。 2）磺脲类：2型糖尿病无特殊情况可选格列苯脲；老年患者或有糖尿病肾病者选用格列喹酮；老年患者、伴有微血管病变可选格列齐特。 3）双胍类：1型糖尿病血糖波动大、轻度2型糖尿病、肥胖者或耐糖异常者可选二甲双胍。 4）α-糖苷酶抑制剂：口服磺脲类降糖药疗效不理想，且餐后血糖高者可加服阿卡波糖。
4 药品作用机理	1）胰岛素：广泛作用于各组织器官，主要影响糖的代谢，同时也影响脂肪和蛋白质的代谢。在对糖的代谢方面，胰岛素能促进葡萄糖的跨膜转运，促进外周组织对糖的摄取，并能促进葡萄糖的酵解及氧化，促进糖原的合成与储存，并抑制其分解。 2）α-磺酰脲类：刺激胰岛β细胞释放胰岛素，同时抑制胰高血糖素分泌水平，还被认为可使胰岛素受体密度增加或增强胰岛素与受体的结合力。 3）双胍类：减少消化道对葡萄糖的吸收，促进周围组织对葡萄糖的利用，抑制糖原异生和抑制胰高血糖素的释放或抑制胰岛素的拮抗作用。对1型糖尿病人，也有降血糖作用。 4）糖苷酶抑制剂：抑制糖苷水解，减少葡萄糖的吸收。
5 用药注意事项	1）胰岛素过量可发生低血糖反应，必须立即口服糖水等高糖食物；严重过敏者应调换制剂；经常更换注射部位；中长效胰岛素不能静脉注射，用前摇匀。 2）磺酰脲类：剂量过大、进食少或剧烈运动应防止低血糖；高龄患者或肝、肾、心、脑有较重并发症者慎用或禁用格列苯脲。 3）双胍类：2型糖尿病伴有紧急情况、合并慢性并发症、维生素B_{12}缺乏者、酗酒者禁用。 4）α-糖苷酶抑制剂：主要副作用为腹胀，偶见腹痛、腹泻。

1.1.13 慢性气管炎

评价要素		参考答案
1	主要临床表现	1）慢性咳嗽。以清晨和晚间睡前较重，白天较轻。 2）咳痰。一般为白色黏液或浆液泡沫痰，偶带血丝。 3）喘息、呼吸困难。 4）早期无明显体征，并发感染时肺部有湿啰音。
2	类似疾病鉴别	1）支气管哮喘：哮喘常有家庭过敏史和个人过敏史。发作时双肺可闻及哮鸣音。 2）支气管扩张：有慢性咳嗽和咳痰症状，但痰液常呈脓性，且量多，多伴有咯血。X线碘油造影可以确诊。 3）肺结核：有咳嗽和咳痰，但同时伴有结核毒性症状，如面颊潮红、午后低热等。痰菌检查可找到抗酸杆菌。胸部X线见到结核病灶。
3	药品展示与推荐	1）头孢克洛、阿莫西林：β-内酰胺类抗生素，控制感染。 2）溴己新、盐酸氨溴索：黏痰溶解药，祛痰。 3）沙丁胺醇、特布他林：减轻支气管痉挛、呼吸道黏膜水肿、渗出和充血，平喘。 4）氨茶碱：静脉注射用于控制急性哮喘发作，缓释制剂用于常夜间发作的病人。
4	药品作用机理	1）头孢克洛、阿莫西林：抑制细菌细胞壁的合成，对肺炎球菌有强大的抗菌作用。适用于G⁺菌引起的呼吸道感染。 2）溴己新、盐酸氨溴索：能刺激呼吸道界面活性剂形成及调节浆液性与粘液性的分泌，有较强的溶解黏痰作用，可使痰中的黏多糖纤维素或黏蛋白裂解，降低痰液粘度。 3）沙丁胺醇、特布他林：能激动 β_2 肾上腺素受体，激活气道平滑肌细胞膜上的腺苷酸环化酶，后者又催化细胞内cAMP的合成，使肌细胞膜电位稳定，呼吸道扩张。 4）氨茶碱：抑制磷酸二酯酶，阻止cAMP水解，提高细胞内cAMP的浓度；为腺苷受体阻滞剂，能对抗内源性腺苷引起的支气管收缩。有促进内源性儿茶酚胺释放的作用。有利于支气管的扩张，产生平喘作用。
5	用药注意事项	1）头孢克洛：对其他头孢菌素及青霉素类过敏者、严重肾功能损害者、结肠炎病人慎用。 2）盐酸氨溴索、溴己新：妊娠初期3个月内禁用；胃溃疡病人慎用；脓性痰患者需要加用抗菌药。 3）阿莫西林：易发生过敏反应，用前先做皮试；对青霉素及其他青霉素类抗生素过敏者禁用。 4）沙丁胺醇：①心血管系统器质性病变患者、2岁以下儿童和妊娠、哺乳期妇女禁用。②心血管功能不全、高血压、甲状腺功能亢进、糖尿病及低血钾患者及老年患者慎用。③避免从事带危险性的工作，如驾驶等。 5）氨茶碱：①急性心梗伴有血压降低者、孕妇禁用。②心血管系统疾病、甲亢、溃疡并、糖尿病、青光眼等慎用。 6）特布他林：①少数病人有手指震颤、头痛、心悸及胃肠功能障碍。②高血压病、冠心病、甲状腺功能亢进者慎用。

1.1.14 普通感冒

评价要素		参考答案
1	主要临床表现	1）鼻塞、流涕、喷嚏。 2）咽部充血、干痒作痛、声嘶、干咳。 3）低热、乏力。 4）头痛、全身酸痛等。

评价要素		参考答案
2	类似疾病鉴别	1）流行性感冒：有流行病史，高热、肌肉酸痛等全身症状重。 2）过敏性鼻炎：反复发作，局限鼻腔、咽喉症状少，有过敏史或季节性。 3）麻疹：初期症状与本病相似，注意当地流行情况。起病后 2～3 天后颊黏膜出现科氏斑，3～5 天出现红色皮疹。 4）百日咳：初期症状与本病相似，起病 7～10 天后有特征性轻咳。
3	药品展示与推荐	1）新康泰克（蓝色装）：适用于仅有鼻塞、流涕、喷嚏症状者。 2）酚麻美敏：适用于既有全身症状又有呼吸道症状者。 3）日夜百服宁：适用于白天需要精神饱满工作学习者。 4）复方氨酚葡锌：可用于普通感冒和流感患者。 5）感冒退热冲剂适用于风热感冒，也可用于流感。 6）午时茶适用于风寒感冒。
4	药品作用机理	1）新康泰克（蓝色装）： 伪麻黄碱：收缩鼻黏膜血管，减轻充血，缓解鼻塞。 马来酸氯苯那敏：阻断组胺的作用，缓解流眼泪、流涕、打喷嚏等过敏症状。同时有镇静作用。 2）酚麻美敏成分：对乙酰氨基酚、伪麻黄碱、右美沙芬、马来酸氯苯那敏。 对乙酰氨基酚：抑制环氧化酶，从而抑制 PG 合成，具有解热、镇痛作用。 右美沙芬：抑制咳嗽中枢，产生镇咳作用。 3）日夜百服宁：白片不含氯苯那敏，无嗜睡副作用。 4）复方氨酚葡锌成分：对乙酰氨基酚、盐酸二氧丙嗪、葡萄糖酸锌、板蓝根。 盐酸二氧丙嗪具有镇咳祛痰、平喘、抗组胺作用。 葡萄糖酸锌能增强吞噬细胞的吞噬能力。 板蓝根浸膏粉有抗病毒作用。 5）感冒退热冲剂：宣肺清热，辛凉解表，用于风热感冒。 6）午时茶：疏表导滞，化浊和胃，用于风寒感冒。
5	用药注意事项	1）服用酚麻美敏、新康泰克、复方氨酚葡锌期间，不宜从事操作机器或驾车等工作。 2）高血压、心脏病、甲亢患者、运动员慎用酚麻美敏、新康泰克。 3）孕妇及哺乳期妇女慎用含右美沙芬的制剂，如酚麻美敏、日夜百服宁。 4）服用中成药期间忌烟、酒，辛辣、油腻食物，不宜服用滋补性中药。 5）服用感冒药期间禁止饮酒。

1.1.15 急性细菌性痢疾

评价要素		参考答案
1	主要临床表现	1）起病急、畏寒、发热、体温可高可低。 2）全身不适、恶心、呕吐。 3）腹痛多见于脐周或下腹，左下腹压痛。 4）腹泻、每日数十次、脓血便、里急后重。
2	类似疾病鉴别	1）阿米巴痢疾：起病缓，腹部压痛轻且多限于右侧、大便呈果酱样。粪检确诊。 2）细菌性食物中毒：常为集体发作，呕吐显著，腹泻呈水样，脓血便与里急后重极少见。 3）急性坏死性出血性肠炎：粪便呈暗红色或鲜红色糊状血便、无里急后重。 4）乙脑和败血症：在菌痢流行季节，突发高热或无其他症状，或有高热、惊厥、嗜睡昏迷者应做粪检鉴别。

续表

评价要素		参考答案
3	药品展示与推荐	1）抗菌药：轻者口服氟哌酸、复方新诺明；重者使用氧氟沙星、庆大霉素。还可用 0.3% 黄连素液、5% 大蒜素液等药物灌肠。其中喹诺酮类药物是目前治疗菌痢的理想药物。 2）解痉药：适用于腹痛剧烈者，但副作用较多。常用药物有颠茄合剂、阿托品、山莨菪碱。 3）微生物制剂：培菲康、乳酸菌素。 4）中药：葛根芩连汤、白头翁汤等方剂加减。
4	药品作用机理	1）诺氟沙星、氧氟沙星属于喹诺酮类，作用于细菌的 DNA 旋转酶，使 DNA 合成受阻，细菌不能分裂而死亡。 2）复方新诺明为磺胺类药物，干扰细菌叶酸代谢抑制生长。 3）庆大霉素为氨基糖苷类药物，作用于细菌 70S 复合物，使其合成异常蛋白质，并阻碍合成蛋白的释放；增强细胞膜通透性，使生理物质外泄，细菌死亡。 4）黄连素：对痢疾杆菌有杀灭或抑制作用。 5）山莨菪碱为解痉药：主要是抗胆碱药，阻断胃部胆碱受体，阻断迷走神经释放乙酰胆碱，从而减少胃酸分泌，解除平滑肌痉挛，减轻疼痛。 6）培菲康为微生态制剂：补充有益菌制约致病菌的生长，减少肠内毒素生成，维持肠道正常菌群的平衡。 7）白头翁汤：清泄里热，解肌散邪；清热解毒，凉血止痢。
5	用药注意事项	1）小儿不宜使用诺氟沙星、氧氟沙星等药物，因其可抑制骨骼发育。 2）口服复方新诺明时应多饮水，预防结晶尿；过敏者禁用。 3）庆大霉素与同类药物不能联用，避免增加耳肾毒性；滴注速度要慢，防止呼吸停止。 4）培菲康：宜用冷、温开水送服，不能与抗生素同服。 5）黄连素：对本品过敏者，溶血性贫血患者禁用。 6）山莨菪碱（654-2）：颅内压升高、脑出血急性期及青光眼患者禁用。 7）白头翁汤：素体脾胃虚弱者当慎用。

1.1.16 急性膀胱炎

评价要素		参考答案
1	主要临床表现	1）严重的尿频、尿急、尿痛等膀胱刺激症状。 2）排尿时小腹有明显不适，膀胱区有压痛，可有腰痛，但无肾区扣痛。 3）尿液检查有红白细胞。 4）尿液细菌培养阳性。
2	类似疾病鉴别	1）尿道综合征：有明显尿路刺激症状，无全身中毒症状，但多次检查无真正细菌尿。部分病人系支原体或衣原体等感染所引起，多有不洁性交史，应注意排除。 2）肾结核：血尿多，有肺结核等肾外结核病灶。细菌检查找到结核杆菌。 3）肾盂肾炎：全身感染症状和泌尿系统症状，多数伴腰痛，肾区叩击痛。 4）前列腺炎：男性患者常有尿路刺激症，容易和下尿路感染混淆，但通过指检、前列腺液化验或经 B 超检查可证实。
3	药品展示与推荐	1）复方新诺明：主要用于全身性感染，可治疗呼吸道、胃肠道、尿路感染 2）氧氟沙星：适用于呼吸道、尿道、肠道、皮肤、软组织、胆道、妇科感染，伤寒 3）羟氨苄青霉素：主治呼吸道感染、化脓性脑膜炎、泌尿系统感染、肝胆系统感染、皮肤软组织感染、败血症、伤寒、痢疾等。 4）头孢氨苄：用于敏感细菌引起的泌尿系统感染、呼吸系统感染、皮肤及软组织感染、败血症、心内膜炎等。

评价要素		参考答案
4	药品作用机理	1）复方新诺明：通过干扰叶酸的代谢抑制细菌生长繁殖。 2）氧氟沙星：作用于细菌的 DNA 旋转酶，使细菌细胞不能分裂而死亡。 3）羟氨苄青霉素：作用于细菌细胞膜上的青霉素结合蛋白，合成有缺陷的细胞壁，菌体内的高渗透压使细菌细胞变形，形成丝状体或球状体，细菌自溶死亡，为繁殖期杀菌剂。 4）头孢氨苄：作用于细菌细胞膜上的结合蛋白，干扰细菌的细胞壁合成，而使细菌死亡，属繁殖期杀菌药。
5	用药注意事项	1）复方新诺明：易引起过敏反应，甚至过敏性休克，对磺胺类药过敏者、严重肝肾功能损害者、血液病患者、新生儿、妊娠妇女禁用。 2）氧氟沙星：对本品及其他喹诺酮类过敏者、妊娠和哺乳期妇女、小儿、癫痫病人禁用 3）羟氨苄青霉素：有过敏反应，需做皮试，对青霉素及其他青霉素类抗生素过敏者禁用。 4）头孢氨苄：对本品过敏者禁用，对青霉素类药物过敏者慎用，肾功能不全者减量，空腹服用。

2. 药品营销（答题要点）

2.1 销售促进

2.1.1 市场调研

1. 评价当事人的做法，并说明当事人的做法错误。

没有按照市场调研的流程来进行操作。

2. 市场调研的步骤

1）调研前准备工作；2）制定调研计划；3）调研资料分析；4）调研计划的实施；5）撰写调研报告；

3. 市场调研的方法

1）询问法；2）观察法；3）实验法；4）抽样调查法；5）问卷设计；

4. 说明医药产品生命周期各阶段的特征及相应的策略

1）导入期：医生和患者对新药品不了解，大部分医生不愿意轻易改变原来的处方习惯，产品销量小，单位成本高；尚未建立最理想的分销渠道；广告费用和其他促销费用较大，利润很小，甚至出现亏损。这个阶段企业承担的市场风险最大，但这一阶段市场竞争者较少。加强广告宣传，及早唤起消费者注意并接受

2）成长期：消费者对新产品已熟悉，销售增长很快；建立了比较理想的分销渠道；单位成本下降，利润迅速增长，逐步达到最高峰；大规模的生产与丰厚的利润，吸引大批竞争者加入，市场竞争加剧。这个阶段应拓宽营销，开辟新市场，树立自己的经营特色和声誉；提高产品竞争能力，增加剂型品种或新款式、新用途等。

3）成熟期：产品消费普及面大，销售量和利润均达最高；同类产品不断打入市场，市场竞争最激烈；销售的增长速度缓慢；潜在消费者减少，以名牌购买者增多。这个阶段应开拓新市场（如乡村），增加新服务。

4）衰退期：产品老化问题，陷于被市场淘汰的境地；产品销售量和利润急剧下降，企业生产能力过剩日益突出；市场上以价格竞争作为主要手段，努力降低售价，回收资金；一些企业纷纷退出市场，转入研制开发新产品，一些企业的新产品已上市。这个阶段应把资源集中在最有利的细分市场、最有效的销售渠道和最畅销的品种上；转移市场；

开发新产品，取代老产品，保持原有细分市场，以适应新老产品交替。

5. 判断背景资料中产品处于哪个生命周期阶段？

背景资料中产品处于产品导入期阶段。

2.1.2 客户购买心理分析

1. 说明这三类客户各属于哪一类消费者；

1）第一类客户一般收入比较低，没有太高的购买能力，患上小病时，也不购买药品，直到实在支撑不了，才会考虑去购买药品。他们对于药品有求廉的需求。

2）第二类客户，消费档次高，一般都是白领、领导干部，或者是经商的老板。他们认为"一分价钱一分货"，他们购买的药品，不仅需要质量好，而且喜欢贵重药品。他们对于药品有要体现社会象征性和享受良好服务的需求。

3）第三类客户就是普通消费者，在购买药品的过程中他们注重药品基本性能，考虑药品的性价比。

2. 说明药店的消费主体属于哪一类型消费者；

第三类客户是药店消费的主体（现在，无论是低端消费者，抑或是高端消费者，都不是药店的消费主体，更多的是普通消费者。）

3. 说明对第一类客户的推销方式；

1）应该尽量推荐价格便宜的药品；2）最好是有促销的药品；3）给客户说明有活动时（药品减价、买一赠一），会及时通知他们；4）推销员态度（一视同仁，不歧视，不傲慢）；5）实行普通积分法，积分一定程度，买药打折；6）其他方法。

4. 说明对第二类客户的推销方式；

1）应该根据药店的情况，为其推荐最高档的药品；2）说明高档药品的好处；3）多为他们介绍一些保健用品和礼盒包装；4）利用追求高档心理，重点宣传店内的高档药品；5）实行高级会员制度，可享受一些特殊服务（送货上门、定期体检）；6）其他方法。

5. 说明对第三类客户的推销。

1）应该为其推荐中档次的药品，价格最好介于高档与抵档之间；2）介绍药品时侧重药品的功效，强调药品的性价比；3）推销员态度：重视，重点对待，力求抓住每一位客户；4）平时经常保持联系，店里有活动及时通知，搞好售后服务；5）实行会员制度，对会员有一定优惠；（6）其他方法。

2.1.3 客户开发

1. 说明潜在客户的概念。

潜在顾客：是指既能因购买某种产品或服务而受益，同时又具有购买这种商品的货币支付能力的个人或组织。

2. 产品销售的潜在客户需具备的条件：

1）需求；2）购买力；3）决定权。

3. 根据背景资料列举在该案例中可运用的寻找客户的方法：

1）逐户访问法：如一个宿舍一个宿舍进行宣传推销。2）连锁介绍法：通过自己认识的同学或使用过产品的人向潜在客户介绍产品。3）个人观察法：根据产品特点，以及自身对周围人群的直接观察、判断、研究和分析，寻找潜在顾客。4）广告开拓法：在校园的主要干道、饭堂、各宿舍的楼梯出入口等张贴企业产品宣传广告，从而挖掘潜在客户.

4. 以上列举的寻找客户的方法中哪种方法最有效？请说明其优缺点。

连锁介绍法最有效。

优点：1）可以避免推销人员主观判断潜在顾客的盲目性。2）通过顾客引荐有利于取得潜在顾客的信任。3）推销访问的成功率较高。

缺点：1）事先难以制定完整的推销访问计划。2）受到现有顾客的制约，会导致使整个推销工作处于被动地位。

5. 客户开发的策略有：

1）分两步走策略；2）亦步亦趋策略；3）逆向拉动策略；4）其他。

2.1.4　大客户管理

1. 计算出客户甲，客户乙，客户丙的交易额占累计销售额的比重：

1）客户甲的交易占累计销售额的比重76%。2）客户乙的交易占累计销售额的比重18%。3）客户丙的交易占累计销售额的比重5.6%。

2. 根据 ABC 分析法，对客户进行等级分析

1）客户甲是 A 级客户，即重点客户（该客户的交易数额占累计销售额的80%左右）。

2）客户乙是 B 级客户，即次要客户（该客户的交易数额占累计销售额的15%左右）。

3）客户丙是 C 级客户，即普通客户（该客户的交易数额占累计销售额的5%左右）。

3. 根据客户等级分析结果，对客户制定相应的有效管理方案。

1）A 级客户加强访问，了解客户需求，满足客户需要等。2）B 级客户给予相当的关注，使发展成为 A 级客户。3）C 级客户多加深了解，扩大其需求量。

4. 为了防止客户的流失，应从以下方面进行注意：

1）客户投诉处理。2）客户情感交流。3）客户满意度回馈。4）培养客户忠诚度。5）药品售后服务管理。

5. 加强大客户管理，应做到：

1）投入主要精力。2）注重与客户

交流。3）注重客户回馈。4）培养客户忠诚度。5）客户资料专管。

2.1.5　产品演示与宣讲

1. 本次推广活动属于医药行业群体销售中的以下形式：

产品上市会。

2. 推广会上产品宣讲与演示通常需要做的准备：

1）PPT 或视频；2）产品实物展示；3）产品宣传海报；4）小礼品等。

3. 根据以上背景资料，你进行产品宣讲的内容主要有：

1）自我介绍；2）介绍企业及品牌历史；3）产品的特点、优点；4）介绍国庆节期间本公司对该产品的推广活动内容等。

4. 为了营造会场互动气氛，增加与会人员对产品的关注度，你将会考虑采取的有效措施：

1）注意演讲技巧。如：设计出奇制胜的开场白；与会者眼神的交流，使用激励性的语言等。

2）熟悉产品。对产品的熟悉程度是讲演成功的关键。

3）有奖问答环节。设计问题内容须与企业、产品及本次推广活动有关。

4）附送产品体验装。

5. 医药产品演示时需要注意的几个方面：

1）确保产品演示100%成功；2）产品特性利益是医药产品演示的重点；3）让客户参与到演示中；4）产品演示必须是互动的；5）戏剧化的效果增进销售机会；6）不适合现场演示的产品用间接演示的办法。

2.1.6　促销技巧

1. 评价当事人做法：

李经理的做法是不恰当的，销售促进是短期行为，长期使用会降低企业的

形象，销售促进的对象不仅仅是消费者，还可以是对中间商和推销人员。

2. 销售促进的概念及特点：

1）销售促进的概念：又称营业推广，是指企业在某一时期内运用某种营业活动刺激消费者迅速购买和吸引经销商大批经营其产品，以促进企业销售迅速增长的活动。

2）销售促进的特点：①促销效果明显；②有时会降低产品的身价；③它是一种辅助型促销方式；

3. 对消费者营业推广的常见方式有：

1）特价销售；2）提供赠品；3）折价券；4）消费信贷；5）展销会。

4、对中间商营业推广的常见方式有：

1）价格折让（批发折价）；2）销售竞赛；3）推广津贴；4）推销会议（展销会或交易会）。

5. 对推销人员营业推广的常见方式：

1）红利提成；2）推销奖金；3）推销竞赛。

2.1.7 客户档案管理

1. 客户档案建立的操作流程：

1）选择客户档案的表现方式；2）设计客户档案表格；3）正确填制客户档案表。

2. 客户档案建立的结束工作：

1）装订。2）分类。3）排列。4）编号。5）编目。6）装盒。

3. 客户档案建立的目标：

1）缩短销售周期；2）缩短销售成本；3）有效规避市场风险；4）扩展新市场、新渠道；5）提高客户价值、满意度；6）其他方法。

4. 客户档案分为以下几类：

1）第一类客户基础资料；2）第二类与客户签订的合同、订单情况；3）第三类客户欠款、还款情况；4）第四类与客户交易情况；（5）第五类客户退赔、折价情况；6）其他情况。

5. 客户档案跟踪要注意几个方面：

1）经常性更改名称和地址；2）了解客户的资信情况；3）全面监测记录客户健康、生活情况；4）平时经常保持联系，店里有活动及时通知，搞好售后服务；5）实行会员制度，对会员有一定优惠；6）其他方法。

2.1.8 处理客户异议

1. 评价当事人的做法，并说明。

小陶的做法不恰当。说明：小陶的对客户维护方面的想法很好，但在遭遇到客户抱怨时的态度使客户对其产生抗拒的心理。

2. 客户异议产生的原因：

1）顾客方面的原因；2）产品方面的原因；3）推销员方面的原因；4）推销方法不当；5）市场原因。

3. 客户异议的类型：

1）价格异议；2）需求异议；3）产品异议；4）服务异议和对推销员的异议；5）购买时间异议。

4. 处理客户异议的原则。

1）做好准备工作：不打无准备的仗是销售人员面对顾客拒绝时应遵循的一个基本原则；

2）选择恰当的时机：在恰当时机回答顾客异议，便于消除异议负面性；

3）忌与顾客争辩：与顾客争辩，失败的永远是销售员；

4）给顾客留"面子"：不要抬高了自己，贬低了顾客，挫伤了顾客的自尊心。

5. 如果我是业务员小陶，我将这样处理这个问题：

可考虑采用以优补劣法来处理此事，客户的反对意见的确切中了产品和公司所提供的服务中的缺陷，不要回避或直接否定。明智的方法是肯定有关缺点，然后淡化处理，利用产品的优点来补偿甚至抵消这些缺点。这样有利于使顾客的心理达到一定程度的平衡，有利于使顾客作出购买决策。

2.2　商务谈判

2.2.1　谈判僵局的成因及处理

1. 评价美国公司谈判代表的做法，并说明。

美国公司谈判代表的做法是错误的。商务谈判应该以双方获益为目的，在谈判的过程中，谈判双方应认定自身需求，共同探讨满足双方需求的一切有效或可行途径，即谈判应选择合作而不是对抗。

2. 谈判僵局形成的原因：

1）立场观点的分歧；2）有意无意的强迫；3）人员素质的低下；4）信息沟通的障碍；5）合理要求的差距。

3. 打破僵局的技巧：

1）找出双方真正的利益需求；2）提供多种选择方案；3）撤换谈判代表；4）制造竞争；5）揭示僵局的结果；6）最后通牒；7）寻求调停；8）提请仲裁。

4. 处理和避免谈判僵局的原则：

1）协调好双方利益；2）欢迎不同意见；3）避免争吵；4）正确认识谈判僵局；5）语言适度。

5. 本案例中谈判僵局的形成属于何种原因。

本案例中谈判僵局的形成属于有意无意的强迫。

2.2.2　谈判技巧

1. 评价该案例：

是一个成功的利用商务谈判技巧，达成协议的案例。

2. 在该案例中，杨晖主要使用了以下谈判策略（列举两个），并简述之：

1）互惠互利，即百城药业公司与赛诺菲之间有一共同的利益，杨晖巧妙的利用要么互惠互利，要么两败俱伤的情

况进行分析，最终使对方接受了建议。

2）以退为进，即百城药业公司采用让企业重组失败，对方利益受损这一策略来试探对方的想法，最终获得成功。

3. 在磋商阶段我们经常采用以下谈判策略：

1）客观标准法；2）满足特殊需要；3）目标分解；4）互惠互利；5）以退为进。

4. 背景资料中的谈判差点因为陷入僵局而导致谈判的失败，请结合背景资料的内容谈谈避免僵局的产生的方法：

1）选择互惠（双赢）的谈判模式；2）不使用不礼貌或激烈的言辞；3）避免触及对方的敏感问题。

5. 如果我是百城药业公司的办公室主任，我会采取以下措施处理僵局：

1）在谈判中遇到困难，积极寻找替代方案。比如与其他公司合作，下次到中国再谈；

2）从对方的无理要求中据理力争；

3）站在对方的角度看一些问题。比如我方团队的漏洞（人员素质、语言不通）；

4）避免对方从我方的漏洞中借题发挥；

5）如果差距不多，也可试试釜底抽薪的手法；

6）如果合理要求基本得到保证，退让一点也是很好的方法。

2.2.3　合同纠纷处理

1. 分析本次合同纠纷产生的原因：

本次合同纠纷主要是主观方面的原因引起。说明：甲方违约在先，其违约理由不属于不可抗力的原因。

2. 列举合同纠纷的类型：

1）无效合同纠纷和有效合同纠纷；2）口头合同纠纷和书面合同纠纷；3）国内合同纠纷和涉外合同纠纷；4）标准

合同纠纷和非标准合同纠纷。

3. 合同纠纷处理的方式:

1) 协商:合同当事人在友好的基础上,通过相互协商解决纠纷。

2) 调解:合同当事人如果不能协商一致,可以要求有关机构调解如合同管理机关、仲裁机构、法庭等进行调解。

3) 仲裁:合同当事人协商不成,不愿调解的,可根据合同中规定的仲裁条款或双方在纠纷发生后达成的仲裁协议向仲裁机构申请仲裁。

4) 诉讼:如果合同中没有订立仲裁条款,事后也没有达成仲裁协议,合同当事人可以将合同纠纷起诉到法院,寻求司法解决。

4. 本次合同纠纷采用以下处理方法更为合适:

采用协商方式。建议合同当事人在友好的基础上,通过相互协商、相互让步解决纠纷,这是最佳的方式。

5. 协商解决合同纠纷时应注意以下问题:

1) 双方态度要端正、诚恳;2) 通过协商达成的协议一定要合法;3) 要坚持原则,不允许损害国家和集体的利益;4) 要在平等的前提下进行;5) 协商时防止拉关系、搞私利等不正之风。

2.3 经济核算

2.3.1 经营业绩分析

1. 现状分析:

1) 2012 年售收入比去年同期有了较大的增长,这表明消费市场仍在不断扩大,但盈利率却在下降。

2) 2012 年的营业费用的增长率超过了销售收入的增长率,这表明实现同样的销售增长需要付出更多的费用支出,市场竞争更趋激烈。

2. 销售收入分析:

1) 销售收入增幅较大;2) 经营水

平提高;3) 消费需求量增加;4) 进货渠道基本畅通;5) 促销费用增加;6) 价格调整影响。

3. 营业费用分析:

1) 营业费用增加;2) 营业费用率增加;3) 市场竞争加剧;4) 经营活动成本提高;5) 劳动力成本提高;6) 销售收入增加。

4. 盈利率分析:

1) 盈利率降低;2) 经营活动成本增加;3) 营业费用增加;4) 进货成本增加。5) 经营管理不善。

5. 经营业绩分析:

1) 增加销售收入;2) 降低销售成本;3) 减少营业费用;4) 降低营业费用率;5) 提高经营管理水平;6) 提高员工工作效率。

2.3.2 ABC 库存分析法

1. 三类药品分别属于 A、B、C 的类别:

1) A 类:灵芝、虫草、麝香等贵重中药材;2) C 类:抗感染药、解热镇痛抗炎药等;3) B 类:如循环系统用药、神经系统用药。

2. A、B、C 类库存商品分别占品种数和总金额的百分比为:

1) A 类占库存商品总品种数的百分比为 5% ~ 10%,占库存商品总金额的百分比为 60% ~ 80%。

2) B 类占库存商品总品种数的百分比为 20% ~ 30%,占库存商品总金额的百分比为 20% ~ 30%。

3) C 类占库存商品总品种数的百分比为 60% ~ 80%,占库存商品总金额的百分比为 5% ~ 15%。

3. 对 A 类库存药品的控制如下:

1) 经常注意 A 类商品的市场动态变化;2) 加强市场预测和经济分析;3) 做到及时进货,保证需要;4) 注意降低库存量，加速周转，避免资金积压。

4. 对 B 类库存药品的控制如下：

1）事先为每个项目计算经济订货量和订货点；2）可分享设置永续盘存卡片来反映库存动态；3）定期进行概括性检查；4）节省存储和管理成本。

5. 对 C 类库存药品的控制如下：

1）由于为数众多，单价又低，存货成本较低；2）适当增加每次订货数量；3）减少全年的订货次数；4）对日常控制方法，采用较为简化的方法进行管理。

2.3.3　医药商品串货处理

1. 本案中存在几个违法行为：

1）包装不规范：该批被"抠号"的药品包装不规范，不符合有关规定。

2）药店不得擅自改变经营方式：本案中，B 药店作为零售企业，未经批准便向 A 药店销售药品，并出具了销售发票，擅自从事药品批发业务，已经违反了上述规定，应由药监部门依照无证经营药品违法行为处理。

3）A 药店构成从非法渠道购药：本案中，B 药店擅自从事药品批发业务，已构成无证经营药品行为，A 药店从 B 药店购进药品即是从无《药品经营许可证》企业购进药品，构成从非法渠道购进药品违法行为，应按照《药品管理法》第80 条规定予以处罚。

2. 简要介绍什么是串货：

药品串货：一般是指某药品的区代理商将自己特定区域销售的药品通过种种渠道（包括一些不正规的渠道）销往其他区域的行为。

3. 串货的类型：

1）良性串货；2）自然性串货；3）恶性串货；4）同一市场内部串货。5）不同市场之间串货；6）交叉市场之间串货。

4. 简要分析串货的原因：

1）生产企业价格体系控制问题；2）销售管理政策失误；3）代理商、经销商和业务员缺乏诚信，想捕捞而获，抢夺他人的利益；4）多拿回扣，抢占市场。

5. 企业怎样控制和减少串货现象：

1）弄清货物流向；2）合理划分区域和市场；3）制定合理的价格政策；4）制定合理的激励政策；5）强化营销队伍建设管理。